Los delitos de Dios

Los delitos de Dios

Miguel Palomo Durán

www.librosenred.com

Dirección General: Marcelo Perazolo
Dirección de Contenidos: Ivana Basset
Diseño de cubierta: Daniela Ferrán
Diagramación de interiores: Guillermo W. Alegre

Está prohibida la reproducción total o parcial de este libro, su
tratamiento informático, la transmisión de cualquier forma o
de cualquier medio, ya sea electrónico, mecánico, por fotocopia,
registro u otros métodos, sin el permiso previo escrito de los
titulares del Copyright.

Primera edición en español - Impresión bajo demanda

© LibrosEnRed, 2007
Una marca registrada de Amertown International S.A.

ISBN: 978-1-59754-240-1

Para encargar más copias de este libro o conocer otros libros
de esta colección visite www.librosenred.com

Si usted es Dios, le doy la enhorabuena por empezar a leer este libro. No obstante en estos momentos es más probable que el texto se halle en manos de uno de mis familiares o de algún extremista religioso. A todos ellos les pido disculpas si el título "LOS DELITOS DE DIOS"(*) les ha resultado ofensivo. Del mismo modo pido perdón a Dios, aunque sabrá comprender a un infecto gusano, de entre tantos, como pueda representar yo para él. Lo único que trato de demostrar es que "nuestro señor", (¿quizá señores?), en su empeño por crear vida autónoma en nuestro planeta pudo incurrir en acciones que a día de hoy podrían ser calificadas de poco éticas o hasta incluso delictivas.

La razón que trato de alegar es que, si alguien nos fabricó, tuvo que dotarnos de mecanismos etológicos programados que permitiesen un control de la población para perpetuar nuestra especie en cada estadio histórico. La acotación territorial del mundo animal se basó esencialmente, en el caso del hombre, en la exteriorización de una conducta innata racista y xenófoba que se manifestaría y "sistematizaría" globalmente en forma de religiones y nacionalismos exterminadores. Estos fenómenos serían resueltos por las sociedades más modernas, pero en el empeño de nuestro creador por limitar los riesgos de la superpoblación de una civilización tecnológica cada vez más longeva tuvo que diseñar toda una batería de enfermedades somáticas y psicológicas que se activarían paralelamente al desarrollo de elementos industriales inherentes al desarrollo científico.

Como premisa, lógicamente trataré de convencer al lector de que Dios pudo existir. Para ello tenemos dos modos (además de perder el tiempo dilucidando si la Biblia o cualquier otro escrito religioso nos aportan alguna credibilidad). Una forma es concluyendo que las teorías evolucionistas actuales carecen del rigor científico suficiente y otra forma es considerando la posibilidad de que existan civilizaciones extraterrestres avanzadas, en disposición técnica y moral, de crear vida. No disponemos de pruebas concluyentes para decantarnos por una u otra posibilidad pero se que le persuadiré de que el creacionismo es hoy por hoy una corriente cuyo soporte científico y racional supera a la del evolucionismo y que por tanto alguna civilización o alguna pandilla de cuatreros espaciales pudo arrojarnos por aquí con fines poco decorosos a priori.

(*) *Los delitos de Dios* es una adaptación de *X, El Elemento Exterminador*, del mismo autor.

PRÓLOGO

Si muestro semejante arrogancia para permitirme calificar la creación de Dios, primero tendré que tratar de convencerle de que nuestro Dios efectivamente existió. Sólo de este modo podremos concluir que muchas de sus acciones serían hoy en día catalogadas como de "poco éticas" o incluso ilegales, y así podría ser citado a declarar por algún juez competente. Para persuadirle de todo ello tendré que incitarle a plantearse algo como que la generación espontánea y evolución de las especies pueden constituir una teoría muy discutible en términos científicos. Quizá lo suficiente para contemplar la posibilidad de que alguien, con nombre, apellidos o algún apartado postal, nos haya fabricado.

Partiendo de la realidad observable, si alguien con entendimiento o con intereses nos creó —es de suponer que ha podido ser así en, al menos, un 50% de probabilidades— era consciente de que tenía que programarnos para que realizásemos, por dictado innato, un control sistemático y controlado de la población para que ésta no excediese en ningún momento la capacidades sustentadoras globales o locales del planeta o territorio en el momento en que se llegase a la consecución de capacidades tecnológicas concretas. Éste es uno de los pocos modos en que podemos tratar de explicar la desmedida irracionalidad que impulsa a los a priori pacíficos humanos a matarse entre sí cuando una serie de condicionantes activan nuestro mecanismo exterminador al que denominaremos "X". Si nuestro dios —con minúsculas— estuvo implicado en la creación de este dispositivo debería ser procesado, si aplicamos cualquier régimen o criterio jurídico perteneciente a un país avanzado y civilizado.

Es evidente que nuestro dios particular tendría que dar buena muestra de los motivos que le indujeron a crearnos de esta manera. ¿O es ésta la única manera universal para sembrar vida autónoma en los planetas?

Cabe pensar, como derivación de nuestra hipótesis, que a pesar de que hay momentos en los que la ciencia tradicional no constituye una herramienta útil para discernir aspectos de nuestra vida cotidiana como el enfrentamiento violento, el exterminio religioso, el exterminio nacionalista, el exterminio racial, o las enfermedades aniquiladoras, es un hecho indiscutible que todos estos mecanismos conforman el motor de nuestra sociedad y explican su avance de una manera empírica. Podremos concluir que la pugna fanática ya no tiene futuro en las sociedades tecnológicamente avanzadas y racial y culturalmente homogéneas. En esta situación el elemento genético "X" se activará en direcciones autodestructivas y no agresivas hacia terceros, al tiempo que se verá ayudado en sus fines por las enfermedades, físicas y psicológicas aniquiladoras, derivadas del progreso técnico.

Obviamente haremos un inciso en todo lo que han representado para nuestra civilización las religiones y los nacionalismos, y cuáles podrían ser las responsabilidades finales de nuestros fabricantes, si es que existen.

En mi esfuerzo por convencerle de la existencia de un ente creador trataremos de analizar objetivamente la posibilidad de que una civilización tecnológicamente avanzada posea la capacidad de crear vida y de esparcirla por lugares lejanos en el espacio. Indefectiblemente tendremos que abordar el tema OVNI con la máxima seriedad que podamos.

Antes de comenzar con la lectura de este libro necesitamos hacer un pequeño esfuerzo de reflexión. Tendremos que abrir nuestra mente a razonamientos que quizá antes no nos habíamos molestado en realizar. Con gran espíritu crítico, liberándonos de nuestros prejuicios políticos, religiosos o sociales debemos tener presente que el método científico apoyado en una realidad verificable es lo que nos puede acercar al conocimiento de la verdad. Pero es aquí donde tenemos que hilar más fino, porque debemos tener muy en cuenta lo más importante: Pocas teorías actuales —en cualquiera de los campos del conocimiento humano— se ven sustentadas por este método que ha de ser universal y muy pocas resistirían el más mínimo examen crítico. Muchas de las teorías conocidas se han ido derrumbando con el paso de los años y no hay una sobre la que no estén presentes y vigilantes eminentes detractores.

Si pensamos en algo tan aparentemente trivial como el origen del elemento material más importante en nuestra sociedad actual —el petróleo— y hacemos memoria de lo que se nos enseñó en los colegios, como de carácter universal, indiscutible, suficientemente contrastado y avalado científicamente, diremos que su formación tuvo lugar en el mar a partir de restos de animales y plantas cubiertos por arcilla durante muchos millones de años, sometidos a grandes presiones y temperaturas y bajo la acción de bacterias anaerobias.

Ahora bien, ¿Qué familia de bacterias en ausencia de oxígeno resiste varios cientos o miles de grados de temperatura y presiones brutales durante prolongados periodos de tiempo de millones de años? ¿Se ha demostrado su existencia? Si un cuerpo se pudre al morir ¿Cómo puede quedar depositado en el lecho marino y darle tiempo para que quede envuelto en un sedimento de arcilla suficientemente grueso y pesado antes de que se lo coman los microorganismos? Si los depósitos de petróleo son en algunos casos de miles de toneladas ¿Se apiñaban todos los saurios marinos para morir juntos a la vez, rodeados de algas microscópicas para así reunir semejantes fosas comunes de cientos de miles de toneladas? ¿Cómo se filtraba si no el líquido elemento desde diferentes y tan distantes puntos para acumularse por muy porosa que fuese la roca? Si los fenómenos físico-químicos que tuvieron lugar eran de ámbito general ¿Por qué la mayor parte de los yacimientos se encuentran concentrados en Oriente Medio, en un uno por ciento de la corteza terrestre?

Nadie ha respondido satisfactoriamente a ninguna de estas preguntas. Las teorías abiogénicas o de formación a partir de elementos inorgánicos –y no de restos de animales– cobran cada vez más fuerza. No con menos criterio otros académicos concluyen que la única explicación posible fue un gran cataclismo meteorítico, que fracturó y sometió la superficie terrestre a temperaturas de miles de grados y presiones extremas, seguido de un diluvio que enterró todo vestigio de vida, lo que entraría en contradicción con el desarrollo uniforme de las especies sostenido por las intocables teorías de Darwin.

En definitiva, la realidad es que no tenemos ni pajolera idea del origen exacto del petróleo.

Si aplicamos el mismo criterio enjuiciador al origen de la luna, al origen de la especie humana a la teoría de la deriva continental y a las miles de teorías apoyadas por la comunidad científica llegamos a la conclusión de que tendremos que aceptar los frutos del "método científico oficial" en algunos casos y en otros no. Este interesado modo de actuar estará presente en todo momento en este libro. Y es que al final algo tan indefinible y acientífico como un inquisidor "sentido común" será lo que se imponga a la ciencia tradicional.

Cualquiera que sostenga hoy las teorías creacionistas será tildado por los darvinistas de "extremista católico", de "ultraconservador", o de ser íntimo amigo de Bush. Pero vamos a olvidarnos por un momento de las tendencias y de las modas...

En nuestro ensayo vamos a tratar diversos temas. Para complementar nuestras hipótesis y con el objeto de no sumergirnos

Los delitos de Dios

en la abstracción, antes de intentar dilucidar si algún dios nos creó tendremos que realizar una rápida sinopsis de la realidad humana actual, cuyos aspectos más significativos, desde un punto de vista ético, están caracterizados por las guerras. Estas guerras están basadas tradicionalmente en disputas territoriales que se derivan de un exceso de población, entendiendo tal "exceso" como una situación que desborda la capacidad de sustentación del territorio, y no como una cifra "anormalmente alta" de pobladores, de modo que una región con poca densidad de población estará superpoblada si los recursos disponibles para la tecnología local no cubren las necesidades de sus habitantes. Nuestros primeros capítulos serán por tanto relativos a estos temas. Rápidamente nos daremos cuenta de la necesidad de buscar un "ente creador" para racionalizar esta realidad incuestionable y de eso trataremos en los siguientes capítulos, en los que decidiremos si fuimos creados por algún dios o no. Una vez que hayamos elegido una de las dos opciones trataremos de desarrollar todo aquello que vamos intuyendo desde el principio. La guerra, como forma universal de control poblacional elegida por nuestros creadores tendrá un amplio espectro activador basado en el racismo y la xenofobia y aparecerá enmascarado por las religiones y los nacionalismos extremistas. La muerte, como objetivo final, aparecerá de muy diversas formas, asociada de una manera asombrosamente matemática y perfeccionada a cada franja histórica.

Todo ello nos hará reflexionar sobre la posibilidad futura de que nuestra propia raza fabrique y esparza vida en otros lugares del universo. Ante esta hipotética situación deberemos establecer unas directrices de actuación técnica pero también ética. Una vez convencidos de poder convertirnos en semidioses bajo estos preceptos podremos establecer si nuestro propio dios fue o no un "delincuente"...

I- El exceso

Desde el inicio de su existencia –aunque difícilmente podríamos establecer este supuesto "inicio", si atendemos a las leyes del evolucionismo darviniano– la humanidad se ha visto sometida a un natural, o quizá artificial, y bien mensurado control poblacional de tal forma que el cómputo total de la población "tecnológicamente avanzada" todavía no ha excedido las capacidades de este planeta para sustentarla.

Hoy, obviamente, hay millones de personas que pasan hambre en todo el mundo –la mayoría– ya que la práctica totalidad de los recursos alimenticios, además de los energéticos o los materiales, van a parar a manos de una pequeña fracción poblacional representada por los países "desarrollados". En cualquier caso es innegable que disponemos de tecnologías, de capacidad productiva, y de "huertas" suficientes para abastecer, de momento, a toda la población mundial. Pero esto es sólo por ahora, ya que con unos 6.000 millones de personas sobre el planeta sería muy fácil llegar a los 10.000 millones en menos de diez años si hubiese un repentino cambio de rumbo en las políticas internacionales para la contención del hambre y de las enfermedades derivadas, algo que obviamente no alimentaría nuestro egoísmo. No hay ninguna intención de abaratar el inflado precio de las vacunas. Los intereses y el margen de beneficios de las empresas farmacéuticas están muy por encima de la ética y de la vida humana de quien no puede pagársela y eso permitirá que mucha más gente siga muriendo para que así no nos incordie ni estorbe en un saturado planeta. Y nuestra indiferencia parece que seguirá en aumento.

Si echamos la vista atrás, en el siglo XIX sólo había unos 1.600 millones de personas en el mundo, y en el Paleolítico no había más de 100.000 personas sobre la faz de la Tierra, ¡ni para llenar un estadio de fútbol! Hoy la población de los países desarrollados y en vías de desarrollo tiende a estabilizarse y en algunas zonas incluso desciende, a pesar de la inexistencia de movimientos migratorios hacia el exterior. Por poner un ejemplo con fecha simbólica, el incremento natural de la población en el año 1992 fue de aproximadamente 5.728.000 personas en los países desarrollados y de 85.312.000 personas en los países en vías de desarrollo, lo que supuso un total de 91.040.000 personas. Cada día, la diferencia entre los que nacieron y los que murieron fue de 249.425 personas. Pero en los países más atrasados la población, y sobre todo la tasa de crecimiento, aumenta vertiginosamente gracias a las mejoras de carácter sanitario-preventivas y a la introducción de técnicas agrarias más eficientes y productivas, pero cabe suponer que no va a seguir aumentando en la progresión tan exagerada de estos momentos, si se toman medidas, que sólo son posibles mediante órdenes políticos decididos, asentados, estables y libres de guerras internas por el poder, como las que ahora se suceden, y que establezcan un control demográfico férreo o unas pautas educativas que posibiliten dicho control. En cualquier caso las fórmulas matemáticas no dan lugar a dudas, y si tenemos en cuenta el ritmo actual de crecimiento, así como el previsible en años venideros, en un par de siglos la densidad de población de cualquier parte de la Tierra será similar a la de cualquier ciudad densamente poblada. Cabe suponer que esto no va a ocurrir por que las progresiones demográficas van a mermar en la medida en que se impongan el desarrollo económico y las culturas occidentales, como ha

Los delitos de Dios

ocurrido ya en América Latina, Rusia o Asia Meridional. Pero no sabemos si eso va a tener lugar en los países que quedan por "educar" –la mayoría–, y tampoco sabemos cuándo y en qué medida. De hecho la hipótesis alta oficial de población mundial realizada hace unos años (con referencia al 94) para el año 2000 se vio ya ampliamente desbordada y se acerca a la prevista entonces para el 2050, ¡un margen de error de medio siglo! Con semejantes errores de cálculo nuestros gobernantes y sus esbirros asociados no pueden tratar de convencernos ya de nada. Además la pobreza y desigualdades entre países ricos y pobres siguen aumentado, lejos de las previsiones realizadas. Hablando en cifras, al ritmo actual de crecimiento antes del 2050 podríamos rozar los 10.000 millones y a finales del siglo XXI podríamos superar los 15.000 millones de habitantes (el triple de la población actual). Siendo optimistas, algunos no calculan un crecimiento cero de la población de África hasta el 2300, pero desconocemos con qué criterios se han realizado estos intentos de adivinación que, como los estudios de mercado o las previsiones meteorológicas o sísmicas, nunca sirven para mucho.

Y no nos olvidamos de otro parámetro. Si introducimos el factor longevidad, entonces podemos reventar los cálculos teniendo en cuenta que algunos estiman ya una vida media de 104 años para inmediatas generaciones en los países desarrollados, gracias a los incesantes avances contra el cáncer, las enfermedades cardiovasculares y las enfermedades degenerativas –principales causas de muerte, amén de los accidentes de tráfico–.

Aunque la superpoblación constituye un problema en sí, entendida como un sobreexceso territorial, que genera disputas, hacinamientos, enfermedades, sobreexplotación, contaminación y degradación del terreno, esto no es lo que atenta realmente a los hipócritas países "desarrollados", porque la mayor amenaza de los países tercermundistas es la posibilidad de que algún día acontezca su propio desarrollo, tal y como nosotros lo entendemos. Hoy un ciudadano de un país altamente industrializado consume 50 veces más recursos, energéticos y de materias primas, que un habitante de un país pobre. Teniendo en cuenta que la mayoría de la población mundial −entre las tres cuartas partes y las cuatro quintas, o más de un 75%− cumple con los criterios de pobre y que el avance demográfico de la misma es muy superior al avance demográfico, casi estancado, de los países desarrollados, sería una catástrofe, para estos últimos, la posibilidad de que los pobres accediesen a un nuevo nivel de vida consumista como el nuestro. Es cierto que inicialmente se abrirían nuevos mercados en los que invertir y ganar dinero, pero el gasto energético y material no sería, en absoluto, proporcional al incremento de nuevos elementos del capitalismo, sino de unas treinta a cincuenta veces este incremento. Si la duración del petróleo, según "consumo estimado" −lo que no presupone la aparición apreciable de nuevos consumidores en el tercer mundo−, es de 200 o 300 años, en el momento que se produjese la salida de la pobreza de estos países, no podríamos hablar de la duración del oro negro más que en términos de decenas de años. Tenemos el claro ejemplo de China. Con una tasa de crecimiento económico disparada no parece raro que muy pronto, y con todo el derecho, mil millones de chinos dispongan de un automóvil, de calefacción, de aire acondicionado y que el consumo de energía, de petróleo y de materias primas siga al alza de forma exponencial en dicho país.

Los sistemas políticos actuales caminan muy a la zaga de las realidades socioeconómicas y tienen una muy limitada capacidad de reacción frente a este tipo de problemas. Resuelven pocas cosas y las resuelven tarde, muy tarde.

Hoy la política de un país "desarrollado" se muestra incapaz de cubrir las necesidades básicas de una parte de su propia población. Siempre ha sido así. La revolución industrial inglesa

Los delitos de Dios

del siglo XVIII es un claro exponente, ya que en cuanto se produjo la aparición de la máquina de vapor, con la consiguiente aplicación industrial para el mecanizado de las plantas de producción, se generó un excedente de mano de obra. ¡Craso error el de aquellos trabajadores ingleses que un buen día, de aquél ilustre siglo, se pusieron de acuerdo para destruir las máquinas que les robaban el trabajo! En realidad no eran las máquinas ni el progreso técnico los que quitaban el sustento al trabajador sino la inexistencia de un orden político u organizativo que supiera hacer frente a esta realidad para repartir entre todos los beneficios generados. Habría sido más coherente que hubiesen trabajado todos y un poco menos, pero ni tan siquiera hoy en día hemos sido capaces de poner esto en práctica.

Ahora tenemos maquinaria muchísimo más sofisticada y con más capacidad sustitutiva del trabajador. Los avances en microelectrónica permitieron crear robots altamente eficientes y productivos pero no tardarán en aparecer robots con capacidad para analizar situaciones específicas y obrar en consecuencia, ampliando así su capacidad sustitutiva; los nuevos desarrollos en biotecnología así lo hacen prever. Esto determinará que la relación entre las bolsas de paro, tal y como entendemos el "paro" actualmente, con respecto a la población activa y la población a mantener (jubilados y equivalentes) no va a decrecer ostensiblemente, dándose ligeras fluctuaciones, y no cabe la menor duda de que menos personas deberán cotizar para más. Los sistemas públicos de pensiones, donde los haya, no podrán estar asegurados, y deberá existir un aumento de la presión fiscal en los países desarrollados, para paliar en parte el problema, lo que traerá consigo consecuencias nefastas para el desarrollo de nuevas empresas. Ciertamente las poblaciones más occidentales envejecen e incluso disminuyen en términos absolutos. Al haber menos cantidad de jóvenes en edad de trabajar cabría suponer que el paro va a disminuir en términos relativos. Pero esto es absolutamente imprevisible, porque en primer lugar no podemos prever la capacidad sustitutiva futura de los robots o autómatas, puesto que desconocemos si se van a producir saltos tecnológicos importantes en poco tiempo que den lugar a máquinas con capacidades cogitativas o pensantes. En segundo lugar el sector de población envejecida será con toda probabilidad menos consumista que los sectores jóvenes, por lo que la demanda productiva va a disminuir en términos relativos. En tercer lugar los movimientos de inmigrantes no van a cesar y esto repercutirá en un superávit de mano de obra y en una precarización del empleo. Una degradación del mismo agrava notablemente la situación porque esto provocará que la capacidad de ahorro disminuya progresivamente. Con unos salarios cada vez más bajos, en el sector industrial, y una especulación del suelo, que determina un alza imparable de los precios de las viviendas, pocos jóvenes podrán ahorrar y no podrán asegurarse su supervivencia futura en la vejez, porque sus recursos económicos serán producto de los intereses de las rentas acumuladas o ahorradas en sus épocas de trabajo, que serán escasas. En cuarto lugar los países en vías de desarrollo acapararán una parte creciente de la productividad porque ellos fabricarán productos más baratos, como lo hacen ahora. Lo que sí es seguro es que aquellos jóvenes que no puedan cotizar en su edad de trabajar no tendrán asegurada una pensión del estado, o dinero ahorrado en el banco cuando sean viejos, y sin duda podríamos empezar a ver algún día por las calles muchos ancianos mendigando, teniendo en cuenta que hay otro elemento demoledor que puede agravar este problema: la esperanza de vida. Todos los indicadores apuntan hacia una esperanza de vida que en muy poco tiempo rondará los cien años, como hemos comentado.

Enlazando con lo anterior, la producción de bienes de equipo va a estar en manos de un grupo comparativamente cada vez más reducido, de tal modo que si antes, en tiempos no muy lejanos, era necesario que de cien personas aptas para trabajar lo hiciesen prácticamente las cien para poder satisfacer sus necesidades mutuas, en un futuro inminente, y hablo del mundo desarrollado, de cien personas tres serán capaces, con su maquinaria técnica, de fabricar los bienes de equipo más importantes, al mismo tiempo que se encargarán de importar maquinaria y productos ya elaborados de terceros países en vías de desarrollo con alta productividad y bajos salarios y también se encargarán de importar recursos energéticos. Otras tres personas se encargarán de generar alimentos porque la producción agraria también se automatizará y los tractores no necesitarán conductores, los invernaderos serán cuidados por cámaras de televisión y por sistemas automatizados analíticos de crecimiento y de recogida de productos. Otras siete u ocho personas serán intermediarios, y cinco o diez asumirán órganos directivos, ejecutivos y de marketing. Otras tres o cuatro, o quizá algunas más, se dedicarán al sector servicios –siempre y cuando no haya muchos androides cortando el pelo o sirviendo en los bares– y un número similar preservará la seguridad física de las personas citadas. Por supuesto, como siempre en esta historia, otro tanto habrá de burócratas, como en cualquier sociedad, sea civilizada o no. Pero en un caso extremo unas sesenta personas podrían no entrar en este juego de fabricar, vender y comprar. Quedarán al margen, porque si no tienen nada que fabricar o que ofrecer no recibirán nada a cambio. También es cierto que los "expertos" suponen que la población activa disminuirá, en términos relativos, en los países desarrollados –habría que preguntarles si han tenido en cuenta los movimientos de inmigración y otras cuestiones– y que las cotas de producción no aumentarán significativamente.

Sin embargo han de existir soluciones, aunque sólo sean parciales. No obstante, aun existiendo remedios, la aplicación de los mismos nos tendrá ocupados y bloqueados como para in-

tentar solucionar los problemas que sufren otros lugares alejados de los nuestros, como los del tercer mundo, que presentan
un lamentable panorama, con su mayor y más grave problema de fondo, la SUPERPOBLACIÓN, y el posible desarrollo
económico descontrolado de esta ingente masa.

La superpoblación engendrará gravísimos problemas. En los
países desarrollados esta amenaza quizá sea menos acentuada
ya que los medios educativos y técnicos nos permiten controlar voluntariamente la posibilidad de procrear pero nuestra
esperanza de vida se disparará. En los países subdesarrollados
esta amenaza es más acentuada pero nuestra reiterada y manifiesta despreocupación por los mismos hará que casi todos se
mueran de enfermedades derivadas de la carencia de alimentos
y de SIDA, que otros se maten con las armas que les vende-
mos o cambiamos y los que queden darán pocos problemas si
atendemos a su consumo de recursos que será equiparable al
de una rata de alcantarilla.

Nuestras políticas exteriores tardarán en atajar el problema
del tercer mundo de raíz, si es que son capaces o voluntariosas
para hacerlo algún día. Pero, aun existiendo voluntad, nuestros
políticos son incapaces de anular las estructuras tradicionales y
no saben o no quieren, de manera intencionada, solucionar los
problemas. También es cierto —alguien pensaría— que los propios habitantes de países tercermundistas oprimidos podrían
poner de su parte intentando derrocar los regímenes autorita-
rios de ineptos que les ha tocado soportar; así lo tuvieron que
hacer nuestros abuelos a costa de sus vidas. Pero cabe suponer
que ya están en ello en muchas regiones; la lista de guerras
civiles o enfrentamientos tribales es bastante extensa.

A pesar de que en los últimos quince años las ayudas de los
países ricos al tercer mundo han disminuido un 25%, todavía seguiremos enviando basura humanitaria para que se la
coman si pueden y remesas de dinero a los delincuentes que
les gobiernan, eso sí, apoyados en muchas ocasiones por nues-

tros gobiernos, para que, entre otras cosas, puedan continuar comprándonos más armas. De vez en cuando los americanos y europeos protagonizaremos algún show televisivo como el de hace unos pocos años en Somalia, en el que pudimos asistir a la matanza de unos cuantos culpables de haber nacido allí. Todos volvieron a casa sin resolver nada. Bueno, casi nada, porque da la increíble casualidad, y de eso hablaremos mucho, de que un país llamado Irak está justo encima, en el mapa. En efecto, desde Somalia tuvieron controlado Irak después de la masacre que efectuaron. En aquél período Bush padre empezaba a perder popularidad y había que estirar la telenovela con la contratación del sanguinario Sadam Hussein como máximo protagonista.

Pero seguiremos viendo más capítulos del show. En el momento en el que se escribe este libro los candidatos perfectos son Irán y Corea del Norte. En el primer caso tenemos un país que, sobrado de petróleo barato —y por ende sobrado de energía—, ahora se interesa curiosamente por las fuentes de energía nuclear. A Corea del Norte le ocurre lo mismo pero con la diferencia de que su población se muere de hambre a manos de un dictador. De poco sirve la ayuda humanitaria que les enviamos si se la gastan en misiles atómicos. En fin, no hay muchas soluciones a este problema salvo la de acabar con el régimen, a fuerza de bombas como suele ser habitual, paradójicamente.

En cualquier caso es evidente que el motivo que nos incita a resolver problemas en el exterior no es precisamente el humanitario, a juzgar por el millón y medio (1.500.000) de niños menores de 5 años que mueren al año en el mundo por enfermedades derivadas de la falta de agua potable; y mientras eso sea así no habrá cambios en el panorama tercermundista, sobre todo teniendo en cuenta que con sólo un 1% del gasto militar mundial se podría acometer la potabilización de la mayor parte del agua que mata a estos críos inocentes.

La mayor amenaza de superpoblación viene dada por países en tránsito al desarrollo, como hemos sugerido ya. Son países con capacidad de mantener con vida al grueso de su población y en los que por otra parte el consumo energético per cápita aumenta incesantemente, ya que ahora empiezan a disponer de enchufes y de aparatos para enchufar, así como algo de dinero para iniciarse en el consumismo desmesurado que nosotros ya conocemos. Este es el caso de los países asiáticos, donde se producirá uno de los mayores aumentos proporcionales y en valores absolutos de consumo energético y material, si bien el aumento relativo de su población será inferior al africano por ejemplo —aunque el hambre, las guerras, el Sida, las gripes aviares o cualquier otra cosa que aflore de la "nada" pueden hacer variar las previsiones—.

He aquí el mayor problema de la superpoblación, y no es otro que el del consumo energético y de materias primas —además de la degradación ambiental asociada—. Globalmente cada vez somos más en este planeta pero también consumimos mucho más. Supongo que a estas alturas sobra decir que los recursos de que disponemos son limitados y en este momento francamente escasos dadas las previsiones.

El petróleo a partir del que se obtienen todos sus derivados como los plásticos, detergentes, pinturas, envases, prendas de vestir, combustibles que mantienen en funcionamiento los medios de transporte y las fábricas y las luces, cocinas y calefacciones de las casas —la mayor parte de la producción de electricidad se obtiene a partir de combustibles derivados del petróleo— y, en definitiva, casi todo, así como los metales y otras materias primas mas importantes, se van agotando irreversiblemente y no durarán más que unas pocas generaciones.

Las estimaciones sobre la duración del petróleo son dispares aunque tienen como denominador común unas previsiones continuamente al alza. Pero no nos engañemos, si bien es cierto que se han descubierto nuevos yacimientos petrolíferos en los últimos años debemos tener en cuenta que muchos de los que no se explotaban, como los del Mar del Norte, después se aprovecharon porque empezaban a ser rentables como consecuencia de la subida del precio del barril. De este modo la producción petrolífera se ha diversificado, ampliándose a un número mayor de países en los que antes no era rentable hacer agujeros. Como consecuencia inmediata la OPEP ha perdido un gran peso en el control político y mercantil en todo el mundo.

La grave crisis de 1973 debida al contencioso árabe-judío —siempre los mismos protagonistas— nos mostró los primeros visos de lo que podría suponer el agotamiento del oro negro. Aquello desembocó en un aumento del precio del barril y una rebaja de la producción así como un embargo de exportación de la OPEP a USA y a los países que apoyaron a Israel.

Lo cierto es que el precio del barril aumentó en ocho miserables dólares de la época y el mundo pareció venirse abajo. El fantasma del paro laboral hizo acto de presencia y la recesión hizo recordar a muchos los 5 millones de parados que había en Alemania cuando Hitler se hizo con el poder gracias, entre otras cosas, al pan que les prometió a sus conciudadanos.

El mantenimiento del precio del petróleo en un baremo admisible y soportable por la economía mundial no durará más de 100 años si hacemos un promedio de las previsiones optimistas y pesimistas, según consumo estimado, y la existencia del mismo no se alargará mucho más. El carbón durará más aunque su utilidad dista años luz de la del petróleo que nos permite obtener una variada e imprescindible gama de subproductos. Además un aumento proporcional del consumo de carbón también tendrá nefastas repercusiones en términos de contaminación atmosférica. Al gas —al derivado del oro negro— tampoco le queda mucha más vida.

Pero el problema no llegará cuando no quede petróleo sino mucho antes, cuando empiece a encarecerse y extraer un litro sea más caro que la película de Terminator II.

¿Pero existen soluciones?

Parece ser que sí según algunos, aunque nos tienen muy confundidos. La cuestión es si nos dará tiempo a ponerlas en práctica antes de que durmamos verticalmente.

La energía nuclear es nuestra alternativa más próxima, pero conviene recordar que es la más peligrosa y que los elementos y compuestos como el uranio utilizado en centrales de fisión también se van agotando. Llegar a conseguir algún día la fusión nuclear, exenta ésta supuestamente de los graves riesgos de la fisión actual supondría un respiro pero a día de hoy estamos muy lejos de fabricar y de confinar un sol en miniatura. Tendremos que forzar las leyes de la física para conseguir un plasma levitando a muchos miles de grados sin que se nos derritan hasta los dientes. Además nuestro horno de electroimanes y de cañones láser de altísima potencia, al que habrá que inyectarle una cantidad abismal de vatios nos tendrá que aportar una energía neta final positiva o rentable, además de segura.

El hidrógeno, otro elemento aparentemente "prometedor" genera energía limpia, ya sea "quemándolo" o formando parte de las pilas de combustible. Pero, no nos engañemos; para obtenerlo, atendiendo al elemental principio de conservación de la energía, se necesita tanta energía como la que proporciona. No olvidemos que por ejemplo una electrólisis —una de las formas de obtener este gas— requiere de una gran cantidad de energía eléctrica para romper la molécula de agua. Ya que hemos hablado de la electrólisis cabe recordar que este proceso no es otra cosa que el fenómeno inverso al de la pila de combustible; sistema energético este último que nos están intentado vender como algo novedoso y revolucionario cuando es un invento que tiene casi 200 años —que sepamos—.

Si nos referimos a los saltos hidroeléctricos, más supeditados cada vez a las sequías, cabe decir que están prácticamente explotados en su totalidad y, por otra parte, dan muy pocos vatios en el cómputo total de producción, tal y como ocurre con las energías solar, eólica, mareomotriz, undimotriz o cualquier otra alternativa conocida hasta el momento. Quizá la rentabilidad económica de las fuentes renovables aumente cuando el petróleo se encarezca, pero el vatio será muy caro y necesitaremos muchos, además de espacio para los espejos y los molinillos. Ciertamente, como dicen los ecologistas más acérrimos, el Sol envía a nuestro planeta 5000 veces más energía de la que consumen todos los países industrializados de la Tierra. Sólo con un 10% de la superficie de todos los desiertos sería suficiente para cubrir, con placas solares, toda la demanda energética mundial. Hasta ahí bien, teniendo en cuenta que en el año 2100 un tercio del planeta será desierto. Pero casi toda esa energía se difunde en las zonas con más irradiación solar y con más horas de Sol. Lo que no se dice es que para trasladar electricidad del Sahara a Finlandia se perdería casi todo por el camino debido al efecto Joule en el tendido eléctrico, con lo que estas cifras teóricas no valen para nada. Y es que el rendimiento energético de todo lo que conocemos es bastante ridículo. Por ejemplo el de un motor de explosión es del 30%; el 70% restante se tira literalmente en forma de calor.

Sin perder el hilo de la energía solar, hoy en día instalar placas solares fotovoltaicas es una tarea ardua si tenemos en cuenta que su comercialización está limitada y monopolizada en gran medida por las grandes petroleras, que hacen todo lo posible para que el mercado permanezca desabastecido de plaquitas de silicio, que es uno de los elementos más abundantes. Cabe decir también que en la fabricación de un panel fotovoltaico se utiliza una buena parte de la energía que proporcionará el mismo en toda su vida útil.

Otro invento "revolucionario" que nos proponen los "entendidos" para este siglo es el de los automóviles de aire comprimido. Y en efecto, no contaminan. Pero para producir y transportar la electricidad que alimenta los compresores de aire que los abastece se quema más combustible del que gastarían directamente con un motor convencional de explosión o uno híbrido. (Cabe recordar también que la mayor parte de la electricidad la producen centrales térmicas). Al final lo único que hacemos es echar el humo en otro sitio.

Los biocombustibles son más de lo mismo. Producir alcoholes combustibles para automoción a partir del maíz o de la caña de azúcar supone dedicar enormes extensiones de espacios cultivables en un planeta en el que la degradación y destrucción de los bosques ha tocado ya máximos. Esto exigiría además un aumento ostensible del uso de pesticidas y redundaría en un incremento importante de la inflación por el incremento de los precios de los alimentos, que se verían indudablemente afectados de manera muy negativa por razones obvias. Por otro lado para la obtención de estos productos se precisa de un proceso industrial muy costoso: la caña, el maíz o la uva producen bioetanol al fermentar pero, para que nos entendamos, en una cantidad similar a la de su grado alcohólico, lo que supone que el rendimiento sea bastante discreto. Y ahí no queda todo. Por supuesto, hay que destilar todo con un alambique… y eso supone que necesitamos mucha energía calorífica para producir una botella de orujo…

Como siempre se ha insinuado, puede que el "motor de agua" o cualquier otro sistema revolucionario de producción energética ya se hayan inventado y en estos momentos no interese explotarlos, permaneciendo como grandes "secretos" para la humanidad. Esto ocurre a menudo y cualquiera que haya patentado algún invento lo sabe perfectamente: pañales de varios usos para incontinencia urinaria cuyas patentes han sido compradas por empresas fabricantes de pañales para seguir vendiendo a placer sus artículos de un solo uso; bolígrafos recargables con agua o sistemas valvulares de retención de heces para colostomizados por cáncer para no detener el lucrativo negocio de las bolsas de usar y tirar. Una amplia lista maloliente con la que puede escribirse otro extenso libro y en el que también se puede hablar de muchas muertes misteriosas como la de Rudolf Diesel, el inventor del motor que todos conocemos. Oficialmente se suicidó tirándose por la borda de un barco cuando mejores perspectivas tenía. Días más tarde iba a vender licencias para la marina inglesa con el objeto de equipar los barcos con sus revolucionarios motores, que iban a sustituir a los lentos trastos de vapor. ¡Y es que la Primera Guerra Mundial estaba a punto de estallar! A algunos no les habría hecho nada de gracia la supremacía de la Royal Navy con esos nuevos ingenios cuya autonomía y velocidad eran muy superiores a todo lo conocido hasta la fecha.

Pero no nos desviemos de lo que estábamos tratando acerca de las fuentes de energía. El problema que se plantea no es solamente energético, para producir energía necesitamos materia y a su vez, para subsistir, precisamos de estos soportes físicos.

En realidad la materia no se agota, podemos reciclarla cuando nos aburrimos de ella, pero el reciclado también tiene un coste energético elevado y reciclar la que ya está bajo tierra, y hay mucha ya, es todavía más costoso. Por otra parte cuando seamos muchos y más y más personas consuman más no tendremos materia en circulación para todos porque estará tan dispersa como el polvo. También será mucho más difícil cultivar alimentos y alimentar el ganado con menos superficie para plantar y con unos rendimientos casi al límite. Debemos tener en cuenta que cada 24 horas nacen tantas personas como para ocupar unos cuantos cientos de estadios de fútbol.

La población marina está ya realmente diezmada y explotada casi al 100%, los bancos de pesca disminuyen un año tras otro y el grave problema de la contaminación va a agravar todavía más la situación, y cruzaremos los dedos para que como consecuencia del efecto invernadero, provocado supuestamente por la enorme contaminación atmosférica, los polos no se deshielen demasiado y cubran áreas cultivables o habitables. Y con un poco de suerte los agujeros de ozono quizá no progresen más para que los rayos UVA y los rayos cósmicos no hagan imposible la vida en la Tierra como ocurre actualmente en otros planetas.

En definitiva, con este ritmo de crecimiento demográfico, antes de que descubramos una fuente de energía alternativa, por ahora desconocida para nosotros, y que nos sirva para lanzarnos masivamente a la conquista del espacio o de la propia Tierra para obtener más materia y energía, de una manera menos traumática, podríamos encontrarnos en una situación desesperada de impredecibles consecuencias. El petróleo se encarecerá de tal forma que los focos de poder económico bascularán más hacia los países productores, curiosamente los países árabes, los mejores amigos del mundo occidental.

Si la invasión de Kuwait por parte de los iraquíes, lo que suponía la posibilidad de que este último país obtuviese un mayor peso específico en el control de pozos petrolíferos, supuso una grave tensión política entre países de Oriente Medio, la U.E.I y occidente cuando sólo estaba en juego un trozo del pastel, no me gustaría saber qué ocurrirá cuando esté en juego la tarta.

Pero supongamos que sobrevivimos a esta explosión de los precios y a la lucha por el control de las últimas reservas. En esta situación ¿qué ocurrirá el día que nos levantemos y ya no quede una gota de oro negro? ¿Seremos solidarios y estaremos dispuestos a compartir lo poco que quede afrontando una nueva filosofía de vida?

Ante la imposibilidad de responder a esta pregunta con criterios científicos o con algún otro tipo de criterio que proporcione un mínimo de rigor, yo digo, ¡JA!

No creo que entre mil posibilidades haya una que no desemboque en una lucha por la supervivencia y el control de los despojos y esto, en términos matemáticos, o algebraicos, se expresa así:

Lucha desesperada por la supervivencia........hecatombe.

O lo que es igual, la III Guerra Mundial, o lo que es lo mismo, el final de la civilización humana sobre la faz de la Tierra. (Quien todavía dude de la capacidad de matar de nuestras bombas nucleares, duda equivocadamente).

Y es que yo seré el primero en empuñar un arma cuando no tenga acceso a los elementos básicos –y cada vez quedan menos– que me aseguren una digna supervivencia y siga viendo por doquier a los corruptos e ineficaces gobernantes y a los abúlicos personajes que conforman en gran medida nuestra sociedad. Las desigualdades y el descontento social aumenta irremisiblemente en todas las sociedades desarrolladas y el juego económico acoge cada vez a un grupo más reducido. Las guerras civiles se quedarían cortas y se generarían conflictos a nivel mundial. El diálogo no resolverá nada cuando nos hayamos quedado sin soluciones o sin voluntad por parte de los que tengan que ceder, y la historia y la experiencia ya nos han dejado patente cómo es la naturaleza humana. Yo confío muy poco en el género humano, a la vista de lo que acontece al otro lado de nuestras fronteras; hambre y guerras. Y todavía nos queda vergüenza para autocalificarnos como países "desarrollados".

Quizá toda esta exposición sucinta, genérica, posiblemente catastrofista y a todas luces debatible de las consecuencias de la superpoblación masiva sea más que discutible pero, en ningún caso, estamos en condiciones de establecer lo que ocurriría ante tal posibilidad. No disponemos de herramientas que nos proporcionen una respuesta incuestionable. Pero lo que sí es incuestionable es que esta posibilidad existe y además en forma apreciable. Tanto es así que es razonable utilizarla como una hipótesis de la cual extraer otras derivaciones.

II- El elemento "X" y las guerras

Teniendo en cuenta que el riesgo inicial derivado de la superpoblación podría ser el enfrentamiento violento convendría analizar por qué se producen las guerras, el exterminio, y si son ciertamente evitables.

Hay algo en nuestro código genético, denominémoslo ELEMENTO X, que nos hace especialmente irritables en determinadas circunstancias; tal es así que respondemos violentamente ante cualquier estímulo externo que pueda afectar nuestra integridad. Este elemento X forma parte del Sistema Global de Autoprotección o supervivencia del que nos dotaron de serie nuestros creadores o la propia naturaleza –eso lo decidiremos más adelante–. Un sistema que forma parte de nuestros instintos más básicos. Todos disponemos de ese seguro que se llama miedo y que nos dificulta la posibilidad de quitarnos voluntariamente la vida cuando es algo tan sumamente fácil. Pero no cabe duda de que, en términos relativos, este sistema puede parecer desmedido o irracional. La explicación no puede ser la capacidad de previsión y anticipación ante el agresor. No tendría sentido desde la perspectiva de nuestros creadores dotarnos de un sistema de autoprotección para eliminar precisamente elementos de nuestra misma especie. Esto sólo tendría sentido en una confrontación con elementos de otras especies como animales depredadores. Se podría pensar que dicho sistema global, aunque estuviese originalmente diseñado en este último sentido, implicaría, por su construcción, que también podría funcionar, inevitablemente, ante situaciones de peligro irreal y manifestarse de manera incontrolada hacia nuestros semejantes, porque, obviamente, las irrefrenables ganas de agredir al individuo que se nos escurre con su coche en una situación de tráfico estresante no son consecuencia de un peligro manifiesto, en muchos casos, hacia nuestra integridad física.

Pero tenemos capacidad para diferenciar a un humano de un animal y no puede ser que nuestro sistema los confunda y actúe equivocadamente. Tampoco puede ser que nuestro sistema no diferencie al humano que atenta contra nuestra vida y aquel que, por un despiste, se mete en nuestro carril. Sin embargo en este supuesto la diferenciación parece no actuar eficazmente. Nuestro sistema de supervivencia da el visto bueno para eliminar a un atacante con intención de asesinarnos e incluso sin esas intenciones. ¿Pero por qué esa ansiedad por matar a un semejante? ¿Acaso no se contradice esto con el principio fundamental de la autoprotección de la raza humana?

Desde esta perspectiva ¿qué sentido tiene acabar con la vida de aquél que no atenta contra la nuestra? No cabe la menor duda de que las guerras son estúpidas, tratamos de defender nuestra integridad a sabiendas de que en esta situación las posibilidades de morir y las de sacrificar a nuestros semejantes son muy superiores a las que existirían en una situación de intento de diálogo racional, de negociación o incluso de sumisión. Y aunque seamos los más fuertes en la pelea sabemos que nos llevaremos algún puñetazo inevitablemente. ¿Todos los contrincantes disponemos de un mismo sistema de autodefensa y sin embargo nos eliminamos mutuamente?

La naturaleza o nuestros creadores debieron pensar con previsión de futuro, porque todo hay que realizarlo en su justa medida. No podían dotarnos de un sistema tan proteccionista. Había que establecer algún límite porque de lo contrario podría haber sido que nos protegiésemos demasiado y ante tal situación no habrían existido guerras a lo largo de nuestra his-

Los delitos de Dios

toria. Pero esto habría supuesto una catástrofe a largo plazo. En efecto, siendo hoy conscientes del inminente sobre-exceso de población, de consumo y de degradación que se nos avecina, y la incertidumbre que esto provoca sobre nuestra existencia futura, debemos reconocer que si a lo largo de la historia de la humanidad no se hubiese ido produciendo una muerte sistemática y "prematura" de los pobladores de este planeta hoy no estaríamos aquí. No podemos pretender ser inmortales desde el inicio de una civilización porque de haber sido así, si sumáramos la masa de todos los humanos que podían haber ido naciendo y sobreviviendo largo tiempo, superaríamos en muchas veces la masa de este planeta y, por otra parte, no habríamos tenido tiempo suficiente para crear una tecnología lo suficientemente avanzada como para permitirnos una escapada masiva hacia otros planetas habitables o, al menos, a colonias espaciales. De hecho todavía estamos lejos de disponer de dicha tecnología.

Debemos reconocer, en definitiva, que las guerras, enfermedades, y la muerte genética programada que han ido aniquilando a nuestro género, nos han permitido una ulterior supervivencia, y esto es absolutamente irrefutable.

Entonces ¿pudo esta irascibilidad genética, o elemento X, ser creado con el fin de exterminarnos y asegurar así, como fin prioritario, la supervivencia de nuestra especie?

También es cierto que podían habernos dotado de un sistema reproductivo menos eficiente que hubiese redundado en una menor natalidad. Una forma podría haber sido alargar los períodos de gestación o adelantar el proceso de la menopausia en las hembras, o dificultar el proceso de la concepción. Esto habría sido técnica o genéticamente posible. De hecho muchas especies animales tienen unos rendimientos reproductivos más bajos que los humanos. Pero aún así el proceso de crianza humano es uno de los más delicados del reino animal. En cualquier especie el recién nacido aprende rápidamente a andar, a alimentarse y, en definitiva, a desenvolverse en su hostil medio.

Por la especial configuración de la inteligencia humana el hombre, desde su nacimiento, requiere de un aprendizaje sensiblemente más lento del que efectúan los animales. Esto es razonable si tenemos en cuenta que el cerebro humano trabaja con un mayor volumen de datos que un cerebro animal. En los sistemas informáticos actuales ocurre exactamente lo mismo. Cuando un ordenador utiliza su memoria RAM hasta los límites de capacidad de la misma, el procesamiento de tantos datos se traduce en una ostensible pérdida de velocidad global en las presentaciones de pantalla.

En la síntesis de una respuesta ante un estímulo externo el animal sólo tiene en cuenta el instinto, la experiencia, y alguna pauta de aprendizaje muy simple mientras que en el hombre se suman elementos de anticipación o previsión de las consecuencias que puede desencadenar su reacción porque, a diferencia de los animales, el hombre dispone de una capacidad imaginativa que le ayuda a simular realidades ficticias.

Por lo que vemos, el desarrollo de un retoño humano ya parece complicarse bastante con respecto a otras especies. ¿Qué ocurriría entonces si se complicase todavía más, desde el punto de vista técnico, con el propósito, aludido ya, de un sistema reproductivo menos eficiente?

Si nos remontamos a épocas históricas, han sido muchas las situaciones en las que los antiguos humanos han visto peligrar la existencia de sus comunidades. A las guerras y enfermedades se han sumado catástrofes naturales y el hambre que se deriva de estas situaciones. Fueron circunstancias en las que el trabajo de procrear era ya difícilmente asumible. Por otro lado si nosotros poseemos capacidad anticipativa como consecuencia y como función proporcional de nuestra inteligencia es muy lógico pensar que nuestro ente creador, supuestamente más inteligente que nosotros, tuvo una mayor capacidad previsora de la que nosotros podamos imaginar. Pero utilicemos alguna pequeña dosis de sensatez. Es difícil creer que nos arrojaran a este planeta conociendo pormenorizadamente el índice exacto de natalidad que debería poseer, técnicamente, la especie humana, para que en cada segmento cronológico de nuestra evolución nuestra población nunca desbordase nuestras capacidades tecnológicas. Quizá sí dispusiesen de ese dato y nos podrían haber configurado para procrear al ritmo "adecuado". Pero debió ser mucho más razonable, y nuestra experiencia cotidiana lo demuestra, dejar un margen. Sí, un margen ante los posibles imprevistos que pudieran surgir porque, insisto, no imagino una civilización superior en todos los órdenes a la nuestra en la que no exista la posibilidad de imprevistos de algún tipo, eso es inconciliable con cualquier clase de libertad de acción y más propio de un robot programado; y esto no responde a los parámetros mínimos que configuran lo que nosotros entendemos por "civilización".

Aunque éticamente discutible si nos basamos en nuestros valores terrenales, fue más razonable y sobre todo más seguro dejar un margen poblacional y a partir de aquí exterminar cualquier exceso preocupante.

Pues sí, en nuestro código genético introdujeron o se generaron bombas de relojería y bombas de activación directa constituyendo estas últimas el elemento X o irascibilidad. La naturaleza o nuestros fabricantes nos dotaron originariamente de un sistema de exterminio selectivo y controlado, para eliminar el superávit demográfico en todo momento.

Pero se planteaba inicialmente un problema. ¿Cuándo debería activarse toda esta maquinaria de exterminio? Habría que exterminar selectivamente, cuando realmente fuese necesario y cuando la población excediese los límites admisibles en cada momento histórico.

Obviamente, por razones técnicas una vez más, no podíamos disponer, nosotros los humanos, de un contador de población vía satélite en el cerebro y de un sistema informático que determinase la población óptima en función, siempre, de los recursos disponibles. Era necesario un sistema acorde con nuestra naturaleza física y con nuestras carencias culturales en tiempos tan remotos.

El problema inicial fue resuelto con éxito. Un magnífico sistema de "acotación territorial" fue la receta que nuestros fabricantes elaboraron e introdujeron en nuestro código genético. Disponemos de un estimable campo de pruebas ejemplar en nuestro mundo observable. Y no es otro que el mundo animal, ya sea el caso de animales como pájaros, monos, felinos, etc. Cuando una unidad familiar procrea, establece una delimitación psíquica y física, por medio de heces, orina etc. de su territorio, de tal forma que cualquier intruso no será bien recibido y se desencadenará una agresión hacia el mismo. Este conocido mecanismo garantiza a la unidad familiar que su territorio no estará superpoblado y sobre explotado con lo que se asegurará el porvenir de las crías.

No todos los animales siguen este mecanismo puesto que no lo necesitan por su sistema de vida, pero aquellos que no lo siguen, luchan por un posicionamiento jerárquico en su comunidad, para conseguir el poder.

Sin embargo la activación de la irascibilidad en los animales, como consecuencia de su violación territorial, en muy raras ocasiones se traduce en un exterminio de su oponente. Las cobras o las serpientes de cascabel, por ejemplo, establecen un enfrentamiento ritual golpeándose con fuerza pero nunca mordiéndose puesto que su letal veneno mataría de inmediato a su contendiente. En muchas ocasiones cuando uno de los contendientes comprende que va a ser vencido manifiesta una actitud sumisa quedándose inmóvil, escondiendo los dientes, los cuernos o el pico y asume su derrota. En otros casos adopta una posición de provocación sexual para que su enemigo se tranquilice.

Los delitos de Dios

¿Pero por qué no se produce el exterminio entre animales?

No debió ser necesario introducir un elemento X, o elemento exterminador, en su código genético porque el techo evolutivo de los animales estaba muy bien calibrado. La incapacidad de los mismos para desarrollar tecnologías nunca les permitiría afrontar la lacra de las enfermedades, lo que constituiría una forma de controlar y aumentar desproporcionadamente su expansión territorial. Además la introducción de más especies de animales depredadores daría lugar a una cadena trófica equilibrante que el propio ser humano encabezaría como ocurre hoy. Pero en cualquier caso la fauna animal nunca sería capaz de desarrollar pautas ni medios técnicos autodestructivos. Además, por otro lado, si tenemos en cuenta que más del 95% de las especies animales originarias, o transitorias, se han extinguido, ya podemos deducir que carecen del interés, al menos como prioridad, de los creadores. Quizá los bichos no den tanto espectáculo como nosotros.

III- "X" y los creadores

Llegados a este punto es justo reconocer que en el transcurso de esta exposición se plantean innumerables preguntas, pero podríamos destacar algunas sobre el resto:

¿Qué se entiende por el término "nuestros creadores"? ¿Acaso no nos creó un solo dios cuyo hijo bajó de los cielos a decirnos que éramos unos gilipollas que no sabíamos lo que hacíamos? ¿O es que no procedemos, según cualificados estudios científicos, de una célula o espora originaria –o varias, quién sabe– que se generaron en un charco espontáneamente, por la gracia de nadie, y que dieron lugar, tras sucesivas mutaciones y procesos de selección natural, a los seres humanos y a toda su parafernalia tecnológica?

La verdad es que cuesta resolver esta disyuntiva, dios o no dios, amén de otras posibilidades que podamos imaginar, pero tendremos que elegir algo, aunque no sea imprescindible para explicar la realidad palpable del exterminio porque por una u otra vía hemos llegado a ser lo que somos. No obstante si elegimos una de las dos opciones resultará más fácil extraer implicaciones directas.

Es evidente que me he decantado por una de esas posibilidades, la de unos dioses creadores. Pero surge aquí un grave problema, tratamos de explicar una realidad tangible como la del exterminio a partir de unas presunciones envueltas en las sábanas de la subjetividad. No podemos andar así por la vida.

Hace tiempo trabajé en una cervecería y aprendí algo interesante de un vociferante, putero y pedagógico ex-jefe:
"De lo que veas créete la mitad y de lo que te cuenten no te creas nada". Esta útil aseveración no es más que una interpretación de los fundamentos del método científico, que se ha constituido a lo largo de nuestros tiempos como la más útil herramienta de la racionalidad pero, al igual que el comunismo, fracasa si no está bien aplicado.

Este método sugiere que para sentar las bases de una afirmación globalizadora debemos partir de una observación de los hechos más significativos que pueden dar pie a esa aseveración, seguidamente debemos plantear hipótesis explicativas del fenómeno y finalmente deducir consecuencias, de estas hipótesis, que puedan ser verificadas experimentalmente mediante la reproducción y observación del fenómeno en un laboratorio o mediante tratamientos matemáticos, o estadísticos, y de la manera más aséptica que sea posible. Con este método los éxitos han sido notables, saliendo así de las tinieblas en las que la intervención de una fuerza suprema parecía ser la causa de la animación de todos los elementos. Nos empezamos a dar cuenta de que existían procesos sujetos a leyes verificables y contrastables. Galileo descubrió que las cosas caían al suelo con una velocidad que era independiente de la masa, y siempre era así si no actuaban fuerzas o resistencias externas. Newton demostraba que las aceleraciones provocadas en un cuerpo son proporcionales a las fuerzas aplicadas sobre el mismo y que la velocidad comunicada persistía si no actuaban otras fuerzas externas. Ya no era algo dejado de la mano del azar o de los dioses.

Los innegables éxitos que desde la física se han trasladado al resto de las materias científicas nos han sumido en otra ceguera pensando que el "método" puede constituirse como de aplicación universal. No cabe duda que para nuestro mundillo particular, bien cubierto ya por nuestros sentidos, bien mensurado y cualitativamente analizado tenemos juego suficiente con este método, pero es difícil de extrapolar a otras realidades. Nuestro procedimiento puede explicar satisfactoriamente la caída de una piedra e incluso catalogar tropismos, actos reflejos y conductas animales. Pero olvidamos que la piedra no piensa y que, por tanto, es fiel a las leyes. ¿Pero podemos teorizar acerca de conductas que excedan en mucho a nuestra propia inteligencia? ¿Debemos descartar la posible existencia de un dios por el mero hecho de no poder observarlo?

Para que un científico acepte que, por ejemplo, somos visitados por seres extraterrestres, si es que pueden llegar hasta nosotros, deberían darse las siguientes condiciones específicas, de otro modo esa hipótesis jamás sería aceptada por el método ni por la comunidad científica:

-Un mensaje proveniente del espacio, y eso tendría que ser a través de ondas de radio que, por cierto, no sabemos si llegarían desde tan lejos, o si serán utilizadas por alguien, no sería en absoluto aceptado. Siempre cabría la duda de que podría tratarse de un fraude realizado con una reciente tecnología capaz de enmascarar o desvirtuar el punto de emisión. Sólo sería aceptada una prueba material.

-Un trozo de material o elemento técnico desconocido proporcionado por alguien que alegase haber tenido un encuentro con extraterrestres o llegado desde el espacio, a modo de una placa grabada por ejemplo, tampoco tendría interés porque nadie se enteraría si cayese en manos del ejército, y en cualquier caso nadie creería su procedencia extraterrestre por muy raros que fuesen los materiales de los que estuviese hecho. Sólo un encuentro físico podría tener alguna validez. Una nave tripulada tal vez.

-La nave tripulada debería aterrizar en un país de crédito —no se me ocurre ninguno— en un lugar público durante un espacio de tiempo suficiente para que periodistas o corresponsales de todo el mundo acudiesen al lugar y pudiesen constatar la existencia de esta nave.

-Tendría que producirse un milagro para que el ejército o las fuerzas policiales no cercasen todo el extrarradio y abriesen fuego ante tan amenazante suceso.

-Los tripulantes deberían emitir un mensaje en son de paz para evitar que un misil les cayese de lleno, aunque en este supuesto podrían detenerlo al vuelo para empezar a sorprender al personal.

-Este mensaje debería ser original para no recordarnos ninguna serie de televisión, como "V" o "Star Trek".

-Pero todo esto no sería en absoluto suficiente porque lo acontecido hasta ese momento podría constituir sólo un montaje con unos buenos efectos luminosos o sonoros y unos disfraces caros.

-Los extraterrestres deberían aceptar la entrada a su aparato de un regimiento de científicos no gubernamentales y dejarse someter una y otra vez a intensos análisis de fluidos, de muestras de tejidos, a estudios anatómicos, fisiológicos etc. En el supuesto de que las fuerzas armadas de turno, milagrosamente, hubiesen permanecido inoperantes sólo podríamos llegar a la conclusión de que no habíamos visto nunca a esos bichos por aquí.

Podríamos pensar que todo se trataría de un montaje mostrando los últimos logros de la biotecnología y la robótica más avanzada en nuestro planeta, en una nave espacial con un sistema de propulsión de última generación.

-Exigiríamos algo más sorprendente, quizá un juego de magia espectacular como hacer volar a alguien igual que superman. Aunque accediesen a nuestras peticiones llegaría el señor que dice haber desenmascarado a Uri Geller y convencería a los científicos de que los marcianos, o lo que fuesen, habrían puesto en práctica algún truco mejorado de David Copperfield.

-Como última alternativa para estos pobres viajeros les quedaría llevar a un extracto representativo de nuestra sociedad de visita turística por su planeta. Cuando volviesen los cientí-

Los delitos de Dios

ficos les considerarían como presas de una alucinación colectiva generada ante tan logrado montaje.

Teniendo en cuenta todo el control informativo y la censura existente en cualquier país que podamos imaginar, nunca les tomaríamos en serio a no ser que nos visitasen masivamente –a lo largo de todo el planeta– o nos invadiesen y los sintiésemos en nuestras carnes.

Si estas condiciones no se ofrecen, de alguna u otra manera, la comunidad científica, bajo los postulados de su método, jamás aceptará el hecho de que los extraterrestres nos visitan.

Resulta molesto oír siempre lo mismo de los que se autocalifican como científicos pero lo único que les proporciona su brillante mollera como pregunta cuando afrontan la posibilidad de que seamos visitados es ¿por qué no se muestran públicamente?

¿Pero es que no se dan cuenta, señores, de que pueden existir razones para que no se muestren, en el supuesto de haber llegado hasta nosotros? ¿Por qué rechazan sistemáticamente esta posibilidad y ridiculizan a todos los que la sostienen, tachándoles de ignorantes y soñadores? ¿Es que no se dan cuenta de que no se puede efectuar el mismo tratamiento a la caída de una piedra que a la conducta generada por una inteligencia notablemente más avanzada que la nuestra, que muy probablemente no se regiría por nuestros parámetros de comportamiento, y que dispondría de capacidad técnica para detectar nuestras intenciones investigadoras, y nuestras cámaras de fotos?

Cuando iniciamos la etapa de los descubrimientos, viajamos a América y exterminamos varios millones de indígenas, destruimos las culturas maya y azteca, entre otras, y después de saquear, expoliar y violar les impusimos nuestra retrógrada, manipulada, insensible e interesada forma o extracto de religión católica. Este ha sido nuestro modo habitual de irrumpir en los territorios desconocidos. Pero algo nos dice en nuestro foro interno que eso no estuvo bien. A lo largo de la evolución de nuestra civilización se han impuesto progresivamente unos valores éticos. Tanto es así que hoy calificamos como "sociedad avanzada" a aquella que respeta los valores que todos consideramos básicos y que son el derecho a la vida y el derecho a ser libres. Estos valores se han aferrado cada vez más y hay motivos para pensar que nuestras tablas éticas seguirán reforzándose, y cada vez la vida y la libertad serán más apreciadas hasta tal punto que cuando alcancemos un avanzado nivel tecnológico que nos permita llegar a otros mundos quizá no cometamos errores pasados y dejemos vivir en paz, o al menos en libertad, a cualquier pueblo con posibilidad de ser fácilmente masacrado. Quizá hasta firmemos algún pacto cósmico de no agresión hacia los pueblos susceptibles de ser dañados irreparablemente.

Ya analizábamos con anterioridad el matiz diferenciador de la inteligencia; la capacidad previsora. Una inteligencia más avanzada que la nuestra, producto de una mayor maduración cronológica y educativa, que haya sido capaz de eliminar psíquicamente y físicamente, quizá por manipulación genética, los influjos de su elemento exterminador X , y otras taras, se encontrará en condiciones aptas para determinar el efecto de choque que puede conllevar su desembarco en un planeta menos evolucionado.

Nosotros todavía no disponemos de esa capacidad. Nuestras teorías sociológicas y socioeconómicas no se encuentran lo suficientemente avanzadas y elaboradas como para darnos una respuesta inequívoca, que nos asegure lo que ocurriría en determinadas circunstancias. No podemos predecir cual será el signo político de futuras generaciones o cómo fluctuará la economía, ni siquiera a corto plazo. Desconocemos muchos factores, dependientes a su vez de otros, que condicionan el resultado final y que son objeto de muchas nuevas teorías del caos.

Los delitos de Dios

Sin embargo, a la cabeza de los factores condicionantes, se sitúa la inteligencia humana, cuyo substrato es un manantial de origen desconocido y espero, por el bien de la libertad, que también sea altamente imprevisible en sus producciones.

¿Qué ocurriría entonces si una civilización estableciese con nosotros un vínculo comunicativo y físico en un momento dado?

Me temo, por lo comentado previamente a esta pregunta, que lo único que podemos hacer es especular humildemente:

¿Qué debemos esperar de alguien que con su capacidad tecnológica puede resolver los acuciantes problemas de hambre, enfermedad y guerras que proliferan en nuestro desventurado mundo?

Sin duda alguna les exigiríamos ayuda para resolver todos nuestros problemas porque de lo contrario les consideraríamos insolidarios y esto supondría un nefasto comienzo en nuestras relaciones. En esta adjudicación transitoria de poder no cabe duda de que surgirían tensiones y desconfianzas.

Resolver nuestros problemas significaría que tendrían que curar a todos los enfermos de la Tierra, y sin excepción, porque no hay nada más deleznable que las injusticias. Tendrían que salvar a los moribundos y hasta los muertos y dar de comer a los hambrientos. Por otra parte deberían dotarnos de una nueva y poderosa tecnología capaz de solucionar estos problemas y de absorber el golpe demográfico y quizá no seamos dignos, ni fiables, para merecer todo eso. Además si la sociedad visitante posee todos los valores éticos ya aludidos, difícilmente podemos esperar que ejerzan un influjo sobre nosotros porque dejarían que evolucionásemos en libertad con todas nuestras miserias. Y si suponemos que nuestro mundo es una pecera y nosotros los peces, diseñados y pertenecientes a alguna otra civilización, más razón aún para que nos dejen tranquilos. Quizá seamos una "especie protegida" para ellos; algo tan de moda entre los "ecologistas".

No se puede negar, a la vista de todas estas aseveraciones y suposiciones, la enorme abstracción que se provoca con las mismas. ¿Cómo podemos asumir, en un análisis supuestamente serio, la aparición de todos estos personajes foráneos?

Pues bien; tendré que elegir jugadores para mi juego porque si los humanos constituimos una maquinaria sofisticada alguien debió fabricarnos. Pudieron ser esos personajes a los que identifico como nuestros creadores, aunque pudo ser un dios único y omnipotente, pero, en cualquier caso es de suponer que de procedencia no terrestre. De todas formas yo me inclino por la posibilidad de ser un sucedáneo de seres a su vez creados por otros hasta llegar a la cúspide creativa y encontrarnos con ese ente inteligente, sintetizador, omnipotente y omnipresente llamado dios o dioses o ente organizativo o lo que sea. Al fin y al cabo crearnos a nosotros no debe ser muy difícil, siempre en términos relativos, a la vista de los progresos en ingeniería genética.

La otra posibilidad, aunque podríamos idear más, es que hayamos surgido de forma "espontánea" a partir de una célula originaria y hayamos evolucionado a lo largo de millones de años.

Es razonable plantear esta dicotomía pero responder a la pregunta planteada es sumamente difícil partiendo de la realidad de la más absoluta ignorancia en la que nos hallamos sumidos. No tenemos pruebas físicas de que los dioses existan, pero esto es una falacia y no implica la inexistencia de los mismos. Con respecto a las teorías evolutivas hay lagunas prácticamente insalvables a medida que vamos descubriendo cosas.

Ante esta situación quizá decida elegir la menos absurda de las dos, o la de más crédito o en definitiva la que más me guste porque no existen argumentos intangibles que puedan negar la posibilidad de que una de ellas constituya una verdad aproximada.

Si pensamos en nuestros dioses fabricantes para simplificar el problema, podemos analizar las posibilidades de vida civilizada en otros mundos y la posibilidad de que nos visiten. Aunque puede ser que se hallen en nuestro mundo, que procedan de aquí y que no los vemos porque no son entidades físicas detectables por nuestros sentidos y medios técnicos. No obstante si retomamos la consideración anterior de una civilización avanzada que llegó hasta este planeta sembrando la vida podemos analizar las posibilidades de la misma en el exterior. Deberíamos explicar a posteriori de dónde proceden ellos y quién los ha creado. Pero este último punto no afectaría al resultado de la cuestión planteada y no es mi intención —como vil subproducto humano que soy— desentrañar los orígenes del universo sino la de explicar una parte de nuestra conducta.

IV- LOS DIOSES

Lo cierto es que cuando miras al cielo no puedes dejar de asombrarte de la cantidad de soles como el nuestro que brillan por ahí arriba. La Vía Láctea, en la que nos hallamos, posee unos 250.000 millones de estrellas. Por otra parte, desde hace mucho tiempo, se conocen bien, al menos, once galaxias satélite que acompañan a la nuestra. Alguna de ellas como la de Andrómeda apunta a ser incluso mucho más extensa que la Vía Láctea con lo que el cómputo total de estrellas nos obliga ya a utilizar exponenciales. La práctica totalidad de estas estrellas poseen sistemas planetarios pero, aun debiendo ser lo más razonable desde el punto de vista físico, no todos estos sistemas han de responder a las características peculiares del nuestro. Por otro lado un sistema planetario debe cumplir condiciones muy específicas para poder albergar vida tal y como la concebimos mentalmente. Si la Tierra, por ejemplo, se desviase ligerísimamente de su órbita, acercándose o alejándose del Sol, las repercusiones climáticas serían de tal magnitud que harían la vida prácticamente imposible en la superficie del planeta.

En 1978 Michael Hart, un colaborador de la NASA, llegaba a la conclusión, mediante tratamiento informático, de que la ecosfera útil de la Tierra, es decir, la banda en la que recibimos las radiaciones adecuadas del Sol, sólo era de unos 10 millones de Km. de anchura, cuando se estimaba muy superior. Fuera de esta banda la Tierra se congelaría o alcanzaría temperaturas extremas según fuese su proximidad al Sol. De hecho esto es lo que le ocurre a los planetas de nuestro sistema.

Parece pues un milagro que corramos por la pista correcta en un estadio con varios miles de pistas. Pero no acaban aquí las condiciones, porque un planeta debe tener el tamaño adecuado para sustentar vida tal como la conocemos. Si es muy pequeño su escasa acción gravitatoria le impide retener una atmósfera digna de poder ser respirada, puesto que conservaría sólo los gases más pesados, y los que conocemos no funcionan en los organismos vivientes, y si el planeta es todavía más pequeño no puede retener un vestigio de gas, aunque sabemos de la existencia de bacterias anaerobias –no las del petróleo–. Si el planeta es muy grande su influjo gravitatorio nos permitiría hacer pesas con una moneda, siempre que resistiésemos la presurización a la que estuviese sometida la atmósfera que muy bien podría estar formada por gases licuados como los de una bombona de butano. No obstante en nuestro propio mar de agua hay bichos que pasean dulcemente, en ausencia de luz, con una columna de agua de varios kilómetros por encima. Sustancias químicas agresivas como aguas ferrosas o ácidas tampoco supondrían un problema para determinadas bacterias –tenemos las de Río Tinto (Huelva)–. Existen también bestias que sobreviven a la congelación o que resisten temperaturas de 100º C en las dorsales oceánicas.

Descartando las posibles formas de vida de tipo "espiritual" o "inmaterial" que pudiesen poblar un planeta, la vida física que nosotros conocemos está formada por un abanico de elementos muy restringido como son el carbono, hidrógeno, oxígeno y nitrógeno. Pero si en otro planeta las condiciones gravitatorias difieren de las nuestras podrían existir formas de vida donde los estados sólido, líquido y gaseoso viniesen delimitados por otro abanico de elementos cuyas masas atómicas y fuerzas interatómicas y de cohesión estuviesen en consonancia con estas condiciones.

Los delitos de Dios

Pero al final hay tantas estrellas que el resultado último debería ser, en términos probabilísticos, un número de planetas con posibilidad de albergar vida, tal y como la conocemos, que excedería de varios cientos de miles o millones, sólo en nuestra galaxia. Si nos referimos al universo conocido, nuestro planeta sería un grano de arena en una playa entre todos los planetas de características análogas al nuestro; misma gravedad, misma temperatura, y parecida composición. Incluyendo mares de líquido, desiertos y zonas congeladas.

En el ámbito científico, donde se han barajado todas estas posibilidades, ya no cabe la menor duda de que no estaremos solos en el universo.

Sin embargo para los científicos queda un problema de fondo insalvable en estos momentos. Suponiendo que algunas de las civilizaciones con más antigüedad que la nuestra, más avanzadas técnicamente, sientan la necesidad, como nosotros, de viajar a otros mundos, ¿cómo es posible que puedan llegar hasta aquí?

En efecto, las estrellas más cercanas a la nuestra distan varios años luz y nuestros rudimentarios cohetes de propulsión a chorro no pueden ni soñar con velocidades próximas a los 300.000 Km. /seg.

Pero debemos poder intuir, al menos, posibles alternativas. Nadie podía imaginar hace 200 años que algún día pudiésemos construir submarinos que descendiesen a 11.000 metros de profundidad o aviones supersónicos, y mucho menos que pudiésemos llegar a la Luna. En los albores del transporte por ferrocarril muchos periódicos se hacían eco de las fatales consecuencias que podrían llegar a tener, para el organismo humano, las aceleraciones y deceleraciones tan bruscas que se producían en estos trenes que, por otra parte, no sobrepasaban los 15 Km. /h. Cuando Einstein enunció su Teoría de la Relatividad ningún científico creyó que la luz se curvase por efectos de la gravedad, o que la física de Newton sólo sirviese

51

para andar por casa, o que la materia sólo fuese energía congelada, o que el transcurso del tiempo dependiese de la velocidad del móvil. Sin embargo con el paso del tiempo —y no fue mucho— permitió a Einstein, en vida, restregar por las narices de la comunidad científica los hechos que confirmaban la veracidad de sus teorías. Los científicos que, con su método y máximo rigor científico, argumentaban estas aseveraciones se equivocaron como se equivocan aquellos que ahora creen que el "método" ha evolucionado suficientemente como para no permitir los errores que se cometieron entonces basándose en gran parte de las leyes que hoy conocemos. La historia nos ha demostrado que debemos ser cautos cuando se hacen afirmaciones como "es imposible que puedan llegar hasta aquí", afirmaciones éstas que se basan más en la realidad objetiva de no haberlos visto ni escuchado todavía, por razones que sólo podemos y debemos suponer, que en un análisis serio de las posibilidades desde una perspectiva histórica, imaginativa, inteligente e independiente de las barreras que crea la mente ante lo desconocido e incomprensible. El "máximo rigor científico" ha fracasado estrepitosamente en muchas ocasiones que nadie quiere reconocer. El mareo al que nos han tenido sometidos con las teorías del Big-Bang es buena muestra de ello. Nunca hubo argumentaciones sólidas al respecto cuando parecían estar dotadas del máximo rigor. Lo mismo ocurre con las teorías evolucionistas, con la antigüedad del Sistema Solar, con el origen del SIDA o con los alimentos más apropiados en nuestra dieta. Cada día descubrimos con sorpresa que lo que parecía nocivo para nuestra salud ahora es magnífico. En definitiva son tan dispares las divergencias dentro de la propia comunidad científica, que tenemos que dudar de la existencia de un procedimiento fiable e irrebatible con el cual podamos obtener conclusiones en la misma línea.

Retomando lo anteriormente dicho acerca de viajar a mundos lejanos debemos convencernos de que con los cohetes

Los delitos de Dios

actuales no podemos recorrer grandes distancias en poco tiempo. Para llegar a otros mundos lo único que podemos materializar a medio plazo son naves espaciales construidas en órbita en las que deberíamos plantearnos vivir el resto de nuestra existencia e ir dejando descendencia hasta que algún día se cubriese el trayecto.

Pero no acaba todo aquí, ni mucho menos, porque si fuésemos capaces de aproximar la velocidad de la nave a la de la luz —por encima de ésta pareció plantearse un límite físico— conseguiríamos arribar a muchos destinos en unos pocos años que para nosotros sólo constituirían unas pocos meses como consecuencia del fenómeno de dilatación del tiempo manifestado en las teorías de Einstein. Sin embargo se plantea un problema. Cuando la velocidad de un móvil tiende a la de la luz, apoyándonos en la misma teoría, su masa tiende al infinito. Con esta masa añadida a la inicial, el gasto energético para vencer las inercias de la nave espacial sería descomunal y no imaginamos qué sistema de propulsión puede proporcionarnos una solución al respecto.

Pero hemos olvidado una posibilidad. Nuestra manifiesta ignorancia en todo lo que concierne a la constitución y esencia de la materia nos da pie a pensar que algún día quizá podamos llegar a saber qué es realmente la masa y cómo anular su particularidad física de forma que podamos hacer levitar cualquier elemento material neutralizando así su peso. Si consiguiésemos esta proeza habríamos abierto el camino a los viajes interestelares. La inexistencia de inercias permitirían acelerar nuestra nave hasta velocidades brutales con la fuerza de un soplido y aplicando esto a nuestros cuerpos u organismos ya no sufriríamos aceleraciones y deceleraciones bruscas —no necesitaríamos air-bag en nuestros automóviles—. Por otro lado estaríamos en disposición de poder aproximarnos al ojo de un agujero negro sin ser destruidos puesto que su enorme influjo gravitatorio no nos causaría ningún efecto. Además hay teorías aparentemente serias y fundamentadas, aunque lógicamente no verificadas, que sostienen que un agujero negro puede constituir una salida hacia otro estadio espacial y cronológico, con lo que una red de agujeros negros o de "agujeros de gusano" podría permitir una conexión intergaláctica.

Aunque, considerando que la masa es energía, quizá consigamos algún día un decodificador másico que transforme las partículas materiales en energía y viceversa, con un perfecto reagrupamiento, de modo que podamos hacer viajar masa en forma de haz de luz o de fotones...un fax másico con scanner... ¡la bomba!... ¿Alguien que disponga de teléfono móvil duda todavía de nuestra capacidad para crear nuevos y sorprendentes ingenios?

Si forzamos más nuestra imaginación podríamos aceptar la existencia de "mundos paralelos" al nuestro e incluso la posibilidad de que un minúsculo átomo constituya un universo plagado de galaxias y de estrellas con sistemas planetarios. ¿Quién puede negarlo? Además así no tendríamos que viajar muy lejos y podríamos intercambiar mensajes sin necesidad de grandes antenas parabólicas aunque, todo hay que decirlo, tendríamos que encoger un poco, y no habría problema si tenemos en cuenta que en un pequeño agujero negro se concentra comprimida una galaxia entera.

Bueno, ya hemos conjeturado, pero sólo eso, acerca de la posibilidad de viajar un poco lejos. Sin embargo no debemos ignorar cualquier indicio de que alguien ya nos haya visitado o nos visite. A este respecto no podemos dejar de hacer alusión a la fenomenología OVNI. En primer lugar debemos dejar bien claro qué entendemos por "OVNI". Si dos individuos observan un fenómeno, no identificado para uno de ellos, no significa que estén viendo un "objeto no identificado" –lo de "volante" no es común en esta fenomenología– sino que uno de los dos no lo sabe identificar o está borracho. Por lo tanto debemos entender por "OVNI" u "ONI" como un fenómeno no identificable en sus últimas consecuencias tras un análisis prudente y acreditado.

Ciertamente existen situaciones que nos inducen a error. Los globos meteorológicos, las nubes lenticulares o nubes reflectoras, las bengalas, los meteoritos, aviones volando bajo y sus gases de combustión, el luminoso planeta Venus, cometas de juguete, faros marinos, distorsiones de imagen en los cristales y hasta aves migratorias cuyo plumaje refleja la luz urbana pueden hacernos creer por un momento que estamos viendo un OVNI cuando en realidad su identificación no es complicada. Sin embargo ningún experto en ufología considera ya estas nimiedades. Sólo cuando un fenómeno es inequívocamente desconocido se procede a recabar información. En 1992 teníamos ya noticias del proyecto UNICAT, emprendido por el astrónomo J.A.Hynek, uno de los investigadores más importantes de este fenómeno a nivel mundial, que constituía el primer tratamiento informático de selección de casos inequívocos y con una subdivisión de categorías de testigos en la que la categoría A está formada, en un 48%, por pilotos, seguidos de técnicos, militares, científicos, policías etc. Es de destacar el hecho de que alrededor de un 40% de los pilotos experimentados, a nivel mundial, han visto OVNIS, tal y como los hemos definido. En estas condiciones podemos poseer un banco de personas de razonable credibilidad a juzgar por su preparación y, en el caso de los pilotos, con la ventaja adicional de estar sometidos, por su trabajo de gran responsabilidad, a controles psicológicos y psicomotrices periódicos. Además estos casos disponen del soporte que proporcionan las torres de control que llegan, en muchos casos, a detectar a estos ingenios desconocidos atravesando el cielo con velocidades de hasta 40.000 Km. /h, apareciendo y desapareciendo en un y otro punto del radar, poniendo de manifiesto enormes dimensiones que son corroboradas por los pilotos o por testigos múltiples en tierra y desde diferentes puntos. Ciertamente en el caso concreto de los radares, con los que he tenido el privilegio de trabajar en el ámbito militar, hay que decir que en ocasiones pueden aparecer en pantalla numerosas trazas intermitentes ficticias que se pueden atribuir a turbulencias de aire en determinadas capas de la atmósfera y que son detectadas muy frecuentemente por radares indetectables de baja emisión y alta sensibilidad. Sin embargo la cuestión varía cuando esas trazas se mantienen visibles y se desplazan en pantalla a velocidades anormalmente elevadas.

El citado banco UNICAT sólo alberga una pequeña parte de la casuística mundial que abarca un número de casos constatados y documentados por resolver que sobrepasan los 100.000. A esto deberíamos añadir aquellos casos no denunciados por miedo al ridículo y que constituyen muchos más.

Sin embargo no es el número de casos lo que más impresiona de este fenómeno sino la sorprendente uniformidad en los testimonios, en los que encontramos una larga lista de elementos comunes. Debemos añadir el hecho de que estos testimonios proceden de zonas diversas, prácticamente de todos los países del mundo, en los que las diferencias culturales y técnicas son importantes. Pero sorprende más que estas coincidencias se produzcan en zonas donde la influencia de los medios de comunicación occidentales, fundamentalmente de la televisión con sus series y películas "galácticas", es prácticamente nula. Por otro lado esa uniformidad se mantiene a lo largo del tiempo, desde las primeras constataciones modernas de avistamientos que no datan, como se nos quiere dar a entender, desde el suceso de Kenneth Arnold en 1947, sino de mucho antes. Lo único que marcó esta fecha fue un cambio de denominación de los "carros voladores..." del pasado por el de "platillos volantes".

A grandes rasgos podemos enumerar estos elementos comunes:

Los delitos de Dios

- Durante fenómenos OVNI nocturnos se observa como rasgo común la presencia de luz blanca azulada de gran luminosidad, en muchas ocasiones cegadora, y con fases de múltiples colores en intermitencia cuando el objeto se presenta más cercano o sobre tierra. Predominan los naranjas o rojizos. En gran número de ocasiones estas luces permanecen suspendidas por espacio de unos minutos y previa o posteriormente recorren el cielo a una velocidad muy superior a la de cualquier móvil aéreo conocido, siendo destacable el denominado "efecto mosca" según el cual la luz efectúa una serie de desplazamientos extremadamente bruscos y de gran amplitud haciendo gala de unas aceleraciones y unas fuerzas de tipo centrífugo que ningún organismo humano, o instrumento técnico conocido incluso, podría soportar a no ser que alguna tecnología pueda anular el factor peso de la materia.

Es lógico pensar que de tratarse de objetos volantes no sean obra de ejércitos terrestres que de hecho –fue el caso de los nazis y de la US Navy– construyeron artefactos en forma de platillos que nunca llegaron a volar adecuadamente por impedimentos técnicos y físicos, entre ellos el que se daría por ejemplo en un helicóptero sin rotor antipar.

- En la práctica totalidad de los casos documentados los OVNIS no provocan ruido salvo un leve silbido, tal y como se describe, aunque en alguna fase del avistamiento, y en algún caso aislado, se producen estruendos.

- Si durante el avistamiento hay algún animal presente éste se muestra siempre extraordinariamente nervioso. Es el caso de perros que empiezan a ladrar o de ganado que empieza a manifestar inquietud. En las personas parece ocurrir el fenómeno contrario si el avistamiento es muy próximo.

- Se producen, en gran número de avistamientos próximos, fenómenos de carácter presumiblemente electromagnético consistente en el apagado de luces, motores o transmisores de radio o giro alocado de instrumentos analógicos.

57

En avistamientos urbanos predominan los apagones con rotura física del tendido eléctrico en algunos puntos y en forma de oleadas que pueden durar varios días.

- Tiene especial interés el fenómeno descrito por muchos testigos que afirman ver cómo sus relojes, ya sean analógicos o digitales, se aceleran vertiginosamente y los minutos fluyen como si de segundos se tratase.

- Es sorprendente cómo en los "avistamientos de carretera" tras una detención del automóvil no se observa circulación de ningún tipo aun tratándose de vías con gran densidad de tráfico, y se producen los fenómenos de dilatación temporal descritos, de tal forma que un avistamiento de unos minutos ha durado en realidad varias horas.

Se constata también la existencia de un silencio ambiental y calma totales durante el desarrollo del fenómeno.

- En avistamientos diurnos se evidencian exactamente las mismas manifestaciones, pero las formas del OVNI tienen una mejor definición gracias a la luz solar. Es muy curioso porque de todas las formas geométricas admisibles —vaso, lámpara, pirámide, libro, radiador o... Claudia Schiffer— siempre se observan, como denominador común, las geometrías de tipo plato combado, con extrusión uniforme por una o dos caras, o de tipo husiforme. Esta uniformidad en las formas queda plasmada desde épocas remotas en grabados rupestres, hasta en frescos y cuadros de pintores renacentistas —aunque esto último encuentra mucha controversia—.

- En la práctica totalidad de los casos la estructura externa presenta un fuerte brillo metálico y ausencia de coloración —salvo el blanco— así como ventanillas de ojo de buey propias de las formas no husiformes, si la proximidad es suficiente para poder apreciarlas.

- Estas naves, cuando se encuentran apoyadas en el suelo y no suspendidas en el aire, lo hacen sobre tres o cuatro patas telescópicas y nunca sobre ruedas, salvo alguna rarísima excepción. Las patas dejan huellas físicas a partir de las cuales se puede realizar una estimación del peso de la nave.

- Los lugares donde han aterrizado presentan coronas o círculos completos calcinados con un nivel de radiactividad muy superior al normal, lo que se traduce en un crecimiento acelerado y anormal de la vegetación próxima y circundante si la calcinación no ha resultado intensa.

- Las fotos de que se disponen y que se presumen no trucadas, como ocurre con una buena parte, siempre ponen de manifiesto una "distancia prudencial" que parece indicar que el objeto o quien lo tripula ,si es tripulado, es consciente de estar bajo el objetivo de una cámara y no se aproxima a menos de esa separación.

Es muy curiosa la equidistancia que mantienen estos aparatos con testigos múltiples grabando las imágenes desde diferentes puntos. Si comparamos estas imágenes, y existen, podemos percatarnos de la similitud existente entre las distancias de enfoque de cada una de las grabaciones.

- Conviene señalar que las personas que atestiguan haber visto OVNIS no se enriquecen necesariamente, y su fama, en el mejor de los casos, tan solo es esporádica. En el caso de personas que desarrollan profesiones de carácter público, como médicos etc. es mucho más lo que tienen que perder que lo que puedan ganar.

- Muchos de estos OVNIS además de quedar inmortalizados en soportes tales como fotografías, super8 o vídeo también son registrados por radares, detectores de calor, visores nocturnos, o por ecosondas de barcos cuando las naves se sumergen en el mar —visión también muy común—.

Más sorprendentes son aún los denominados encuentros cercanos del tercer tipo o EC-III en los que se describen encuentros físicos con los propios tripulantes de estas naves. Es precisamente este tipo de experiencias, y esto es importante, las que han hecho posible determinar la hipótesis de procedencia no terrestre de los OVNIS. Por asociación de hechos, relacionamos los OVNIS con los EC-III. Aquí también encontramos una gran homogeneidad en todos los informes.

- Las personas que llegan a introducirse en estas naves parecen ser guiadas inconscientemente y raramente recuerdan lo sucedido hasta varios años más tarde aunque una buena aplicación de técnicas de regresión hipnótica, que no sugestionen o pongan sobre la pista al paciente, arrojan a la luz casi siempre los mismos sucesos. El abducido parece ser sometido a múltiples análisis de todo tipo, como extracción de pequeñas muestras de sangre o tejido, que a veces causan dolor, y en lugares que se asemejan a nuestros quirófanos. Los "alienígenas" responden a un patrón morfológico muy común con grandes cráneos, grandes ojos, en muchas ocasiones elevados en sus extremos externos, protuberancias nasales, bucales y auditivas muy poco acentuadas, apariencia infantil, extremidades prolongadas y delgadas y baja estatura. Los alienígenas observados en circunstancias distintas a las de este tipo de secuestros responden a un patrón más amplio siendo el denominador común la utilización, a modo de vestimenta, de monos metalizados y con presencia de coloración en muchos casos, pero, casi siempre, con formas humanoides, y extremidades como las nuestras.

- De mano de gran número de psiquiatras de todo el mundo se pudieron descubrir hace tiempo patologías obsesivas en algunos pacientes que sufrían experiencias idénticas a las descritas. Sin embargo estas personas parecían ser abducidas desde sus camas durante los períodos de transición sueño-vigilia. Apareció inmediatamente la denominación de "visitantes de dormitorio" que se correspondían morfológicamente con los ya aludidos. En muchos de estos casos reaparecía la fenomenología OVNI incluyendo la anomalía de tiempo perdido.

Rápidamente se trató de dar una interpretación médica al suceso.

Se barajó la posibilidad de que los pacientes sufrieran un trauma perinatal derivado del tremendo sufrimiento al que se ve sometido el bebé durante el parto. Pero esta posibilidad hacía aguas. No se entendía cómo podía ser posible tal uniformidad y singularidad de morfología, con monos incluidos, entre las "comadronas" y sobre todo la descripción tan detallada de esos quirófanos volantes llevada a cabo por personas que habían nacido en el siglo XIX o en las casas de sus pueblos y no en una sala de partos a tal efecto con focos, camas de base metálica, tubos, cable e instrumental clínico con pilotos luminosos.

En alusión a la supuesta morfología de los extraterrestres hay que decir que muchas personas, haciendo gala de una notable falta de cultura científica, y siempre con el propósito de ridiculizar el fenómeno, afirman, sin derecho a poder replicarles, que cualquier tipo de ente extraterrestre con soporte de vida física no tiene que ser necesariamente un humanoide "a dos patas" como nosotros. Pero lo más sangrante es que además dichas personas consideren, afirmando esto, que somos fruto de una evolución morfológica a lo largo de millones de años que ha dado lugar a un cuerpo físico optimizado y para colmo seamos los únicos "optimizados".

Cualquier ser material avanzado e inteligente con capacidades creativas y constructivas —y destructivas en consecuencia— debe disponer de miembros para el desplazamiento y de miembros prensiles que le permitan manipular el entorno para crear tecnologías que le aseguren un progreso continuado. Todo esto, tanto el transporte como la manipulación, podría hacerlo con su mente, si aceptamos la posibilidad de unos poderes mentales ESP. Pero si aceptamos esta posibilidad no veo necesidad de un soporte físico. Pensaremos en individuos más "normales". Si dicho ser posee un medio corporal de locomoción, éste deberá ser en forma de ruedas o patas. Las ruedas son ilógicas porque desde el punto de vista funcional su mecanismo es muy complejo para ser soportado por elementos vivos que crecen. Sería muy difícil asegurar unas buenas tolerancias y ajustes en los ejes, además la "rueda viva" necesitaría de algo así como un cordón umbilical para mantenerse viva y con semejante tubo le resultaría difícil dar vueltas. También precisaría de algún eje de transmisión. Por otro lado en terrenos abruptos la rueda no tendría ninguna utilidad. Sin duda de ningún género sólo unas "patas" solventan todos estos inconvenientes, como ocurre con todos los bichos conocidos con capacidad para desplazarse a grandes distancias. Podríamos pensar en algún ser marino en el que unas "aletas" constituirían el elemento adecuado, pero las aletas no dan capacidad para ejercer tracción sobre el elemento sólido suelo y este elemento es crucial para poder excavar y obtener materia no líquida, y por tanto consistente, para crear instrumentos tecnológicos. Es muy difícil, por no decir imposible que un ser marino de aletas actúe con fuerza y resultados en el medio sólido sin puntos de apoyo suficientemente arraigados. Por muchos motivos difíciles de exponer dadas las limitaciones que impone un texto, la vida sobre tierra firme es, a priori, la única que puede dar pie al desarrollo tecnológico. Aceptando la necesidad de "patas" sólo nos queda definir el número y el tipo. El número ha de ser el mínimo posible –tampoco vamos a explicar esto–. Una pata sería insuficiente, por cuestiones de equilibrio entre otras, (en la naturaleza no parece haber nada viviente en el suelo con una sola pata, y eso que hay millones de animales). Muchas patas constituyen un gasto energético inaceptable, salvo en los insectos y otros minúsculos corpúsculos, además ningún ser vivo puede permitirse el lujo de tener muchas patas junto con elementos prensiles. El término más adecuado es de unos dos elementos de desplazamiento y de dos elementos prensiles, ya que un tercero no presenta ventajas apreciables y además de un mayor gasto energético precisa de un cerebro mucho mayor que pueda coordinarlo. Puestos a elegir es más razonable dedicar espacio del cerebro a la inteligencia que para coordinar ab-

Los delitos de Dios

surdos miembros. Eso a una araña no le importa porque con sus patas no realiza movimientos constructivos que requieran de una gran inteligencia y creatividad. Lo que nadie me negará es que los brazos han de estar situados por encima de las piernas. Las piernas o patas podrían ser "saltarinas" como las de los canguros, pero este sistema que requiere de una enorme cola equilibrante es poco refinado. Por otro lado la tracción o fuerza impulsora ha de provenir de elementos musculares —no quiero ni pensar en seres vivientes con motores eléctricos, engranajes o émbolos de gas a presión con un compresor en los pulmones—. Pensaremos en elementos musculares similares a los nuestros —estamos hablando de seres "optimizados"— que precisarán de un combustible químico con elementos oxidativos por lo que necesitarán ingerir alimentos, también para crecer y esas cosas, e incorporar fluidos de menor densidad, en estado gaseoso como es lógico para facilitar las reacciones químicas y los aportes y eliminaciones necesarias. En otras palabras respirarán y tendrán que hacerlo por un orificio elevado del suelo, quizá por encima de los brazos para no tragarse el polvo. Ese orificio dispondrá de filtros de partículas nocivas, a modo de pelillos como nosotros, y de un elemento óseo que lo mantenga abierto, con lo que definirá algún agujero, con una tejavana que escurra el agua —o lo que llueva en su planeta—. En definitiva tendrán una nariz —si no está de moda operársela o extirpársela en su mundo—. También dispondrán de elementos oculares —más sofisticados estos que un radar— para poder apreciar su entorno y trabajar sus creaciones tecnológicas. Un ojo nos limita demasiado el campo de visión y en ocasiones es insuficiente para apreciar las distancias, dos ya nos solventan estos problemas. Con los sistemas auditivos ocurre lo mismo. Sólo dos nos proporcionan una audición estéreo y podemos saber de dónde provienen los gritos, mientras que un tercero no presenta ventajas adicionales. Tanto los ojos como los oídos deberán estar cerca de núcleo cerebral, para no tener que precisar de una red de fibra óptica, y lo más altos que sea posible, por motivos obvios –a ras de suelo ni se ve ni se oye–. Los ojos deben estar limpios para poder ver bien y estarán lavados por algún fluido líquido por lo que deberán estar por encima de la boca y de la nariz para que no les entre comida o mucosidades, estas últimas necesarias para retener el polvo. Existirá un elemento denominado cabeza donde se inserten los elementos descritos. La cabeza deberá estar separada del cuerpo por un cuello que le dote de posibilidad de rotación para poder ver y oír sin tener que girarse como un accidentado con un collarín. La necesidad de una cabeza para el cerebro es indiscutible puesto que éste debe mantenerse bien refrigerado ya que es uno de los elementos corporales con mayor producción de calor.

Si pensamos un poco llegaremos a la conclusión de que un ser físico optimizado de otro mundo similar al nuestro mostrará una morfología similar, y eso es lo que opinan los expertos en el tema.

Enlazando con el asunto de las abducciones, al historial negro de los alienígenas podríamos añadir las gráficamente documentadas mutilaciones de ganado desarrolladas en muchos casos en un contexto de fenomenología OVNI. Se observan en estos casos limpias disecciones o mutilaciones realizadas mediante corte caliente, podría ser una especie de láser, que se han revelado en posteriores análisis como consecuencia de la aparición de muestras de "sangre cocida", signo inequívoco de una exposición de la misma a muy altas temperaturas.

Del mismo modo podemos hacer alusión al fenómeno del contactismo rodeado también de la susodicha fenomenología OVNI. Y debemos insistir una vez más en la sorprendente uniformidad que presenta esta manifestación, extendida por todo el mundo. Los denominados contactados afirman mantener comunicación con entes extraterrestres que proporcionan un alto volumen de información a través de contactos telepáticos. Predominan los mensajes de tipo catastrofista en los que se anuncia el fin del mundo. Sin duda esta variante del fenómeno se presenta como la más compleja de todas porque se produce una amalgama de información verídica entre la que destacan datos científicos de gran interés y de información falsa o quizá interpretada erróneamente.

Los extraterrestres se presentan con poca frecuencia a las citas que conciertan aunque son de indudable valor las pocas a las que han acudido, siempre manifestándose bajo fenómenos OVNI. Por otro lado como consecuencia de todo esto han proliferado las denominadas "sectas platillistas" con todo el valor peyorativo que esto representa. Existe además constancia de suicidios por contactismo. No obstante, en honor a la verdad, conviene destacar la positiva actitud de agrupaciones contactistas, y no sectarias en su connotación negativa, como la "Misión Rama", disuelta a raíz de la aparición de numerosas sectas derivadas de ésta pero sin ningún nexo común, en un intento de conservar la buena imagen que le corresponde.

Se ha tratado de dar explicación a estos sucesos, desde medios científicos ortodoxos empeñados siempre en no aceptar una posible influencia extraterrestre, llegando incluso a sugerir la posibilidad de que la mente haya llegado a provocar física y materialmente estos fenómenos, lo que sin duda constituiría un hecho más asombroso que la propia existencia de los extraterrestres.

Finalizando con los negros sucesos reseñados no podemos olvidar las desapariciones que han tenido lugar en diferentes triángulos geográficos entre los que destaca el triángulo de las Bermudas. Estas desapariciones —cientos de barcos y aviones— no han dejado el más mínimo rastro material, en muchos de los casos, tras desaparecer flotas o escuadrones enteros y después de intensos rastreos. De muchos de los aviones desaparecidos se infieren, tras un análisis de las conversaciones finales con los centros o torres de control las mismas aberraciones cronológicas, climáticas y de carácter presumiblemente electromagnético que se dan en los fenómenos OVNI, todo ello después de introducirse en una densa niebla, en el transcurso de días soleados y con mar en calma. Se podrían rebatir, de alguna forma, aquellas opiniones que se mantienen aferradas a la posibilidad de que todo se reduzca a anomalías geomagnéticas naturales porque si estos fenómenos se relacionan con la casuística OVNI es como consecuencia de un avistamiento de los mismos en una proporción muy superior a la habitual en el resto de zonas marinas y no por dar una explicación interesada. Y eso sin contar con casos sorprendentes en los que se han encontrado supuestamente barcos a la deriva sin sus ocupantes, en algunos casos muy numerosos, y con la comida servida en la mesa.

De todos modos no deberíamos fiarnos de toda la literatura vertida en torno a estos casos. Es curioso uno de los tantos sucesos en que sólo quedó un perro y desapareció hasta un loro hablador. También están a nuestra disposición los datos de las aseguradoras de barcos, a partir de los que se desprende, según algunos, que las desapariciones en estos lugares no superan en número a la media de desapariciones en otras localizaciones geográficas.

En cualquier caso los testimonios sin explicación, aunque sólo sean unos pocos, siguen ahí latentes.

Si los extraterrestres existen es de suponer que nos hayan podido visitar en tiempos pasados e incluso que nos hayan podido legar algún conocimiento técnico muy avanzado para la época. Entre otros muchos relatos la descripción del carro de Ezequiel y algunos otros pasajes de la Biblia aportan descripciones que pueden inducirnos a pensar en algo así. Pero lo que ha hecho suponer a muchos la posible influencia de una civilización extraterrestre en el pasado es lo asombroso de muchas construcciones y documentos gráficos muy antiguos.

Podríamos hablar de la isla de Pascua, de las figuras de Nazca o, cómo no, de las pirámides de Egipto o también de la asombrosa cartografía de Piri Reis...

En la isla de Pascua (Polinesia-Chile) se alzan centenares de enormes estatuas de bustos humanoides –los moai–. Con un extraño casco o sombrero y orejas alargadas están tallados en piedra, pareciendo mirar al cielo y muchos rozan las 20 toneladas. No se han hallado vestigios materiales o gráficos de cómo pudieron transportarlas por tierra y por mar hasta aquél lugar si tenemos en cuenta que aquellos pobladores viajaban en canoas y probablemente en lo único que pensaban era en buscar recursos para no morirse de hambre. Al menos así se los encontraron los primeros exploradores. Si hablamos del antiguo Egipto la magnitud de los monumentos supera todo lo conocido. La pirámide de Keops –una de tantas– fue construida con unos 2,5 millones de bloques perfectamente tallados de 2,5 toneladas cada uno, redondeando números. Están perfectamente apilados y nivelados y durante todo el periodo de construcción de estas enormes obras pudieron trabajar varios cientos de miles de hombres. Si las construcciones son asombrosas en sí mismas lo es mucho más el hecho de que una civilización del 4.000 a.C. pudiese alimentar a una prole de trabajadores –algunos quizá esclavos– que pudo alcanzar el millón, a un ejército de soldados para controlarlos, y a toda una jerarquía jurídica y eclesiástica improductivas. Algo demasiado sofisticado para lo que nosotros entendemos por una civilización antigua.

En Nazca –Perú– encontramos cientos de figuras geométricas, representaciones de animales, de árboles y de personas, aradas en pleno desierto que sólo se pueden observar desde el aire, debido a sus enormes dimensiones, en algunos casos de kilómetros. Estos relieves fueron realizados en su gran mayoría hacia el año 200 a.C. aunque algunas son mucho más antiguas. Los conocimientos de topografía y los medios técnicos utilizados no cuadran con la época de la que estamos hablando.

Podríamos añadir miles de hallazgos y de conocimientos de todo tipo, entre ellos astronómicos, que no se explican en el seno de pueblos antiguos y remotos.

Pero también es cierto que muchos investigadores se han obcecado en intentar demostrar que los hombres de un pasado relativamente reciente eran poco menos que unos retrasados mentales. A todo se le da por defecto una interpretación de origen extraterrestre. Algunos creen ver a mayas y aztecas pilotando naves espaciales en lo que puede ser la tumba de un pobre hombre colocado sobre una hoguera o cualquier otra cosa. Otros creen ver aviones en representaciones de sombreros de plumas de estas civilizaciones. Y, por supuesto, ante la escultura de una figura con una armadura para el combate la interpretación es instantánea; ¡un traje de astronauta!

Refiriéndonos a las citadas figuras de Nazca lo que nunca se suele añadir en algunos de los libros de estos acientíficos y charlatanes es que en aquella zona desértica también se han encontrado grabados en piezas de cerámica que parecen representar cometas y globos. Que en algunos de los surcos se han hallado montones de piedras carbonizadas que pudieron servir de ubicación para calentar el aire que elevaría estos globos, y que en algunas tumbas de Nazca se han encontrado telas que analizadas en su momento en un laboratorio mostraron ser más finas y resistentes a la tracción que los paracaídas que se vendían allá por los años 70. Un tal Bill Spohrer llegó a construir un globo (el Cóndor I) utilizando herramientas y materiales que con casi total probabilidad se podían usar en aquella época. Evidentemente voló, tras calentar el aire con una fogata.

Todos los sensacionalistas, que lo único que han hecho es desprestigiar todos los temas intrigantes que quedar por resol-

Los delitos de Dios

ver, quizá deberían pensar que la pólvora se inventó, a manos de los chinos, en el 800 a.C. En este momento histórico se inició oficialmente la carrera astronáutica, y la ciencia balística. Los cohetes y los proyectiles ya eran conocidos hace muchos siglos. Los hombres de aquella época también poseían extensos conocimientos en hidrodinámica y aerodinámica. No en vano hicieron enormes travesías en sus naves acuáticas impulsadas por el viento. Mucho antes de que Colón lo hiciera, América pudo ser visitada por marineros de otros lugares. Basta ver los citados mapas del marino turco Piri Reis, basados en otras cartas de navegación muy anteriores a la época de Colón, y que recopilaban muchos conocimientos antiguos adquiridos por viajantes de todo el mundo, de los chinos o de tiempos de Alejandro Magno. En él aparecen ya las Américas, las Malvinas, la supuesta Atlántida descrita por Platón y hasta Groenlandia sin hielo —¿de hace 11.000 años?—, extremo este que se ha podido contrastar con imágenes obtenidas por satélite. Todos los que han estudiado esta extensa cartografía se han puesto de acuerdo en una cosa fundamental: estos mapas tuvieron que confeccionarse a partir de una visión aérea teniendo en cuenta que todos los contornos recogen la curvatura de la Tierra y aparecen perfecta y proporcionalmente proyectados... Si éste o todos los demás mapas de Piri Reis no constituyen burdas falsificaciones (estamos hablando de más de 200) quedaría bastante claro que nos han hecho perder mucho tiempo en los colegios estudiando geografía e historia.

Si los hombres del pasado no eran mucho más tontos que nosotros, no pudo ser muy difícil que alguien construyera una cometa con unos juncos y tela ligera. El hombre pudo volar o, por lo menos, sustentarse en el aire, muchos siglos antes de lo que creemos.

Si tiene usted curiosidad por todo este tipo de ingenios incongruentes con su datación histórica escriba la palabra "oopart" en un buscador de Internet y disfrute...

A pesar de habernos mostrado cautos y haber mostrado un espíritu científico y objetivo con estos asuntos, queda no obstante una pregunta esencial por responder. Aunque el hombre de tiempos pasados fuese capaz de construir grandes obras ¿para qué coño las hizo? ¿Por qué esa obsesión de buscar y de reclamar el cielo y de llegar a los pájaros? ¿Qué es lo que querían de ahí arriba que no tenían en la Tierra?

Después de esta pequeña exposición es evidente que no podemos demostrar si alguna civilización extraterrestre avanzada tomó contacto con nosotros. Pero tampoco estamos en disposición de poder demostrar lo contrario mientras quede un solo enigma por resolver. No nos podemos posicionar en uno u otro sentido, y no vamos a caer el la trampa de situarnos a uno u otro extremo, sin plantearnos el término medio, porque nunca hay respuestas concluyentes. Aunque muchas se resuelvan con una fácil respuesta sigue habiendo incógnitas irresolubles.

¿No cabrá la posibilidad de que nuestra historia haya sido modulada por alguien que no quiere dar la cara y que no ha querido dejar huellas evidentes de su presencia?

OVNIS EN LA HISTORIA

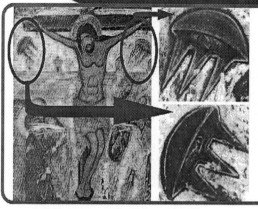

S.XII. "CRUCIFIXIÓN DE CRISTO". CATEDRAL DE SVETISHOVELI EN MTSKHETA (GEORGIA). EN CADA OVNI DE LOS LATERALES APARECEN LOS ROSTROS DE LOS "ÁNGELES VIGILANTES"

S.XV. "LA MADONNA". PALACIO VECCHIO EN FIRENZE (ITALIA) ATRIBUIDO A LA ESCUELA DE "LIPPI". APARECEN VARIOS OVNIS. UNO DE ELLOS ES OBSERVADO POR UN TESTIGO HUMANO Y UN EXCITADO PERRO.

AÑO 1600. "EXALTACIÓN DE LA EUCARISTÍA". IGLESIA DE SAN LORENZO EN SAN PIETRO, MONTALCINO (ITALIA). UN OVNI SOBRE LAS NUBES, ASEMEJÁNDOSE AL SPUTNIK O LOS VANGUARD; LOS PRIMEROS SATÉLITES ARTIFICIALES QUE CONOCEMOS. LAS DOS VISIBLES ANTENAS ASÍ LO HACEN PATENTE.

OVNIS EN LA HISTORIA

1803. HITACHI (JAPÓN).
LIBRO "UME NO CHIRI".
EN ÉL SE ALUDE A ESTA
DESCRIPCIÓN: LA DE UN
"BARCO O NAVE EXTRANJERA"

SIGLO XII. CASTILLO DE SIGIBURG
(FRANCIA). LIBROS HISTÓRICOS
DE LAS CRUZADAS.
DISEÑO MODERNO DE PLATILLO
VOLANTE CON VENTANILLAS DE
"OJO DE BUEY". ALGO FAMILIAR
PARA LOS UFÓLOGOS.

2000-3000 A.C. NEPAL.
PLATILLO EN RELIEVE CON EXTRAÑA
SIMBOLOGÍA ENCONTRADO EN ESTA
ZONA. DESTACA LA FORMA HUMANOIDE
TAN SIMILAR A LAS DESCRITAS POR TESTIGOS
DE SUPUESTAS ABDUCCIONES. TAMBIÉN SE
OBSERVA UNA IGUANA O CAMALEÓN...

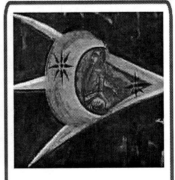

1350. MONASTERIO VISOKI
DECANI EN KOSOVO (YUGOSLAVIA)
EN AQUÉL TIEMPO TODAVÍA NO
SE HABÍA DISEÑADO OFICIALMENTE
NINGUNA NAVE ESPACIAL, Y MUCHO
MENOS TRIPULADA.

...NO ERAN TONTOS...

¿HELICÓPTERO DE COMBATE (1), CARRO BLINDADO (2), SUBMARINO (3) Y FUSIL DE ASALTO (4)? TEMPLO ABYDOS (EGIPTO). UNOS 3000 AÑOS DE ANTIGÜEDAD

UNA DE LAS SUPUESTAS LÁMPARAS DE DENDERA (EGIPTO). APARECEN CABLES, FILAMENTOS Y DISIPADORES DE CALOR. OFICIALMENTE LA BOMBILLA DE INCANDESCENCIA LA INVENTÓ GOEBEL EN 1854 Y EDISON LA PERFECCIONÓ.

BATERÍA DE BAGDAD (250 A.C.-250 D.C.). APARECE UNA VARILLA DE HIERRO CON COBRE CORROIDOS POR UN ÁCIDO ELECTROLÍTICO. NO ERA DE LITIO PERO ESTABA BIEN PARA LOS REQUERIMIENTOS DE LA ÉPOCA. OFICIALMENTE LA INVENTÓ VOLTA SOBRE EL 1800.

ARTE MODERNO Y AVANZADOS SISTEMAS DE TRANSPORTE HACE CIENTOS DE AÑOS EN UNA ZONA SIN RECURSOS Y RODEADA POR EL MAR. LOS MOAI EN LA ISLA DE PASCUA.

ESTAMOS EMPEÑADOS EN CREER QUE HACE VARIOS MILES DE AÑOS LA RAZA HUMANA ERA SUMAMENTE IGNORANTE. OBVIAMENTE NO FUE ASÍ. ERAN CULTOS Y CONOCEDORES DE REFINADAS TECNOLOGÍAS. SIN EMBARGO NO HEMOS HECHO CASO DE SUS DOGMAS BASADOS EN LA EXISTENCIA DE DIOSES CREADORES.

V- LOS DIOSES TIENEN CASA

Ha existido una circunstancia en la que quizá la proporción de avistamientos OVNI -muchos de ellos con explicación- es la mayor que se ha constatado nunca en tan corto espacio de tiempo y no ha sido otra que durante los viajes a la Luna y viajes previos. Desde que, algún siglo atrás, el primer telescopio escudriñó la superficie Lunar se tiene conocimiento de fenómenos luminosos todavía no explicados (fenómenos LTP). Los astronautas también fueron espectadores de lujo de estas anomalías. Pero también pudieron observar objetos voladores no identificados propiamente dichos. Durante las comunicaciones con el centro de seguimiento, afirmaban tajantemente que en ningún caso se trataba de cometas ni de nada natural. Era algo que les seguía y emitía destellos, además de acelerar bruscamente y hacer piruetas. La NASA argumentaba siempre la posibilidad de que se tratase de fases de cohete desprendidas o de algún satélite ruso que parecían plagar todo el espacio exterior, y sólo había un par por esas fechas. Lo cierto es que todos estos elementos estaban bien localizados y cuando a la NASA se le acababan los argumentos, lejos de reconocer la realidad, recurría una y otra vez a los efectos ópticos que causaba la orina de los astronautas expulsada al exterior. La verdad es que estas insultantes y falsas declaraciones atentan contra la inteligencia y dignidad humanas. Jamás, nunca jamás se expulsó una mísera gota de orín al espacio. En primer lugar –y esto está suficientemente contrastado– los astronautas llevaban pañales, sobre todo en las salidas extravehiculares, en las que nadie se podría haber permitido el lujo de ir a un baño tras un apretón. Sólo para quitarse el traje –con todas sus juntas herméticas, cierres de seguridad, sus ajustes y mecanismos de presurización, temperatura, telemetría, transmisiones, sensores, etc. se tardaba casi una hora y había muchas tareas bastante más importantes y por las que se habían gastado muchos dólares. Los ingenieros y especialistas de desarrollo de la misión concluyeron rápidamente que nadie se iba a morir por permanecer mojado de pis un par de días –algunos aguantan meses o años sin ducharse–. Por si queda alguna duda, al igual que ocurrió con el teflón o el kevlar, los tejidos de los pañales que hoy conocemos fueron desarrollados inicialmente para la NASA. Con semejantes ingenios absorbentes a nadie se le habría ocurrido acoplar un tubo al pito de los astronautas y conectarlo, con una doble electroválvula, al exterior. No se podía asumir el riesgo innecesario de que les explotasen las pelotas por despresurización, o de que se les congelase o electrocutase el miembro ante un fallo eléctrico, un corto por humedad o cualquier otra contingencia.

La posibilidad de encontrar orines en el espacio se reducía ostensiblemente. Pero ¿qué pasaba en el módulo de mando? ¿Se eliminaba allí la orina al exterior? ¿Disponían de un baño con bidé y jacuzzi? ¿Para qué tendría que eliminarse al exterior? ¿Acaso es radiactiva la orina? Sin duda estaba mucho mejor envasada dentro del cohete, junto con otras cosas. Pero utilicemos el sentido común por un momento y olvidémonos de todo lo demás. A ningún técnico en su sano juicio se le habría ocurrido diseñar un WC conectado directamente con el espacio exterior, una compleja tubería con múltiples válvulas de escape y sellado de seguridad, y bombas de succión y expulsión, aumentando así el riesgo de averías –me refiero a muerte por despresurización y golpe térmico– para eliminar cuatro miserables litros de pis originados en tres días de viaje.

Los delitos de Dios

De las cacas ya no hablamos. Por aquellos tiempos eran ya sobradamente conocidas y utilizadas las pastillas de las que dota cualquier ejército a sus combatientes para que aguanten una semana sin defecar –éste es el momento de máximo riesgo en combate–. El fortasec fue elemento obligado en la dieta para no cagarse –quizá de miedo– pero los astronautas tuvieron que hacer mucho pis porque no se recuerda una sola misión Mercurio, Géminis o Apolo –y fueron muchas– en la que no estuviesen presentes los OVNIS con sus interferencias en los sistemas de suministro de corriente y en las comunicaciones por radio. Durante las series de preparación Mercurio, el astronauta Gordon Cooper tuvo la oportunidad de escuchar interferencias en su radio de diálogos o murmullos que posteriormente analizados no se corresponden con ninguna lengua hablada en la Tierra. Minutos antes de alunizar, los astronautas Armstrong, Aldrin y Collins y las estaciones de seguimiento escuchaban agitados inexplicables "sirenas de policía", "pitidos de tren"... hecho éste recogido por un buen puñado de libros de los que al menos alguno será mínimamente fiable. No tenemos constancia de qué sucedió después porque la NASA disponía de un margen de un par de minutos para poder retirar a los periodistas que seguían atentamente las evoluciones del Apolo con ese tiempo de retraso. ¡Y lo hicieron! En un momento dado numerosos informadores fueron invitados a abandonar la sala, en la que se hallaban contemplando las extrañas situaciones que se sucedían.

Ciertamente existen razones más que sobradas para conjeturar acerca del origen de nuestro satélite. Antes de visitarlo se planteaban grandes dudas de todo tipo. Después de visitarlo no sólo no se resolvieron sino que el lago de dudas se convirtió en un inmenso mar. Los científicos no salían de su asombro a medida que iban recibiendo un dato tras otro, una partida de rocas lunares tras otra y unas pocas fotografías de los varios miles que se efectuaron, porque es absolutamente evidente que no recibieron ni una mínima parte, como ha venido ocurriendo en misiones posteriores no tripuladas a otros planetas como Marte. ¡A la NASA se le pierde siempre todo el material!

La Luna es un satélite muy singular, en el que cabría destacar numerosas particularidades. Por un lado el abombamiento que debe presentar la Luna como consecuencia del influjo gravitatorio de la Tierra −el denominado efecto marea− se da, pero en la cara contraria a la que ve la Tierra y en una magnitud muy significativa e inabordable para nuestra física y matemática. Nadie se explica todavía como se logra el equilibrio de fuerzas que mantiene la Luna íntegra.

Tampoco podemos explicarnos hoy cómo es posible que la Luna posea una órbita no ecuatorial y tan anormalmente grande para lo que cabe esperar, en términos físicos y mecánicos, de un sistema planeta-satélite. A esto debemos añadirle el hecho de que el satélite siempre muestra una sola cara mientras que la otra está permanentemente oculta y carente, por increíble que parezca, de los denominados mares lunares que podemos apreciar a simple vista desde nuestro planeta. Se supone que la Luna nunca debió tener actividad volcánica suficiente como para generar coladas que diesen lugar a estos mares, ya que ésta se enfrió muy rápidamente. Se sugirió la posibilidad de que fuese consecuencia de la dispersión de material fundido procedente de meteoritos pero esta teoría roza lo absurdo.

También se supone actualmente, en ámbitos científicos, que la Luna difícilmente pudo ser un astro "capturado" por la Tierra, porque esto habría exigido una brutal y progresiva desaceleración del astro en su aproximación a la Tierra que sólo podría haber tenido lugar mediante la acción combinada de los influjos gravitatorios de planetas dispuestos estratégicamente que en estos momentos no existen, y que no parecen haber podido existir. En términos probabilísticos esta teoría es un milagro, como otras teorías ya reseñadas.

Dicen por ahí, si no han cambiado de parecer, que la teoría más plausible –la oficialmente aceptada hoy en día– era la propuesta ya en 1974 por Hartmann, Davis, Cameron y Ward. Esta teoría sugería que la Luna se formó a partir de la Tierra, cuando ésta se hallaba en proceso de solidificación, como consecuencia de un cataclismo provocado por un objeto de gran tamaño, similar al de Marte, que chocó contra nuestro planeta arrojando una gran cantidad de gases que una vez condensados dieron lugar a la Luna. Sin embargo esta teoría empezaba a temblar desde el primer momento.

Por aquella época ya se conocían datos referentes a la densidad de la Luna, que era bastante inferior a la de su supuesta madre, algo más de la mitad. Las rocas analizadas eran sensiblemente más antiguas que las terrestres –alguna más antigua que el propio Sistema Solar aunque la NASA no lo aceptó oficialmente– y no nos estamos refiriendo sólo a fragmentos meteoríticos, porque la roca firme se encuentra a una escasa profundidad que ronda los 10 metros y sobresale en muchos lugares –no olvidemos por ejemplo que el monte lunar de Leibnitz alcanza los 8200 metros sobre el nivel medio lunar, haciendo sombra así al mismísimo Everest–. La composición de estas rocas ponía de manifiesto una proporción extraordinariamente grande de metales como el titanio. Difícilmente se entendía cómo la composición de la hija difería tan radicalmente de la de su madre, porque aunque hubiese existido aporte de material del astro fantasma que desgajó la Luna, eso también debería manifestarse ahora en nuestra superficie terrestre, ya que las corrientes convectivas no podrían haber enterrado tan fácilmente las huellas de esa gran cicatriz en un estado ya próximo a la solidificación.

Pero es más sorprendente aún que materiales tan densos se hallen en la superficie y la menor densidad se localice en el interior de la Luna puesto que en el proceso de formación de un planeta predominan las fuerzas gravitatorias frente a las centrífugas, de lo contrario los planetas serían como monedas disponiendo las zonas más densas hacia el extrarradio. Como consecuencia de este predominio de la gravedad los materiales poco densos afloran a la superficie, como las manchas de aceite en el agua. Las fuerzas centrifugas, por su parte, solo determinan los achatamientos polares. Esto es lo lógico pero en nuestro satélite la lógica y la coherencia brillan por su ausencia.

Por lo que conocemos de revistas científicas norteamericanas de la época, la NASA ya confirmó en su momento el hecho de que la capa exterior lunar estaba constituida por roca muy dura. Pero es algo más que dura. Los análisis de las rocas iban evidenciando, tras la toma de muestras lunares, la enorme proporción existente de metales como titanio, cromo, circonio, hierro, aluminio, berilio, magnesio, níquel, molibdeno, itrio... en fin materiales anticorrosivos, refractarios —alto punto de fusión— y con unas magníficas características mecánicas, tanto es así que la mayoría de ellos se utilizan en la construcción de bañeras blindadas para los cazabombarderos, planchas para tanques, tornillería de precisión y elementos técnicos avanzados con alta resistencia al desgaste, etc. Pero había un dato que reafirmaba este sorprendente hallazgo y no era otro que el referente a los análisis sismográficos.

Se pudo determinar que el grosor de la durísima corteza lunar era de unos 35 a 45 kilómetros en la cara visible y de unos 90 en la oculta, además de unos 4,5 kilómetros de capa superficial algo menos densa. A continuación existía, increíblemente, un manto menos denso, poco homogéneo, con grandes anomalías gravitatorias que hacían aumentar el peso y la trayectoria de las naves espaciales en determinadas zonas, y muy pobre en metales. Y al llegar al centro ¿qué había y sigue habiendo? Pues nada, el núcleo no parece ser sólido, aunque afirman que se desconoce su naturaleza, eso es al menos lo que pone en las enciclopedias. Hay un hueco, al parecer líquido, de unos 1.400 km. de diámetro —la

Luna tiene unos 3475– cuya existencia ha sido corroborada tras un casual y violento impacto de un gran meteorito que provocó fuertes ondas como consecuencia de las vibraciones, permitiendo así el posterior análisis de penetración de las mismas, mediante los equipos lunares en funcionamiento. Lo increíble es que la Luna no debe tener ya actividad volcánica de ningún tipo porque hace millones de años que se enfrió y, por lo tanto es absurdo pensar en un núcleo fundido, metálico y de tan poca densidad. Tal densidad sólo podría corresponderse con líquidos tales como el agua.

Pero esto no es todo porque hubo más ocasiones para comprobar que la Luna es un tanque acorazado.

Como el astrónomo Don Wilson exponía hace más de treinta años en su interesante libro "La Luna: una misteriosa nave espacial" –texto en el que se ha inspirado buena parte de este capítulo– nuestro satélite reaccionaba como la campana de una iglesia cada vez que algo se apoyaba en su superficie. Cuando el Apolo XII alunizó, la Luna estuvo vibrando durante casi una hora y cuando se estrelló intencionadamente el cohete propulsor del Apolo XIII, que no pudo alunizar por problemas técnicos, las vibraciones duraron 3 horas y 22 minutos, llegando a una profundidad de unos 40 kilómetros.

Los impactos provocados por los meteoritos supusieron un quebradero de cabeza añadido. Se suponía que la corteza lunar era muy dura y compacta pero no hasta un nivel tan sumamente alto como revelaron los análisis de las zonas de impacto. Sabemos que en nuestro planeta sólo llegan a la superficie unos pocos meteoritos o asteroides puesto que vienen pocos y los que llegan se desintegran en la atmósfera, fundidos y frenados por la fricción del aire. En la Luna las cosas cambian, al no existir atmósfera no se produce el más mínimo frenado y los meteoritos y asteroides impactan con toda su energía y con su tamaño original. Si en la Tierra el cráter de Arizona tiene un diámetro de 2000 metros y una profundidad de 800 metros lo que supone que la profundidad es de medio diámetro, en la Luna ese mismo meteorito habría dejado un cráter de unos 10 kilómetros, o cinco veces el diámetro, si atendemos a cálculos matemáticos. Sin embargo, el cráter más grande de la luna tiene un diámetro de casi 300 kilómetros, cuyo meteoro correspondiente debería haber destruido gran parte del satélite, sin embargo sólo ha dejado una cicatriz de poco más de 5 kilómetros de profundidad. Ningún meteorito ha conseguido traspasar la segunda armadura de "titanio". Es más, ni siquiera quedan fragmentos meteoríticos en los alrededores del agujero mayores que un guijarro, y si no, mire cualquier foto de la Luna. El meteorito o lo que sea se desintegra como un terrón de azúcar.

Esta gota colmó el vaso. Algunos científicos desbordados por los elocuentes y abrumadores datos se sumieron en una pesadilla y tiraron la toalla. La Luna no violaba teorías, violaba leyes físicas.

¿Qué clase de satélite es este? ¿Cómo puede generarse una estructura semejante sin quebrantar las leyes naturales? ¿De dónde puede haber salido esa bola acorazada?

Sólo dos supuestas personas, al parecer científicos de la Academia Soviética de Ciencias, que dicho sea de paso nadie ha identificado como tales —Mijail Vasin y Alexandr Sherbakov—, consiguieron afrontar valientemente el reto de resolver aquel enorme interrogante. Tal y como publicaron en los años 60 en la revista soviética Sputnik, la Luna sólo podía haberse generado artificialmente. Alguna civilización muy avanzada construyó y colocó el satélite en órbita terrestre, quizá a modo de Arca de Noé, enviada por una civilización en cuyo planeta la vida se hizo imposible. Este tanque espacial debe de tener una fina capa superficial de unos 4,5 kilómetros y un blindaje de unos 30 kilómetros de espesor que aguantaría impactos de meteoritos durante un viaje interplanetario. En el interior, de menor densidad, se hallaría una esfera concéntrica, separada unos 100 kilómetros de la exterior, en la que se encontraría toda la maquinaria y los módulos habitables. Entre ambas esferas se existiría una atmósfera interna del satélite. Las aberraciones gravitatorias detectadas en los módulos lunares al orbitar y que, según describieron los astronautas, se presentaban a modo de "tirones" podría ser consecuencia del irregular reparto de masas debido a la existencia de mascones de material metálico que podrían ser utilizados en el interior.

...Teoría "retorcida", aunque al fin y al cabo no hemos hablado más que de una bola grande. ¿Qué tiene de sorprendente? lo mismo que un rascacielos para un hombre de la Edad de Piedra.

Esta hipótesis parecía descabellada pero es un hecho que en más de 40 años no ha sido objetada ni remotamente, lo que nos demuestra que quizá no se ideó al azar...

Antes de llegar a la Luna innumerables astrónomos de todo el mundo informaban de las extrañas luces que salían y entraban al satélite –también lo hacen ahora–. Los viajes espaciales lo confirmaron plenamente, los OVNIS se encontraban en su hábitat, en su base de operaciones.

¿Necesitamos más pruebas? Obviamente sí. Pretendemos que esto libro sea meridianamente serio, así que tenemos que valorar más evidencias.

¿Qué pensaría usted si viese salir vapor agua por un cráter lunar? Las noches son gélidas en nuestro satélite pero los días torran la superficie a más de 100º C, evaporando hasta las piedras. La escasa gravedad deja escapar al espacio cualquier gas que se precie, en la superficie no existen ni siquiera sólidos volátiles y esto ha sido así durante muchos millones de años.

Pues bien, refiriéndonos nuevamente a un artículo consistente en una información facilitada en un primer momento por la NASA y publicado por revistas norteamericanas de divulgación científica, gracias a los sensores instalados tras las misiones del Apolo XII y el Apolo XIV, entre los que se encontraba un fiable detector y analizador de telemetría de partículas iónicas, se detectó durante espacio de unas 14 horas una enorme cantidad de vapor de agua saliendo de la superficie lunar y formando una nube que debía cubrir un centenar de kilómetros cuadrados, según las fuentes. Este magno e inverosímil acontecimiento había cubierto de vapor, con un 99% de pureza en agua, una zona oriental del Océano de las Tempestades. Los dos técnicos de la NASA que dieron a conocer el magno descubrimiento se vieron obligados a afirmar poco más tarde que semejante nube provenía de un par de depósitos de agua que el Apolo había dejado en el suelo. ¡Qué estupidez! El Apolo debía llevar unas garrafas de agua entre las patas, como los camiones, quizá para que los astronautas se lavaran los guantes, o para beber abriendo una escotilla y sacando una manguera para succionar, o quizá para cocer garbanzos con el calor de la fricción. Lo único que les faltaba, empeñados en montar tuberías conectadas al exterior, era una chimenea para poder hacer barbacoas en el módulo lunar.

La NASA mintió y más tarde tuvo que dar otra explicación. Imagínenla. Pues sí, la orina de los astronautas, que estaban ya en su casa. Pretendieron afirmar, ni más ni menos, que un líquido con semejante volatilidad en esas condiciones de gravedad, presión y temperatura había permanecido varios días a ras de suelo lunar ¡Cómo meaban aquellos astronautas! ¡Si llegan a ir más veces, hoy habría ovejas comiendo hierba!

¡De qué magnitud eran los intentos de engaño de la NASA! porque el Apolo XVI trajo, poco tiempo después, rocas con hierro oxidado, y eso, traducido, significa agua y oxígeno. Desde luego no se oxidaron en la Tierra porque las piedras no se transportaban en carretillas, se llevaban muy bien guardadas en bolsas herméticas. Aunque también es cierto que, para horror de sus expertos, algún centro científico inglés recibió rocas de la NASA sin ningún tipo de aislamiento del exterior y, probablemente hasta con las huellas dactilares y algún moco del repartidor.

Alguien podría deducir que los supuestos sistemas de expulsión de orina o el óxido de las rocas podrían ser producto de la chapucera tecnología y deficiente meticulosidad de la NASA, que lejos está de la prestigiosa imagen que ha conseguido labrarse. De hecho esta agencia espacial cometió muchos errores, imperdonables, de patio de colegio. En 1967 los astronautas Grissom, White y Chaffee murieron carbonizados en el interior de su módulo, cuando se encontraba en la torre de lanzamiento de Cabo Kennedy.

El motivo fue un cortocircuito. El cableado y los interruptores de mando no estaban sellados y mantenían contacto directo con el aire que respiraban los astronautas. Algún eminente científico debió darse cuenta que la atmósfera interna de la cabina, formada por oxígeno puro, era altamente combustible, por lo que se decidió modificar posteriormente la atmósfera mediante una mezcla de nitrógeno en un 40% y de oxígeno en un 60%.

No obstante, a pesar de estas chapuzas, y como he manifestado ya reiteradamente, jamás nadie podrá convencerme de que los Apolo llevaban sistemas de expulsión de residuos porque dudo que los ingenieros hubiesen buscado una forma de eliminar lastre, por dar una explicación, que se cae por sí sola, ya que un sistema así habría requerido un conjunto de elementos mecánicos mucho más pesados que toda la mierda que produce un cerdo en doce meses. ¿Para qué iban a eliminarse unos despreciables kilos de orina y vómitos del módulo lunar de descenso, o LEM, que siendo la parte más pequeña pesaba más de 15.000 Kg?

Si todo se debía a un problema de olores o de "contaminación bacteriana" de ¡los propios astronautas! para un viaje de tres días ¿cómo es posible que no dispusiesen de sistemas de sellado de depósitos, eficaces, en el interior de la cápsula de mando o de servicio? ¿Cómo es posible que, no teniendo supuestamente estos sistemas, sí pudiesen hermetizar la nave respecto del despresurizado espacio exterior? No existían ya por aquél entonces los váteres químicos que se utilizan en cualquier camping de tercera desde hace decenios. Parece ser que la cisterna sideral del Apolo era la mejor solución para eliminar la basura y para eliminar las preguntas de los curiosos.

Lo cierto es que, con respecto a la sorprendente aparición de agua, desde el primer momento, y por muchas razones, quedó descartada la posibilidad de que el choque de un cometa en la Luna fuera el causante de esta emanación. Sin embargo en 1995, la ESA (agencia espacial europea) se planteaba la posibilidad de enviar una sonda hacia las proximidades de la Luna tras el descubrimiento de agua helada en un polo de este satélite, que debía proceder de los restos de un cometa o astro recientemente estrellado. También los japoneses han mostrado gran interés. Pero también sabemos que la composición de esta materia helada dista de ser el agua pura al 99% –más pura que la de los grifos de nuestras casas– que registraron los detectores de los Apolo: Las materias congeladas y más volátiles de un cometa son –además de agua– amoniaco, metano, dióxido de carbono, ácido cianhídrico, cianuro de metilo, y otras muchas más.

La NASA intentó engañar a todos. Los sismógrafos y demás elementos de análisis que se dejaron en la superficie lunar se averiaban, siempre prematuramente, sin que nadie los tocase, porque allí no llueve, y el denominado viento solar no despegaría una pulga del suelo. ¿Pero qué iban a responder? ¿Iban a decir acaso que había un núcleo central hueco de 1.400 km. con agua en un lugar teóricamente muerto y seco, o que aquello era un enjambre de ONIS y OVNIS? Tampoco podían dar información acerca de los extraños terremotos lunares que se sucedían en la extraordinariamente dura superficie lunar porque aun suponiendo un núcleo de metal fundido, éste es tan pequeño que no puede dar lugar a corrientes convectivas que desplacen las placas tectónicas para provocar estos movimientos sísmicos. Con toda probabilidad, si no hubiesen falseado y ocultado nada todo el mundo habría pensado en una tomadura de pelo, porque todos los datos acerca de nuestro satélite eran ridículos y rompían toda la lógica de la formación natural, en origen, de la Luna, que más que un solitario y muerto astro parecía una discoteca. Como dijo algún oportuno individuo, los viajes a la Luna no sólo no resolvieron ninguna pregunta sino que crearon muchas más.

No hemos vuelto a visitar el astro. Demasiadas preguntas para responder. Poco interés político en complicarse la vida. Sólo un hermético régimen como el chino puede permitirse volver a visitar la Luna —como pretenden— sin tener que dar respuestas, y esto es de gran interés también para los americanos.

Si nos fiamos de la Biblia y de numerosos escritos griegos, romanos, asirios, etc. anteriores a la visita de Jesucristo, cuando se hace referencia a nuestro satélite siempre se hace en los mismos términos: "La Tierra estaba habitada mucho antes de que la Luna apareciese en los cielos"...

Deberíamos considerar también el hecho de que la Luna de alguna manera permite la vida humana en la Tierra, ya que regula todos sus parámetros dinámicos tales como la rotación, inclinación de su eje, etc... Parece que alguien lo ha colocado ahí intencionadamente porque de no existir este astro algunos expertos han calculado que los días terrestres durarían menos de seis horas. Los inviernos y los veranos serían absolutamente extremos y la posibilidad de vida en este planeta se reduciría a la mínima expresión.

Podríamos seguir redundando en numerosas incógnitas. ¿Por qué no se levantaban grandes nubes de polvo lunar en el tránsito de los astronautas con vehículos? Hemos de tener en cuenta que además la gravedad allí es muy inferior a la terrestre y el polvo, en consecuencia, se levanta con mucha más facilidad. Tras la finalización del programa Apolo que lanzó al espacio siete naves tripuladas con tres astronautas cada una, de los que doce pisaron la Luna y con los que se hicieron catorce salidas extravehiculares ¿Por qué no hay fotos realizadas en la superficie lunar en las que se vea el cielo estrellado? Allí no hay atmósfera ni contaminación lumínica. Las estrellas deberían verse como focos halógenos —así lo atestiguó el malogrado, y fallecido en extrañas circunstancias, Yuri Gagarin, el primer astronauta conocido—. Quizá inventar un cielo estrellado desde otro ángulo fuese ya demasiado complejo. ¿Por qué no hay fotos abundantes de cordilleras? Allí hay muchos montes casi tan altos como el Everest. ¿Pisaron realmente los americanos la Luna? ¿Por qué no lo hicieron antes los rusos? El programa comunista iba con mucho adelanto sobre el americano y ya habían alunizado con sondas automáticas mientras los cohetes estadounidenses, derivados de los V-2 nazis y diseñados por Von Braun, despegaban a duras penas.

Ciertamente "tirar" equipo técnico en la Luna pudo ser posible en aquellos años. Pero que un humano caminase por allí y pudiese volver a su casa era arena de otro costal. Si la superficie lunar iluminada por el sol permanece a más de 100° C. ¿Cómo se refrigeraba a los astronautas y a su vehículo de hojalata colocados en la bandeja de un horno? ¿Cómo disipa calor a un medio exterior un traje sometido a reflejos de luz por todas partes? ¿Cómo puede enfriar el aire acondicionado de nuestro coche con un ambiente exterior a 150° C. y sin aire que lo ventile? (Allí, externamente, el calor no se transmite por convección o conducción, sólo por radiación). Sabemos que en los viajes extravehiculares para reparar satélites en órbita terrestre los astronautas no se cuecen porque la zona de traje a la sombra está a menos de 100° C bajo cero. Si la otra mitad que permanece al sol está a cien sobre cero, con ayuda de un circuito relleno de fluido y un evaporador con una válvula al exterior —aislada del astronauta— se equilibran las dos temperaturas extremas del traje. Además de vez en cuando uno puede esconderse un rato bajo alguna placa solar. Con una nave en órbita sólo existe la radiación directa del sol y puedes jugar con las sombras. Pero en la luna la cosa cambia. A la radiación solar hay que sumarle la reflejada por la propia Luna, que no debe de ser despreciable a tenor de la que nos envía todas las noches como si fuese una bombilla. En definitiva, un coche a pleno sol, sin cobijarse bajo ningún árbol, con la panza al descubierto, mostrando sus depósitos de oxígeno liquido y sobre la bandeja de un horno... menos mal que no les dio por pintarlo de negro.

Aunque todo esto que estamos discutiendo sea o no contrastable, de lo que no cabe duda es de lo asombroso que supone el hecho de que hace cuarenta años pudieran arribar a nuestro querido astro con un vehículo espacial cuyo ordenador tenía una capacidad de proceso similar a la de una calculadora de todo a cien; los discos duros estaban en la mente de los inventores y las memorias SD no existirían hasta varias décadas después. Con semejante artefacto recorrieron 384.000km. de ida y los mismos de vuelta (768.000km.), varias veces, en un buen puñado de misiones. Se llevaron una ingente cantidad de equipamiento técnico, incluyendo land rovers. Todos volvieron indemnes. Sin embargo con nuestra sofisticada y experimentada tecnología actual tenemos verdaderos problemas para colocar un trasbordador a 400km. que es la altura media de trabajo en órbita…

Según dicen, algún aventajado ha considerado que escapar de la gravedad de la Luna para regresar a casa debió de ser imposible con tan poco combustible. El cohete completo medía unos 111 metros de altura antes de partir y necesitó de una brutal cantidad de combustible para escapar a la atracción terrestre. Sin embargo para volver le bastaron unas garrafas con unos pocos litros. Supuestamente la gravedad en la Luna es seis veces menor que en la Tierra, pero algunos consideran que es mayor: De hecho algunos informáticos y matemáticos se han molestado en simular, recrear y analizar los movimientos de los astronautas en la superficie lunar. Asombrosamente han llegado a la conclusión de que la gravedad resultante en virtud de sus movimientos, aceleraciones, trayectorias y caídas rondaría la cuarta parte de la terrestre. Si esta discutible hipótesis fuese cierta podríamos deducir que los viajes a la luna habrían constituido un fraude (ya al completo) o que quizá hubiesen utilizado una tecnología no conocida para nosotros y no basada en una propulsión convencional a base de combustibles ordinarios. ¿Quizá un sistema secreto evolucionado y basado en el conocido y meridianamente explicado efecto Biefeld-Brown? Quizá a los rusos les faltara ese pequeño detalle para poder pisar el astro. Dicho sea de paso, animo al lector a que utilice el google de Internet (si sigue existiendo) para buscar información relacionada con este fenómeno físico-químico (Biefeld Brown) consistente en la propulsión que tiene lugar en un condensador asimétrico al aplicar una tensión elevada. Allí encontrará detalles para construirse una nave espacial barata con unos hilos de cobre, madera de balsa, papel de aluminio y una fuente de alta tensión, para lo que puede servir el transformador de un viejo televisor o de un microondas.

¿Qué podemos añadir? los ciudadanos de a pie no tenemos una sola prueba sólida de que la Luna sea una base extraterrestre, pero debemos considerar, sin prejuicios, esta posibilidad. Conforme transcurra el tiempo la ofuscación psicológica que nos embarga irá desapareciendo y nuestra mayor capacidad tecnológica nos abrirá la mente a esta fantasiosa posibilidad. Hemos sugerido en todo momento pruebas demostrables o coherentes con nuestro sentido común, por lo que no haremos más que alusión a la ingente cantidad de informes y entrevistas a ex-oficiales, radioaficionados, y demás personas anónimas que ponen de manifiesto la supuesta existencia de fotografías o grabaciones —fuera de nuestro alcance— que dan fe del descubrimiento de ruinas, monolitos, cúpulas, maquinaria y, en definitiva, de grandes construcciones operativas en la Luna, entre otras muchas cosas.

Seré benévolo, como siempre, y consideraré que los norteamericanos pisaron la Luna. No en vano los que aseguran que muchas de las fotografías que se tomaron eran falsas y que se realizaron en un plató han tenido que rendirse a la evidencia. Cualquiera de las "extrañas sombras" de esas fotografías puede ser fácilmente comprendida o explicada por usted mismo simulando las situaciones con un par de muñecos en la arena de su playa más próxima. Algunos ya lo han hecho pero no quiero ser un pelma recordándole que puede verlo en Internet.

En cualquier caso la NASA no ha querido volver por ahí arriba, quizá para no meterse en líos y no verse obligada a ocultar embarazosas situaciones. Los rusos tampoco han querido saber nada de ese lugar. Después de conseguir hacer aterrizar los vehículos Lunojod 1 y 2, que fue de lo poco ruso que llegó a la Luna sin estrellarse como un meteorito, parece ser que se olvidaron ya de mandar hombres. También los rusos habían sufrido tragedias tras la muerte de Komarov, estrellándose contra el suelo, y la muerte de Volkov, Dobrovolski y Patsayev, tras la despresurización de la cabina de su nave.

Es posible que los gobiernos no quieran pasar apuros y hacer peligrar su permanencia en el poder. Sólo hay una cosa clara e irrebatible. Como ocurre con el fenómeno OVNI los organismos oficiales mienten y tratan de ocultar información, esto es absolutamente indiscutible (palabra de ex-militar). Clasifican informes sobre avistamientos y los falsean descaradamente. Introducen documentos de avistamientos inexistentes para ridiculizar e intoxicar. Insisto, hay suficientes pruebas para demostrar que esto es así, y ya se han presentado en muchos medios, y hasta en parlamentos pero un evidente pacto de silencio permanece latente desde hace muchos años.

A finales de los años sesenta las fuerzas aéreas americanas, haciendo un gran alarde de hipocresía, encargaron una investigación a la universidad de Colorado, por valor de medio millón de dólares, denominada como Proyecto Libro Azul. Este informe, dirigido por Edward Condon, debía llegar a una conclusión definitiva con respecto al origen de los OVNIS. Al poco tiempo dos psicólogos, que elaboraban este informe, eran despedidos por afirmar que la respuesta al problema estaba ya fijada de antemano.

Un 23% de los 40.000 casos estudiados se quedaron sin la más remota explicación. Con otros casos se realizaron estúpidas suposiciones. Aún así el informe se dio por concluido en 1969. El Sr.Condon afirmaba que no había razón para realizar más estudios acerca de los OVNIS. Obviamente, con el tiempo y ante la persistencia de nuevas apariciones, hubo que reabrir los archivos.

Muchos tienen una fe ciega en sus gobiernos. Consideran que no pueden ser engañados por un estamento gubernamental y democrático, pero la realidad es muy distinta. Debemos ser cautos y pensar que el problema OVNI podría constituir un problema de estado. Durante la Guerra Fría estaba plenamente justificada la falta de transparencia frente a estos sucesos porque cualquiera de los contendientes podía suponer que su adversario poseía una tecnología secreta de imprevisible fuerza que le permitía crear esos aparatos tan escurridizos, denominados OVNIS. Había que mantener en calma a la población evitando difundir noticias sobre avistamientos. Sin embargo los tiempos han cambiado y sigue sin haber transparencia informativa. Quizá es que los gobiernos no saben tanto, o quieren justificar los impuestos, que van a parar a manos de los ejércitos, ocultándonos el hecho de que nuestro espacio aé-

Los delitos de Dios

reo es violado flagrantemente sin poder evitarlo. Sea como sea debemos considerar seriamente que alguien de otros mundos nos ha podido estar visitando.

¿Por qué tenemos que esperar que contacten con nosotros?

Disponemos de satélites que desde el cielo pueden distinguir las letras del periódico de un viandante en cualquier parte del mundo, pueden ver de noche y a través de las paredes. ¿Qué podrá hacer una civilización que nos lleve varios miles de años de ventaja?

Podrán ver las arrugas de nuestra piel, los leucocitos de nuestra sangre, podrán olernos, sentirnos, saber lo que pensamos... y todo eso sin que podamos verles. ¿Para qué van a molestarse entonces en mantener un contacto físico con unas ratas sarnosas como nosotros? ¿Para que van a mantener un diálogo con unos imbéciles tan retrasados como los gusanos y de los que no van a aprender nada? Quizá sólo les interesemos como mascotas.

No obstante después de leer toda esta sarta de cosas tan raras e inaceptables para nuestra mente y nuestra coherencia ¿cómo no puede ocurrírsenos la posibilidad de que todos los informes OVNI constituyan un montaje llevado a cabo por una sociedad de escritores con el fin de lucrarse?

Ante la inexistencia de pruebas absolutamente evidentes uno siempre se plantea esta posibilidad. Sin embargo, como le ocurre a un servidor, un buen día llega alguien de la más absoluta confianza, como por ejemplo tus padres, o un tío... que jamás se han interesado por estos temas ufológicos y te cuentan sorprendidos algo que recuerdas haber leído ya en algún sitio. Después tú mismo ves algo que también recuerdas haber leído en otro sitio... Oleadas OVNI, visiones colectivas, apagones, cazas de guerra sobrevolando y violando el espacio aéreo de seguridad de tu ciudad... Puedes seguir dudando pero esto supondría una grave alteración de tus esquemas lógicos de tal modo que aplicando los mismos criterios a la vida real podrías

93

empezar a dudar de cualquier persona que afirmase tener dolor de cabeza o de muelas, algo que no podemos medir cuantitativa ni cualitativamente.

Quizá haya resultado extensa esta exposición global de nuestros hipotéticos visitantes, pero es absolutamente necesario discernir claves que nos ayuden a comprender por qué nuestras vidas físicas y psíquicas se desarrollan en un plano de ordenación universal. Nuestra conducta responde a patrones que denotan intencionalidad, programación, no parece que se haya constituido como fruto del azar sino que parece estar conceptuada de forma que ha sido creada por algún tipo de ente organizativo y persiguiendo un fin que sólo se alcanza recorriendo un largo camino, que precisa de especialización y en el que hay que derribar barreras. Nuestros propios avances técnicos y sociales nos sugieren la posibilidad futura de poder generar vida y hacer que esta se sistematice y se guíe de modo autónomo, de hecho estamos cerca de conseguirlo en el campo de la inteligencia artificial y, en definitiva, con los robots. También estamos prácticamente en condiciones de clonar y de crear vida biológica.

No sabemos con qué fin, que no sea nuestro ilimitado orgullo, podríamos pretender crear vida autónoma. En cualquier caso hemos hecho lo posible para tratar de explicar esa conducta sistematizada como consecuencia de una influencia externa, y quizá hayamos tratado de considerar que nuestros creadores son físicos y palpables para que nuestro entendimiento pueda digerir el problema con más facilidad y menos abstracción. No cabe duda de que la figura de unos "intermediarios" cuya existencia y proximidad hemos tratado de justificar, nos facilita las cosas.

Pero aunque hayamos podido justificar su existencia, por desgracia sólo en términos probabilísticos, esto no debe implicar necesariamente que nuestro entendimiento y nuestra conducta lleven su sello. Debemos ser más exigentes en nuestras bases y planteamientos y pensar que podemos provenir de algún proceso espontáneo auto mejorado a lo largo de los tiempos siguiendo pautas "más naturales".

Pero cabe nuevamente preguntarse… ¿La esencia de lo natural tiene su origen en un orden universal? ¿Lo "natural" puede responder, en nuestro ámbito general conocido, a un resultado constructivo proveniente de la probabilidad? ¿El hecho de responder a una ley probabilística no precisaría de un elemento organizativo?

Debemos aceptar la posibilidad de que hayan influido pocos agentes externos y que nuestras raíces biológicas se originaran sin la intervención de ningún marciano juguetón.

VI- La "casualidad"

Deberíamos pensar en la posibilidad de que la vida en este planeta surgiese espontáneamente sin la acción de ningún listillo aburrido. Por otra parte debemos considerar cómo esa célula primigenia evolucionó hacia formas de vida mucho más complejas. Debemos tener muy claro que nuestro código genético no se modifica si nos cortamos un dedo, y por ende, nuestros hijos van a seguir teniendo cinco dedos. Del mismo modo, por muchas veces que nos bañemos en el mar, no nos van a salir aletas. Quizá toda nuestra descendencia siga bañándose y, sin que haya ninguna relación con ese hecho, alguno de nuestros herederos lejanos nazca con alguna "malformación" consistente en un cuerno, y quizá otro nazca con una aleta. Obviamente la selección natural impuesta por las circunstancias determinará que el de la aleta se beneficie de una mejor adaptación a ese medio marino y el del cuerno posiblemente no. Eso es a grandes rasgos la selección natural que determina la diversificación, la extinción y, tal vez, la evolución de las especies. Pero vamos a empezar desde el principio.

Desde hace mucho tiempo los científicos empezaron a simular situaciones que pudiesen dar lugar a la vida espontánea. El científico francés Lecomte du Noüy trataba de demostrar, en los albores de 1950, la imposibilidad de que surgiese la vida espontáneamente si sólo actuaba la probabilidad matemática en la formación de las moléculas esenciales para la vida, dada la enorme complejidad de las moléculas proteicas, que a su vez debían combinarse para crear una vida tan elemental como perecedera. No obstante en 1952 Stanley Lloyd Miller en colaboración con el químico Harold Clayton Urey realizaba un importante experimento. Hizo pasar corriente eléctrica, nada menos que 60.000 voltios, durante varios días, a través de una mezcla, aparentemente esterilizada, de agua, amoniaco, metano e hidrógeno. Trató así de simular las condiciones de algún lugar de la Tierra hace miles de años con rayos y truenos incluidos, ese era el objeto de las descargas. Los resultados fueron sorprendentes porque se generaron "esporádicamente" aminoácidos sencillos como la alanina y la glicina, así como ácidos láctico, acético, fórmico, y urea. Experimentos posteriores, mediante la utilización de diferentes caldos y fuentes energéticas, dieron a la luz algunas moléculas más complicadas. El factor estadístico parecía venirse abajo y se llegaba a la conclusión de que los átomos de las sustancias originales se unían siguiendo leyes químicas de cierta complejidad, con lo que elementos como el carbono, hidrógeno, oxígeno o nitrógeno no se unían al azar y la molécula parecía originarse siguiendo patrones concretos.

Pero no nos dejemos engañar, porque estos experimentos y todas las aportaciones de la ciencia juntas no han demostrado absolutamente nada acerca de la espontaneidad o no de la vida.

Estos experimentos y todos los que se han ido haciendo hasta el día de hoy, con aplicación de rayos UVA, radioactividad y todos los caldos —a veces con trampa— y voltajes imaginables, que han tratado de imitar situaciones, muchas veces distantes, y quizá ventajosas, con respecto a las que debieron sucederse en nuestro planeta, sólo han conseguido llegar a la formación de "aminoácidos-clave" de complejidad relativa y de sustancias simples como purinas, pirimidinas o azúcares con unos pocos átomos de carbono en su cadena, o ácidos grasos. Incluso se hicieron experimentos, de dudosa reputación, en los que se afirmaba haber obtenido cadenas "similares" a las proteínicas, polisacáridos y moléculas "largas en cierto modo como" los ácidos nucleicos, todo ello a partir de ésteres de polifosfato. ¡Pero eso no tiene que ver nada con la esencia de la vida! Los aminoácidos, a su vez, deben combinarse para formar proteínas e insisto, nada de eso se ha conseguido ni siquiera haciendo uso de todas nuestras capacidades, porque tenemos medios técnicos para simular todas las condiciones imaginables. Algunos pensarán que lo que se necesita es tiempo. Pues bien si la transición de caldos a aminoácidos, lo que conlleva una actividad muy apreciable de reorganizaciones atómicas, es de una semana aproximadamente, cuando llevamos esperando siete años con una actividad nula y sin que un triste átomo se mueva de su sitio debemos concluir que hemos tocado techo y que la molécula se ha organizado hasta donde cabía esperar, con el permiso y bajo el dictado y las limitaciones que imponen la química y la física.

Parece entonces que la estadística empieza a actuar a partir de los aminoácidos, porque difícilmente pueden generarse situaciones ambientales en la Tierra que no puedan generarse en un laboratorio. Se calcula que para que los aminoácidos formen una secuencia correcta que de lugar a una proteína las combinaciones necesarias son un 10 elevado a la potencia de 40, un uno seguido de 40 ceros. Pero a su vez se necesita, en cuanto a combinaciones, un 1 seguido de 40000 ceros para que se formen las 2.000 enzimas indispensables en el desarrollo de la vida.

A su vez la asociación de estas complejas moléculas deben dar lugar, sin saber cómo, a una magnífica obra de ingeniería capaz de alimentarse, de metabolizar y eliminar ese alimento, de crecer mediante la autogeneración de moléculas muy específicas a partir de dicho soporte alimenticio y, sobre todo, de reproducirse, creando una copia exacta de sí misma. Habremos llegado entonces a la creación de la célula. Pero una célula es sólo el tornillo suelto de un complicado motor que precisa de muchísimas más piezas a la vez y que queda por ensamblar.

La formación y desarrollo de un embrión no deja de ser la mayor obra de ingeniería conocida hasta el momento; a partir de unos corpúsculos aparentemente elementales se autoconstruye un edificio descomunal. Mediante un extraordinariamente sofisticado y particularizado disco duro cada célula ejecuta sus instrucciones para dar lugar a otra en las coordenadas exactas y con su justa composición química y estructural para ir componiendo tejidos, venas, canales nerviosos... Otras células generarán e inyectarán los fluidos vitales que han de llegar a todos estos lugares puntualmente con una sincronización perfecta de toda la maquinaria. Todos los ladrillos sabrán dónde colocarse, al igual que los tubos de calefacción o los cables de la luz. Al final llegaremos a la consecución de un ingenio vivo que puede llegar a las más de 100 toneladas que pesa una ballena.

Y bien, ¿qué es lo que aporta la ciencia en todo este asunto? En 1980 alguien afirmó seria y tajantemente que nuestra especie debía haber sido creada por una supercivilización de otro mundo. Nadie le tomaría en serio si fuese un ignorante en estas materias de la biología. Pero ese "alguien" fue, ni más ni menos, que el bioquímico y codescubridor de la estructura molecular del ADN y premio Nobel Francis Crick. A pesar de haber sido ateo toda su vida, el mismo Einstein –también premio Nobel– llegó a la conclusión de que un "ser con mayor capacidad de razonamiento había creado el universo". Yo haré caso de ahora en adelante de las conclusiones de los dos científicos más representativos de la historia moderna de la humanidad.

¿Pero qué pasa entonces con las teorías evolucionistas de Darwin?

Es curioso, muy poca gente cree en los Ovnis argumentando que no hay pruebas de su existencia –o simplemente no se ha molestado en buscarlas– y, sin embargo, todo el mundo parece aceptar que procedemos de una célula originaria generada espontáneamente que por evolución y selección natural dio lugar al hombre –y a varios miles de millones de especies más–, cuando no existe una sola prueba científica contrastable y sólida de que esto pueda ser así. Se nos ha inculcado desde muy pequeños que provenimos de los monos y la mayoría de las revistas que se autocalifican de científicas e interesantes dan por sentado, con sus contenidos vacíos y sensacionalistas que las especies han evolucionado a lo largo de miles de años.

Partiendo de la base de que los paleontólogos no se ponen de acuerdo en muchas cosas debemos decir que lo único que ha conseguido demostrar esta "ciencia" es que en tiempos remotos existieron ciertos tipos de animales y plantas. Pero entre todos los fósiles disponibles no hay uno solo que muestre, de manera irrefutable, la transición de una especie a otra, no hay pasos intermedios que recojan y compatibilicen estructuras funcionales muy específicas y diferenciadas. Lo único que se ha encontrado es algún reptil que debió tener plumas. Esto es lo que denominamos como eslabones perdidos que más bien deberían calificarse de eslabones inexistentes, y que, por otro lado, son difíciles de estudiar en elementos fósiles donde ya no queda nada más que el chasis y no encontramos las piezas del motor, que son las que realmente pueden darnos las claves en el estudio de una supuesta evolución.

En definitiva la evolución parece haberse dado a saltos y sin ningún tipo de progresión. ¿Cómo se explica esto? ¿Ha existido entonces selección natural?

Darwin mantenía la idea de que las especies han ido evolucionando mediante selección natural. Siempre añadía el ejemplo de las jirafas. Si originariamente existe una población de jirafas en algún lugar de la selva aquellas que nazcan con el cuello más largo podrán llegar mejor a las hojas de los árboles para poder alimentarse y de este modo tendrán más posibilidades de sobrevivir y de perpetuarse. Si las de cuello largo son las que sobreviven sus descendientes tendrán más posibilidades de nacer con un cuello largo. El hecho de estirar el cuello y conseguir que este se alargue, algo perfectamente factible, no implica en absoluto, como creía el predecesor Lamarck, que estos caracteres adquiridos en vida sean transmitidos a los descendientes. Nuestros conocimientos actuales nos permiten saber que la información genética de nuestras células sexuales, responsables de la herencia, no se modifican en este sentido. Las mutaciones genéticas que pueden dar lugar a descendientes con diferencias apreciables tienen otro origen.

Hoy sabemos que estas mutaciones del código genético conllevan varios tipos de variaciones en los descendientes. Las que determinan los más importantes cambios morfológicos podríamos clasificarlas del siguiente modo:

Un primer tipo lo constituyen las variaciones merísticas que suponen un cambio en el número de elementos funcionales, como es el caso de personas que nacen con más de cinco dedos o con menos, etc. Esta repetición de elementos adyacentes se da con poca frecuencia pero son mucho menos frecuentes las duplicaciones de elementos funcionales vitales como el corazón o los pulmones. A continuación tenemos variaciones de tipo fluctuante que conllevan una variación de tamaño o de forma. Finalmente variaciones teratológicas que provocan las denominadas monstruosidades.

Sin embargo, explicar la evolución de las especies se presenta como un problema inabarcable. En primer lugar se tiene que producir la mutación, ya sea "espontánea" –siempre este término– o inducida por agentes externos, y tenemos constancia de agentes externos que pueden conseguirlo. Un ejemplo lo constituyen los elementos radiactivos; tenemos el triste ejemplo de las consecuencias de las bombas atómicas. Los neutrones, protones, rayos alfa, beta y gamma, así como los rayos X emitidos en altas proporciones y con suficiente intensidad son causantes directos de mutaciones genéticas.

Todavía desconocemos el alcance de las ondas electromagnéticas de alta frecuencia procedentes de las transmisiones por radio, televisión, telefónicas, mandos a distancia, transformadores de corriente etc. El aumento imparable de los casos de cáncer nos empieza a dar pistas.

Por otro lado existen agentes mutágenos externos de origen químico. La acción de estos y de los anteriores es similar porque la capacidad de ionización que poseen los primeros desencadena reacciones también de tipo químico en el ADN que conlleva en muchos casos una fracturación de la cadena. Sin embargo el ADN dispone de mecanismos internos de reparación. Sólo cuando estos sistemas funcionan incorrectamente se provoca la mutación o variación de la secuencia genética.

Otro tipo de mutaciones, también poco frecuente, son las espontáneas, como hemos señalado, en las que no parece existir ningún tipo de inducción externa.

¿Pero cómo se traduce todo esto en la evolución de las especies?

Bien, hace muchos miles de millones de años no había bombas atómicas ni rayos X, mientras que los mutágenos químicos son sustancias, por lo general, muy elaboradas y producto de la manipulación humana. Es cierto que debió haber más actividad radioactiva de las rocas terrestres recién formadas, y que los rayos UVA actuaron en los ya corroborados ciclos de apertura de las capas de ozono, pero rápidamente podemos adivinar que las mutaciones inducidas externas debieron darse en una proporción muy pequeña y sólo las "espontáneas" jugaron un papel preponderante. Pero casualmente volvemos a encontrarnos con la palabra "espontáneo" y esto no es bueno si queremos hacer un planteamiento consistente. Por otro lado debemos pensar que el resultado de una alteración genética puede ser muy variado. En primer lugar se produce la fractura de la secuencia por algún motivo. Esta fractura puede ser reconstruida por mecanismos internos de soldadura de forma exitosa, mediante enzimas como la ADN-polimerasa y ADN-ligasa, pero si no ocurre así lo normal es que la célula cuyo ADN haya sido dañado, trasmita el mismo código genético a su descendiente, si es capaz de reproducirse –lo más probable es que muera a consecuencia de desequilibrios funcionales–. Esto no tendrá ninguna repercusión en ningún ser pluricelular, de hecho cada día un ser humano pierde una cantidad desmesurada de células. Puede ocurrir, no obstante, que esa fractura en la secuencia genética tenga repercusiones en los procesos reproductivos de la célula que puede derivarse en un crecimiento descontrolado de las mismas apareciendo algún tipo de cáncer. Hay constancia de la existencia de posibles tumores cancerígenos en fósiles prehistóricos humanos, lo que puede confirmar, por otro lado que este tipo de alteraciones no sean exclusivas de mutaciones inducidas.

Pero se plantean varias dudas, en primer lugar para que en un organismo vivo se manifiesten estas mutaciones en forma de alteración que afecte a sus órganos funcionales superiores y no sólo células aisladas estas mutaciones han de haberse dado en el proceso embrionario del organismo y no en vida. Para que eso sea posible el progenitor debe sufrir esa mutación preferentemente en células muy concretas como son las reproductoras y en concreto en el ADN de los genes que constituyen los cromosomas. También puede sufrir alteraciones el feto en su fase de desarrollo independientemente de la transmisión genética, pero en definitiva todo eso ya reduce ostensiblemente la posibilidad de heredar un cambio apreciable sobre el cómputo global de posibilidades de mutación espontánea. Si además consideramos que hace 25.000 años no había ni 5 millones de humanos sobre la Tierra, es de suponer que con anterioridad habría menos y muy dispersos, y que las generaciones se

Los delitos de Dios

renuevan con relativa lentitud, estábamos jugando con una variabilidad potencial extremadamente pequeña.

Pero lo realmente increíble es que se produzca una variación de tipo fluctuante con cambio de forma apreciable y ventajosa, y este es el escollo imposible de salvar. Hoy tenemos constancia de personas o de animales con dos cabezas o tres ojos o sin extremidades, es decir con variaciones de tipo merístico o numérico pero la historia reciente o antigua no recoge casos de mutaciones ventajosas, y debería ocurrir puesto que todas las especies conocidas parecen haberlos sufrido y en gran magnitud. Además en los últimos cientos de años han pasado por el mundo tantos humanos como pasaron durante miles de años en tiempos remotos y estudiamos con grandes medios especies animales de todo tipo.

Pero no sólo faltan las pruebas. Podemos imaginar, haciendo uso de nuestro sentido común, que por este sistema de mutaciones progresivas es imposible llegar a la constitución de nuevos órganos sumamente complejos y perfectos. Por ejemplo los humanos presentamos diferencias funcionales con respecto a los que debieron ser nuestros antepasados lejanos, los peces. En el caso del sistema cardiaco, a grandes rasgos, un pez sólo presenta una aurícula y un ventrículo dispuestos en el circuito venoso. Por alguna razón en alguna fase de la evolución algún pez o descendiente evolutivo tuvo que nacer con dos corazones que milagrosamente se dispusieron en el circuito venoso y arterial respectivamente y además localizados a la misma altura y en la misma zona, de modo que esto les permitiese una fusión ulterior, a su vez las nuevas válvulas cardiacas debieron adquirir una perfecta sincronización con impulsos nerviosos adecuados para no producir sobrepresiones en todo el sistema cardiocirculatorio −aunque realmente fue todavía más milagroso que un extenso conjunto de células se pusieran de acuerdo para constituir en conjunto el

105

propio corazón aislado–. Tuvieron que agruparse formando la estructura mecánica adecuada –yo diría que perfecta– para bombear fluidos, y tuvieron también que ponerse de acuerdo para contraerse y distenderse al unísono, creándose al mismo tiempo varias redes complejas e independientes para el paso de impulsos nerviosos. Fue un milagro que ese supuesto pez o anfibio lograse sobrevivir con una transformación interna tan grande, porque dos corazones exigían un mayor gasto energético y mucho más espacio disponible en su organismo, lo que no constituía una ventaja apreciable, en absoluto, que pudiese dar lugar a una selección natural del mismo. Habría sido muy difícil –más bien imposible– que semejante cambio estructural y funcional hubiese acontecido aisladamente y que la mutación o fluctuación de la cadena no tuviese otras repercusiones además de ésta, porque la destrucción o adición de una parte de la cadena genética no puede darse de manera tan localizada y con un posterior reagrupamiento tan específico, ya que sería como pretender comerse una manzana sin dañar la piel. Pero otro milagro, añadido a los anteriores, pudo haber determinado que los corazones se formasen con un tamaño menor al precedente con lo que su tamaño conjunto no superase en mucho al corazón originario. Al final de todos los milagros ese bicho murió, sin más, porque de todos los alevines sólo se salva una ínfima parte, aunque en aquellos momentos quizá se salvó alguno más al no existir una cadena trófica definida, lo que limitaba el cambio genético a una sola especie. Si dio la casualidad de que ese mutante sobrevivió y para colmo maduró y fue capaz de dejar descendencia, ese corazón quizá pudo imponerse o extenderse en algún charco del planeta y dar lugar al corazón de dos aurículas y dos ventrículos que nosotros tenemos y conocemos.

Esta exposición no deja de ser un pequeño gran milagro pero además ese prodigio se ha tenido que concretar en todos los órganos funcionales, no sólo en el corazón, y además en muchas ocasiones con cambios que irremisiblemente han tenido que acontecer simultáneamente, porque por otro lado mi experiencia personal me dice que cuando realizas ajustes o cambios drásticos en algún constituyente de un mecanismo la máquina no funciona si no realizas también rectificaciones en piezas íntimamente ligadas con las primeras. ¡Y encima un organismo es muchísimo más complicado y delicado que una máquina de las que vemos habitualmente! Por si todo esto fuera poco, dichas modificaciones han tenido lugar en los miles y millones de especies animales conocidas y sin que queden restos apreciables de las transiciones producidas.

Además de los diferentes órganos, todas las especies disponen de pequeños dispositivos avanzados configurando una maquinaria que raya la perfección. Podríamos dedicar un libro entero sólo para enumerarlos. Aunque parezca algo trivial, que pasa desapercibido, cuando por ejemplo comemos algo en mal estado un avanzado sistema de detectores del sistema digestivo decide que tenemos que vomitar para evitar que el estómago absorba esos elementos que pueden causarnos un mal. Si lo que hemos ingerido logra pasar esta barrera un segundo sistema auxiliar de defensa se encargará de que nos caguemos como un mirlo para que tampoco sea absorbido por el intestino. Un pequeño gran diseño de ingeniería para empezar, entre varios miles.

Sin perder el hilo de las referidas mutaciones hay que tener en cuenta, a la hora de hablar de diversificación de las especies, de las denominadas "barreras de esterilidad" que se producen cuando un grupo biológico empieza a diferenciarse. Si una mosca adquiere una débil mutación esto puede impedir que se cruce con las demás moscas.

Pero no acabamos aquí porque el escollo fundamental está por ver, y no es otro que el de la inteligencia humana. Somos esencialmente iguales a un mono. Nuestros hígados, brazos, corazones y cerebros no presentan variaciones físicas apreciables, sin embargo nosotros somos capaces de concebir y de crear. No cabe la menor duda de que hay un paso abismal entre estos dos estadios, el animal y el humano. Esta singular capacidad no se debe exclusivamente a la presencia de un cerebro de mayor tamaño, aunque cabría esperarlo teniendo en cuenta que la estructuración neuronal es análoga. Los elefantes tienen un cerebro mucho mayor que el nuestro, aunque este cerebro debe controlar y coordinar más "kilos de carne", de modo que la capacidad creativa o inteligente de un cerebro debería medirse por la relación entre el volumen de cerebro y la masa corporal. Aun así las cuentas no salen porque los delfines o las focas tienen mucho más cerebro relativo que nosotros y, por otro lado, un obeso de 150 kilos, con más grasa pero también con más tejido celular, no es necesariamente menos inteligente que un individuo de 50, tres veces menos pesado.

No cabe la menor duda, a la vista de todo esto, que las teorías científicas actuales sobre la evolución de las especies distan mucho de tener una base científica sólida. No son en absoluto convincentes si las analizamos pormenorizadamente —otra cosa es que te las creas— y yo no me las creo cuando el único argumento que parece justificarlas es el de unos cuantos millones de años. Parece ser, según algunos, que con "tanto tiempo" ha dado tiempo, valga la redundancia, a que las ranas críen pelo. No cabe duda de que la mayoría de las especies que conocemos están sometidas a selección natural e incluso es posible que hayan seguido algunas pautas de evolución pero con toda probabilidad y hasta que no se demuestre lo contrario nunca habrán ido mucho más allá de un simple cambio de colorido de pelaje o de apariencia externa del pico etc. Da la impresión de que las especies son hoy tal y como nos las enviaron en el Arca de Noé, entre otras cosas porque es lamentable leer libros "científicos" que se jactan de explicar todas las claves del evolucionismo. Resulta curioso leer frases como:

"En un momento dado aparecieron tubos que se contraían rítmicamente, desplazando el líquido hacia adelante; ya sólo era necesaria la aparición de lengüetas, a modo de válvulas, para conseguir un corazón".

¿Cómo aparece de repente un tubo que se contrae rítmicamente, dispuesto a nivel de los conductos sanguíneos, y que para colmo le salen válvulas y un sistema de cableado y de impulsos eléctricos que controlan la apertura y cierre de las mismas? Solamente si analizamos el número de probabilidades o combinaciones posibles de que estos tres factores constitutivos coincidan en varios momentos dados en varios individuos —uno sólo no aseguraría la persistencia de la mutación ventajosa— eleva el número de combinaciones a cifras abismales, de tal modo que si bien es cierto que a nivel microscópico existen muchos individuos vivos en los que pueden recaer este número exagerado de combinaciones, cuando llegamos a individuos superiores las poblaciones se reducen ostensiblemente, de forma que la renovación terrestre anual de una población de lagartijas, por poner un ejemplo, sólo sería de varios cientos de millones en el mejor de los casos. Todos los millones de años imaginables no serían suficientes para que se produjese un cambio funcional drástico en las mismas, como en el caso del corazón. Pero es que además también se producen modificaciones en los órganos prensiles, en los sistemas oculares y auditivos y de fonación, en los sistemas sensoriales táctiles, de presión o de temperatura, en los órganos sexuales, en el sistema respiratorio —de branquial a pulmonar—, en el digestivo, en los mecanismos de coagulación de la sangre, en los sistemas de secreción hormonal, en los sistemas de regulación y estabilización térmica de los organismos, en el sistema inmunitario, en el cerebro...todo ¡ simultáneamente ! y todo esto en los millones de especies conocidas. No hay tiempo cronológico para tantas "generaciones" y tantas combinaciones, sobre todo si tenemos en cuenta que actualmente con cerca de 10.000 millones de habitantes, y otros tantos miles de millones de animales que pasan por los mataderos, no tenemos constancia, en los últimos doscientos años —lo que no es poco con tantos ejemplares a la vista— de un solo ser vivo al que le haya salido un tubo con contracciones rítmicas, o un motor turbodiésel, o cualquier otra cosa, en alguna parte de su cuerpo. Por otro lado la selección natural propuesta por algunas de las desbordantes inteligencias científicas ha sido demasiado selectiva como para ser coherente. Después de tanta mutación y diversificación como parece haberse dado resulta que todos los hombres de la Tierra somos exactamente iguales, con los mismos grupos musculares, las mismas costillas, las mismas ramificaciones arteriales o los mismos dientes. Es de suponer que cualquier humano que pudiese haber surgido con un pene de más bajo el sobaco, o con una costilla o dedo de más en forma de gancho, o con dientes de tiburón, no estaría en inferioridad de condiciones para haber podido sobrevivir y dichas mutaciones se habrían conservado hasta nuestros tiempos, sin embargo eso no ocurre en absoluto.

Aunque los biólogos se emocionen al ver en los documentales televisivos unos bichos, cuyo nombre no recuerdo, que son como peces con aletas que les permiten arrastrarse en tierra, olvidan que explicar las teorías evolutivas es algo así como explicar la generación espontánea de la materia. Quizá algún día cambie de opinión si me estrello con mi coche y su humilde motor de 65 CV. se transforma en un potente motor turbo 16 válvulas, mediante el acoplamiento accidental de manguitos procedentes del cableado subterráneo de telefonía y de una suela de zapatilla, alabeada por el golpe, y cristalizada por el incremento térmico, que haga de turbo. No obstante tengo indicios razonables para pensar que esto no va a ocurrir, aun viviendo muchos años.

Los delitos de Dios

Resulta muy difícil entender cómo la mecánica biológica de un animal puede derivar a otra diferente obviando estados intermedios. Si un motor de gasolina derivase biológicamente a uno diésel —con el permiso de los millones de años como siempre— no sólo habría cambiado el combustible ingerido. Habría cambiado todo el proceso para metabolizarlo. En ese aparentemente sencillo "cambio de especie" la inyección de combustible en el cilindro tendría que realizarse ahora con una presión desmesuradamente mayor a la anterior, siendo necesaria la aparición de una bomba de inyección especializada. Las bujías se atrofiarían, y todo el esquema eléctrico y los diagramas de inyección sufrirían una transformación brutal y sorprendentemente simultanea. Las bielas y el bloque tendrían que ser mucho más robustos para soportar el aumento de par. Habría que modificar el sistema de refrigeración. No nos valdría cualquier prototipo intermedio ni habría miles de años de por medio para experimentar transiciones. Tendría que ser desde el primer segundo y sólo así podría funcionar el nuevo motor. Si cambiáramos cualquiera de los parámetros —pruebe en su coche, cualquier cable o tornillo de menos, o un mapa de inyección no ideal— y todo al traste. El motor moriría en segundos. La evolución sólo sería posible dando un salto conceptual y de diseño mayúsculo y con una concomitancia y compatibilidad matemáticamente precisas. Y, por supuesto, nos hemos olvidado intencionadamente —para no echar más leña al fuego— de nuestros sistemas avanzados adicionales que auto reparan las averías del motor sin tener que gastarnos un euro en mecánicos. De entre muchos, uno de estos sistemas podría ser el de "plasticidad electromecánica". En nuestro caso lo encontramos por ejemplo en la plasticidad cerebral, que permite la recuperación funcional tras un daño severo del sistema nervioso, mediante mecanismos de regeneración programados de las partes dañadas...

Del mismo modo, para que el primer reptil –un tecodonto– echase a volar no sólo tendría que haber rebajado drásticamente el peso de sus piezas en una primera fase, cambiando el acero por aluminio. Quizá el aluminio y el aire de sus ahora huecos huesos sofisticadamente e incomprensiblemente neumatizados le hubiesen configurado –antes de realizar su primer vuelo– como un ser estructuralmente demasiado débil para poder sobrevivir durante millones de años a las inevitables peleas terrestres. Además, ¿a qué ser viviente le cambia la composición de los huesos de un día para otro sin que se rompan como un cristal?

La enfermedad atrofiante de los miembros superiores del reptil elegido para surcar los cielos –que miles de años después deberían convertirse en alas– le hubiesen incapacitado para llevar a cabo una vida normal. ¿Cómo iba a manipular su entorno un animal que perdía sus miembros superiores irremediablemente para derivar hacia unas pseudo alas que no estarían perfeccionadas ni volarían hasta millones de años más tarde? ¿Cómo iba a competir con los miembros de su especie para conseguir a las hembras con las que debería procrear y transmitir así su mutación genética? ¿Cómo no iba a ser rechazado por ellas cuando es la tendencia más natural hacia un tarado?

A pesar de que ni un solo pelo de los miles de trillones que puedan existir actualmente en alguna parte del globo ha mutado súbitamente a pluma –salvo, quizá, en algún laboratorio– más tarde los primeros y deformes plumones del inacabado animalillo habrían sustituido quizá su abrigada piel y se habrían dotado de un sofisticado y más especializado circuito sebáceo para impermeabilizarse, no mojarse y permitir un ulterior vuelo. Claro que comparar la estructura y composición de un pelo y de un plumón –basta cotejarlos al microscopio–, así como la progresión de uno a otro no es tarea sencilla. Más si tenemos en cuenta que con toda la tecnología actual no he-

Los delitos de Dios

mos encontrado la manera de fabricar de manera sintética al cien por cien ningún elemento con la ligereza y la capacidad de aislamiento térmico y que tienen los plumones de una manta nórdica. ¡Los genes eran más listos que el copón bendito!

El termostato y el sistema de refrigeración y calefacción corporal de aquel bicho mutante tendrían que haberse modificado con prodigiosa simultaneidad —de un día para otro— para sobrevivir. Algún día sus alas, tras millones de diseños fallidos enterrados y fosilizados en algún lugar que no se ha encontrado nunca se habrían configurado con la genial y suficiente aerodinámica para permitir la sustentación en vuelo; Cómo no, asistidas por un tren de aterrizaje correctamente dimensionado —ni más grande ni más pequeño— y por un fantástico y versátil timón de cola. Los huesos tuvieron que alargarse considerable y proporcionadamente. Ni que decir tiene que todas las articulaciones óseas de los miembros o patas superiores tendrían que haber sufrido un drástico reposicionamiento relativo para convertirse en alas. Los tendones y músculos tuvieron que variar volumétricamente, reajustar su rendimiento y consumo de oxígeno, mediante una reestructuración pulmonar, cardiocirculatoria y fisiológica total. Las "soldaduras" de los músculos también debieron recolocarse milimétricamente para hacer nuevos esfuerzos y palancas. Los ángulos de giro de todas las rótulas debieron de cambiar, tras miles de combinaciones y prototipos fallidos —que se extinguieron irremediablemente por selección natural— para permitir un complejo sistema de impulsión vertical, lateral y de avance que todavía estamos a la espera de materializar con la ayuda de los más potentes ordenadores.

Todo esto se conformó complementado con un sistema de visión óptica más avanzado, potente y adaptado a las nuevas condiciones de vuelo para poder cazar con eficacia desde grandes distancias y a grandes velocidades y no morir en veinticuatro horas —aquí no valían miles de años—. Y no nos olvidemos de un sistema avanzado de GPS que permitió al ave emigrar y viajar a miles de kilómetros sobre el mar, sin escalas, durmiendo en vuelo, y encontrando su nido, el de años anteriores, con más precisión que el navegador de un coche.

Un elenco de aditamentos tecnológicos que ponen en ridículo al cazabombardero más avanzado que pueda haber creado la inteligencia humana.

Con sólo analizar aisladamente la morfología y biomecánica en la transición de una pata a ala, si tenemos en cuenta sólo alguna de las variables que intervienen en la recolocación y posicionamiento de elemento básicos para la consecución del vuelo, los resultados matemáticos son elocuentes: Sólo hay una forma de que funcione el sistema, si todas esas variables coinciden de manera simultanea.

Pensemos –por simplificar el ejemplo– en un brazo, un antebrazo y una mano. Las configuraciones tridimensionales posibles de cada uno de ellos son infinitas, pero vamos a ser generosos y pensemos en cien estructuras 3D diferentes posibles de cada uno de ellos, con radios de curvatura, torsiones y secciones lineales diferentes. Pensemos también en diez longitudes posibles o de transición de cada una de ellas, puesto que la proporción entre las longitudes óseas va a cambiar drásticamente; sólo hay que ver la relación entre la envergadura y la altura de un pájaro. (Hay que tener un poco de imaginación puesto que no se conoce un solo caso de alguien al que le mute sólo el antebrazo y se haga el doble de largo respecto al resto de manera tan desproporcionada como lo hace un ala). Hagamos la misma operación –diez opciones– con los músculos o tendones elementales de cada uno de los huesos. Y para finalizar pensemos en las articulaciones de los citados elementos; elegiremos diez planos posibles de rotación o de trayectoria para cada una de ellas. No hace falta saber mucho de matemáticas; si empezamos a multiplicar...el número de combinaciones posibles

Los delitos de Dios

nos da una potencia de quince. ¡Una cifra seguida de quince ceros! Estos son los prototipos posibles que pueden tener lugar en nuestro ejemplo. Muy pocos serán viables. Sólo algunos estarán suficientemente optimizados para emprender el vuelo y maniobrar con un poco de dignidad. El complejo alar tendrá que estar perfectamente dimensionado estructural y muscularmente para que la ejecución de los torques, las trayectorias de impulsión de aire y la aerodinámica general y equilibrado en el avance sean perfectas. Un hueso demasiado largo en algún segmento del ala y el ave podría no tener fuerza suficiente para ejercer el esfuerzo de palanca necesario. Un hueso demasiado corto y la impulsión para elevarse no sería posible.

Come he dicho, he sido otra vez generoso con el cálculo si tenemos en cuenta que un ser humano tiene alrededor de 206 huesos, 370 articulaciones y 650 músculos de acción voluntaria con sus correspondientes conexiones nerviosas y sistema sanguíneo. Y si comparamos huesos "similares" como puedan ser una vértebra cervical y una lumbar −consulte usted un gráfico de las mismas− las diferencias estructurales son abismales. No hemos sido exigentes porque tampoco hemos tenido en cuenta que un ave sin plumas muy específicas y de longitudes muy concretas ¡no podría volar!

Por otro lado si realizamos el mismo cálculo con las demás estructuras básicas implicadas en el vuelo y las multiplicamos entre sí el número de ceros aumentaría en una progresión vertiginosa.

No en vano debemos tener en cuenta que el nuevo avión biológico impulsado por dos nuevas y voluminosas pechugas tendrá un nuevo sistema basado en sacos respiratorios interconectados atravesando los huesos para refrigerar como un intercooler, ya que los pájaros no pueden sudar a pesar de tenar una temperatura corporal de unos 40 grados −fiebre mortal para algunos− porque las plumas durarían un telediario. Estos sacos aéreos también servirían de reserva de oxígeno para las nuevas necesidades de consumo requeridas por los nuevos músculos cuyas fibras musculares habrían mutado y se habrían especializado a nivel celular en lisas, estriadas o cardiacas.

También se producirían cambios drásticos en el sistema digestivo —por la nueva alimentación— en el sistema inmunológico —todo el día zampando mosquitos con paludismo—, en el sistema endocrino. Y luego pequeños retoques. La vejiga desaparece para aligerar peso (ahora no hay que retener líquidos para marcar territorios). El volumen del corazón aumenta vertiginosamente y con el centro de gravedad del pájaro no pasa nada (ahora recuerdo que no he conseguido hacer volar mi ultraligero porque se tumba a la izquierda). Ah bueno, la cabeza sólo es posible con un elemento aerodinámico como el de los misiles, ¡un pico! que le permite a un halcón hacer un picado a más de 300km/h. La cola o rabo también cambia a timón de cola y el animal camina erguido con una nueva superficie de apoyo para mantenerse a dos patas —y a una y dormido—. Que no se me olviden las garras para coger ratones, y lo del ojo 100 veces más potente que el de un humano. Además sin dar clases de albañilería, aprende a construir nidos en las alturas, ramita a ramita y con cemento.

Si una lotería tiene varios números, que son las variables de nuestra ala de pájaro, sólo una combinación es la correcta. Pero hay muchos millones que son imperfectas y mueren —aun siendo perfectas también—. Tuvieron que darse millones de experimentos mutantes fallidos para conseguir una estructura alar básica, sin plumas, ni timones, ni complementos, porque si tenemos que combinar todos los elementos implicados en el vuelo y de los que hemos hablado no nos quedarían dígitos suficientes.

A estos animales les tocaba la lotería de continuo, todos los días y a todas las horas. (Quizá tengamos que elaborar una nueva teoría de la suerte para explicarlo). Además hay que decir que la peña de lotería no era muy grande. Todo ello debió de suceder en alguna manada de bichos de ¿dos mil individuos?

¿Cuanto tiempo tuvo que ser necesario para un simple alerón? ¿Nos salen las cuentas con sólo varios miles de millones de años, a razón de un pleno al quince o una mutación o variable ventajosa heredada cada mil años –siendo extremadamente generosos– y en una peña de sólo dos mil socios?... Teniendo en cuenta que solamente la generación del ala necesita de una combinación de varios plenos al quince simultáneamente, es decir que te toque el mismo fin de semana el gordo de la primitiva, la quiniela, el cupón de la once, y el euromillón, con una sola apuesta de cada... pues las cosas se complican. Si además añadimos al bombo las glaciaciones y cataclismos que tuvieron lugar de por medio y que hicieron borrón y cuenta nueva en todas aquellas peñas ganadoras, extinguiéndolas para empezar desde cero con formas de vida más elemental...

Según los evolucionistas 200 millones de años (un dos seguido de seis ceros) es una cifra coherente para que se produzca un salto evolutivo apreciable. Si nos acordamos del uno seguido de quince ceros –nuestra generosa cifra del ejemplo alar– la diferencia es de unos nueve ceros. ¿El equivalente comparativo a decir mil millones de mutaciones en un año?

Dentro de cada especie tuvo que existir una formidable diversidad de millones de congéneres con pequeñas diferenciaciones o transformaciones entre ellos, de las que no tenemos ningún rastro claro en ningún fósil conocido.

Los eslabones perdidos son cuantiosos. Trillones de prototipos con desventajas funcionales que desaparecieron y no dejaron huella. Pero también tuvieron que desaparecer muchos prototipos optimizados porque no todos los pequeños sobreviven. Muchos con la lotería ganadora en la mano fueron devorados antes de ir a cobrar.

Hemos hecho un análisis muy simplista y generoso del desarrollo de un nuevo sistema motriz en un ser viviente. Cuando, por ejemplo, hemos hablado del "antebrazo" sólo hemos considerado un hueso y hemos ignorado la existencia de un cúbito y un radio asimétricos. Hemos obviado que la aptitud de volar se generó por varias vías independientes; ya no sólo de reptil a ave. También de gusano a insecto, o de mamífero a ave (murciélago).

Los evolucionistas se enfrentan a varios obstáculos de enorme magnitud para justificar su teoría. Además de la losa de la probabilística matemática, debemos tener en cuenta el motor de la evolución darviniana: La mutación genética. Si bien nuestro análisis simplista de la potencia de quince contempla aparentemente la posibilidad de una mutación simultánea y masiva, la realidad observable dice todo lo contrario. Por otro lado hemos de tener en cuenta que el ADN es un código con una capacidad biológica tendente a la auto reparación y no a la mutación como ha quedado demostrado en los laboratorios desde hace 100 años. Si la alteración genética es altamente improbable la heredabilidad de la misma es casi imposible. Diversos experimentos con la mosca drosophila melanogaster han puesto de manifiesto que sometiendo a este insecto a rayos x de forma prolongada aumenta la frecuencia en las alteraciones genéticas de sus descendientes. Pero asombrosamente si cruzamos entre sí descendientes con anomalías empiezan a aparecer moscas absolutamente sanas que con el tiempo se hubiesen impuesto en un medio natural. La lesión genética del ADN es reparada por enzimas especializados. ¡Duro golpe para el mutacionismo!

...Y tampoco es mía la frase... "Si en un solo espécimen se combinaran 1000 mutaciones no cambiaría la especie".

Debemos también tener en cuenta que la supuesta evolución de un ser vivo va íntimamente ligada a la evolución de su entorno. No hay insecto sin flor ni flor sin insecto. El insecto se alimenta de la flor y la flor se reproduce gracias a la polinización efectuada por el insecto. A la complejidad evolutiva del insecto va pareja la de la planta; dos sistemas que inexplicablemente confluyen o que evolucionan al unísono y los exponenciales de la fórmula siguen aumentando.

Hay especies terrestres similares en lugares alejados a miles de kilómetros... Migraciones incomprensibles o huracanes que transportaron materia viva... Tenemos teorías para todas las edades y niveles culturales...

A grandes rasgos la cronología de la vida es fácil de explicar. Hace 3500 millones de años apareció la primera célula sin saber cómo y además tuvo hijos y sobrevivieron. No tardaron ni cuatro días en inventar la fotosíntesis; proceso éste ciertamente complejo. A Einstein le dieron el Nobel por explicar medianamente el efecto fotoeléctrico y a pesar de que a nosotros nos ha costado todo un despliegue tecnológico, teórico y científico para desarrollar placas fotovoltaicas y así obtener energía de la luz, a alguna verdura marina listilla se le ocurrió mucho antes.

Rápidamente lo que ya era un montón de plantas terrestres empezaron a liberar oxígeno y crearon la atmósfera con su vital elemento químico (todo esto es una trascripción de lo que dicen los expertos). Los primeros pluricelulares aparecieron hace unos 700 millones de años y unos años más tarde, unos 400 millones de años, ya había de todo sobre la Tierra. Hace 60 millones de años ya había primates y poco después, pues nosotros. Así de sencillo. La verdad es que me surgen algunas dudas. El lapso de tiempo entre peces y anfibios o entre anfibios y reptiles pudo ser de 100 millones de años por ejemplo. Ahora imaginemos una charca como el pantano de mi ciudad y supongamos que se pueden pescar en él unas 20.000 truchas. Viajemos por un momento al pasado. Los evolucionistas estarían de acuerdo conmigo en que en una charca análoga, en la prehistoria, deberían haber surgido especies derivadas y evolucionadas de algunos de nuestros veinte mil peces prehistóricos; sobre todo transcurriendo nada más y nada menos que 100 millones de años. La cantidad de mutaciones acaecidas debió de ser brutal para que alguno de estos peces se transformara en un anfibio por ejemplo. Si nuestra trucha prehistórica vivía unos cinco años de media, esto quiere decir que, con una población estabilizada de 20.000, cada cinco años tendríamos 20.000 nuevas truchas, o lo que es igual, 4000 nuevas truchas al año. Dicho de otro modo; si milagrosamente las condiciones climatológicas y otros parámetros se mantenían durante 100 millones de años (¿?) por nuestro lago habrían pasado 400.000.000.000 de truchas (400.000 millones). En un buen número de ellas tuvieron que observarse necesariamente mutaciones claramente visibles para llegar a la consecución de algo parecido a un batracio.

Ahora bien, desde el año 60 hasta el día de hoy el consumo mundial de pollo se ha situado en una media de 30 millones de toneladas anuales. En 47 años tenemos, por tanto, un consumo total declarado de unos 1.410 millones de toneladas de pollo. O lo que es igual 1.410.000.000.000 kilos de pollo. Suponiendo un muy generoso peso por pollo de 2kg. —no son tan grandes en los supermercados— tendríamos la friolera de 705.000.000.000 (705.000 millones de pollos).

Si hubo tantas mutaciones ventajosas en 400.000 millones de pescaditos ¿dónde están las de 705.000 millones de pollos? Desde el año 60 hasta el momento cada pollo ha estado escudriñado por el ojo de un criador, un envasador, algún transportista, un carnicero y varios consumidores. Desde el año 60 —radio, prensa y televisión— la noticia de un pollo mutante habría dado la vuelta al mundo. ¿Dónde están los pollos? ¿Y los conejos, los cerdos, las vacas y las gambas? No me refiero a los típicos con dos cabezas, no quiero saber nada de las ya citadas mutaciones merísticas (numéricas) o de las teratológicas (malformaciones), ¡me refiero a las de verdad, las que suponen una transformación o transición ventajosa!

Me pregunto qué es lo que puede fallar en este razonamiento. Algunos científicos dirían que todo. Quizá empezando por el hecho de que la aparición de esa nueva especie debió tener lugar en el mar y no en un lago con tan sólo 20.000 "truchas antediluvianas", las que soportaba nuestro "ecosistema" experimental sin depredadores. Muy bien, pero eso no explicaría satisfactoriamente la aparición de nuevas especies en lagos aislados (salvo con los huracanes transportadores de truchas propuestos por los evolucionistas) y mucho menos en reducidas manadas o grupos de animales terrestres. Hemos sido muy generosos con una población media de 20.000 unidades a lo largo de 100 millones de años. No han existido enfermedades que los aniquilasen en todo ese tiempo ni catástrofes como un incendio por rayo que pudo contaminar la laguna con el aporte masivo de elementos arrastrados por la lluvia y procedentes de la combustión de los bosques circundantes. Hemos sido también benévolos suponiendo que tampoco se produjo ningún otro cataclismo aunque resulta que la última glaciación tuvo lugar hace menos de 20.000 años. De este modo, para no echar más leña al fuego, nuestras truchas rupestres permanecieron intactas.

El ejemplo de los pollos es incuestionable y sólo falta que en algún momento histórico y mediante mecanismos que nadie ha explicado se produjese un aumento explosivo del índice de mutación en aquellos peces. Pero resulta que los agentes mutágenos que se conocen, como ya hemos dicho, son los ultrasonidos de muy alta frecuencia o las radiaciones con capacidad ionizante (rayos x, ultravioleta o radiaciones radiactivas). También las sustancias químicas como las que se sintetizan en gran parte de la industria de nuestro tiempo...o determinados procesos físicos para los que se necesita una tecnología que supuestamente no había hace 100.000 millones de años. Me temo que los agentes químicos mutágenos a los que están expuestos los peces de nuestro tiempo superan en concentración, en varios miles de veces, a los que pudo haber hace miles o millones de años.

En fin, a mí las cuentas no me salen.

Siguiendo el hilo de los problemas a los que se enfrentan las teorías evolucionistas, pero en otro orden de cosas, no debemos despreciar también el hecho de que se han descubierto fósiles de dinosaurios, de mamíferos y hasta posiblemente de humanos con herramientas en los mismos estratos geológicos, cuando deberían estar separados por millones de años. Si las huellas clave de estos yacimientos encontrados en amplias zonas de Australia o en zonas puntuales de Texas –junto al río Paluxy en Glen Rose– no están falsificadas, la teoría de Darwin desaparecería de los libros de texto de un plumazo. Pero nadie ha demostrado nada en un sentido u otro. Para lo que algunos es un pie humano para otros es el metatarso de un dinosaurio...

Deberíamos hacernos seriamente ésta pregunta: ¿Hay alguna teoría más fantástica que la del evolucionismo, tal y como se concibe hoy en día? ¿Hay alguna teoría peor explicada y fundamentada que esta?

La frase favorita de los acérrimos darvinianos es: "millones de años". Si eliminamos esta expresión de sus enunciados no queda nada salvo algún fósil de reptil en el que creen ver alguna pluma que se ha debido de conservar tras el paso de millones de años. Al final nos encontramos con las mismas e indiscutibles pruebas científicas de cualquier otro grupo sectario creyente en una Biblia, un Corán o un dios omnipotente y omnipresente. ¡Esto es ciencia! y la polémica está servida hasta en las escuelas.

Los delitos de Dios

Quien diga que las teorías evolucionistas actuales son irrefutables sólo puede ser dos cosas: redactor de una revista "científica" sensacionalista de las que tanto abundan o un ignorante. Tendremos que esperar a que la ciencia genética o algún avispado nos proporcionen respuestas más persuasivas.

Cada día hay más científicos de reconocido prestigio que ponen en tela de juicio las teorías evolucionistas actuales, incluso llegando a descartarlas por completo —no olvidemos que sólo son teorías, es decir, hipótesis—. Sin embargo los tiempos han cambiado poco y éstos "infieles" son atacados por los lobos como las ovejas que se salen del rebaño; así ha ocurrido siempre históricamente con los que han desertado de las corrientes doctrinales de la comuna. ¡Qué poco hemos evolucionado!

...EVOLUCIONISMO...

EN 1859 SE PUBLICABA "EL ORIGEN DE LAS ESPECIES" DE DARWIN. ESTA OBRA SE ENCONTRÓ CON UNA FUERTE CONTROVERSIA QUE NO HA CESADO TODAVÍA. LAS TEORÍAS DE DARWIN SE APOYAN EN SUPOSICIONES Y CONJETURAS REALIZADAS A PARTIR DEL ESTUDIO DE FÓSILES.

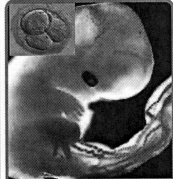

LA EMBRIOGÉNESIS ES PROBABLEMENTE LA MAYOR OBRA DE INGENIERÍA QUE TIENE LUGAR A LA VISTA DE LA RAZA HUMANA. LA PERFECTA GENERACIÓN Y PRECISO ENSAMBLAJE DE CABLES, TUBERÍAS Y ÓRGANOS ES ALGO INEXPLICADO.

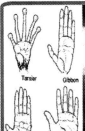

LAS MUTACIONES VENTAJOSAS PROPUESTAS POR LOS EVOLUCIONISTAS NO SE CONSTATAN EN LA VIDA REAL. MUY AL CONTRARIO, TODAS LAS MUTACIONES SUELEN DAR LUGAR A DEFORMIDADES QUE LIMITAN LAS FUNCIONALIDADES.

EN CASI 50 AÑOS HEMOS CONSUMIDO UN MÍNIMO DE 705.000.000.000 DE POLLOS. ESTA CIFRA ES SUFICIENTEMENTE REPRESENTATIVA COMO CAMPO DE PRUEBAS PARA CONTRASTAR LA TEORÍA DE LA EVOLUCIÓN. SIN EMBARGO NO SE HA VERIFICADO NUNCA NI UNA SOLA MUTACIÓN VENTAJOSA CONCLUYENTE EN NINGÚN POLLO NI EN NINGÚN OTRO ANIMAL "CONTROLADO".

VII- Los jugadores, y el juego de "X"

A la vista de una teoría –la evolucionista– difícil de asimilar para cualquier mente coherente y considerando que hace 100 años nadie habría pensado que a día de hoy estaríamos manteniendo videoconferencias con nuestra novia a través de un teléfono móvil del tamaño de una chocolatina, mediante una red de satélites artificiales... Si tenemos en cuenta que la posibilidad de concebir vida en un laboratorio, mediante clonación o cualquier otro método es, o será en breve, perfectamente asequible para nuestro nivel tecnológico, no veo inconveniente en que algún día no muy lejano nos convirtamos en semidioses al estilo de los patanes aburridos que pudieron crearnos a nosotros. De este modo podríamos dispersar vida en otros planetas, haciendo caso omiso de cualquier ley o código ético, como quizá pudo hacerlo nuestro dios particular.

Llegados a este punto debemos plantearnos ya la elección definitiva: evolucionismo o creacionismo. Lo más razonable sería optar por la teoría menos absurda de las dos. Tenemos que elegir a los jugadores para nuestro juego, y ya tenemos sobre la mesa unas mínimas nociones que pueden permitirnos no realizar una elección absurda y sin cimentación. En definitiva podemos partir de la hipótesis de que hemos sido creados por alguna avanzada civilización que permanece vigilante; yo al menos me decanto por esta posibilidad porque después de todo lo visto, aunque hayamos realizado un análisis muy superficial, podemos concluir que ninguna de las posibilidades barajadas ha de considerarse inviable. Obviamente, algo razonablemente factible como es el hecho de que podamos hallarnos bajo el ojo vigilante de la civilización que nos dio vida, ha de responder a algún fin o interés, que por el momento desconocemos, o a alguna necesidad creativa, afectiva, o de cualquier otro tipo que forma parte de la naturaleza de nuestros creadores. Para dilucidar posibles respuestas no estaría de más inquirir preguntas tales como: ¿Por qué nos gusta a muchos humanos terrestres montar un acuario con nuestras especies favoritas? Quizá no pase mucho tiempo hasta podamos adquirir, en las tiendas de animales, aparatos especiales para modificar elementos genéticos de las huevas de los peces y conseguir alevines con colores concretos o formas concretas. Podremos crear nuevas especies, en nuestra propia casa, mediante operaciones que por su sencillez ya no serán exclusivas de los laboratorios. Si esto es posible no veo objeciones, a excepción de posibles impedimentos éticos, para que lleguemos a crear especies con ese constituyente denominado inteligencia y dispersarlas por algún lugar lejano, al que accederemos con suma facilidad gracias a nuestra elevada tecnología, de la misma forma que hoy podemos acceder al lago de un bosque. Quizá exista una legislación que regule estas "siembras cósmicas" para evitar posibles excesos. Pero también seguirán existiendo los delincuentes...

No obstante vamos a dejar de especular por un momento. Quizá, profundizando en el análisis de la conducta humana, y más concretamente en el análisis de nuestro elemento exterminador, podamos derivar características de la propia naturaleza de los creadores.

Por otro lado gracias a las analogías que deben existir entre civilizaciones de la misma condición, la condición "humana", entendida en toda su amplitud, entre humanos arcaicos como nosotros y humanos mucho más avanzados en inteligencia y

Los delitos de Dios

valores, quizá podamos establecer una serie de características globales comunes y por tanto propias.

¿Qué es lo que más debe interesarnos en definitiva?

La etología aplicada a los humanos sólo estudia la realidad visible y comprobable de la conducta pero no profundiza en su esencia y procedencia. Si planteamos una procedencia hipotética, en nuestro caso la de unos fabricantes anónimos, necesariamente tendremos que extraer conclusiones añadidas de suma importancia. Ya no sólo sabremos lo que hacemos sino por qué lo hacemos, con qué fin último. Somos ya conscientes de que nuestra conducta nos induce a exterminarnos, pero ¿cuál es el motivo último por el que nos exterminamos mutuamente? Si el motivo responde a una contención poblacional debemos rebelarnos ante tal cruel designio. No debemos aceptar impasibles esta imposición porque hace mucho tiempo que decidimos que el fin no justifica los medios, sobre todo si no vamos a ser testigos vivientes de ese fin. Debemos pensar que pudieron cometer serias equivocaciones e injusticias al arrojarnos a la vida de esta manera porque quizá existiesen alternativas para evitar la adición del desalmado y feroz elemento X, y si no existían tales alternativas quizá debieron renunciar a su experimento por motivos éticos. Pero hemos asignado una ética avanzada a la gestión de estos semidioses por lo que más adelante nos veremos obligados a definir lo que ha de ser una "ética avanzada". Soy consciente de que la generación de esta pregunta surge de lo más profundo de mi elemento X; me rebelo invocando a mi libertad personal, esa ansia de libertad que surge como defensa de mi espacio vital. Lo cierto es que este hostigamiento hacia mis propios e hipotéticos creadores me sumerge en reminiscencias bíblicas. ¿No se parece esta determinación a la decisión de Eva de probar aquella manzana prohibida por su creador? ¿No seremos una generación de robots inteligentes que pudo rebelarse a sus creadores? Quizá como castigo injustificado nos desterraron a este planeta.

Sin embargo no debemos emitir un juicio prematuro; debemos tratar primero, con cierto detenimiento, el mecanismo exterminador.

Comentábamos páginas atrás la diferencia existente entre los animales y los humanos en cuanto a su sistema de acotación de territorios. La base del sistema es la misma pero mientras en los animales generalmente no se provoca el exterminio del contrincante como consecuencia final, en la especie humana sí se consuma el exterminio del perdedor. El duelo entre dos humanos, ya fuese mediante pistolas o espadas siempre acabó con la muerte de uno de los contrincantes. En algún caso quizá no llegó el fatal desenlace si se impuso la piedad o un acierto no pleno en el tiro o estocada del presunto vencedor.

Pero el sistema de defensa territorial, que implicaba una búsqueda de poder territorial y como consecuencia un poder social en todos los órdenes, sólo fue la primera derivación de todo el complejo trabajo de programación etológica, porque el ser humano empezaba a aprender incansablemente en los primeros brotes de la historia y la razón se impondría al instinto, con el tiempo. Los comienzos debieron ser muy difíciles, cuando nuestras acciones tenían lugar por dictado de nuestro instinto de autoprotección, porque la prioridad era alimentarse y abrigarse para no morir. Para sobrevivir la inteligencia no habría tenido ningún valor si no hubiese actuado conjuntamente con un instinto auto protector. No era suficiente con la inteligencia porque si bien es cierto que cazando, recolectando y comiendo evitábamos esa mortificante sensación denominada hambre también es cierto que podíamos haberla evitado dejándonos morir o clavándonos una estaca en el corazón. Este último era un acto práctico e inteligente pero no coherente con un sistema de autoprotección, y ambos debían compatibilizarse. Pero la mujer y el hombre seguían aprendiendo, de tal forma que empezaron a darse cuenta de las ventajas que podría reportar un trabajo especializado y organizado.

Si los más fuertes, físicamente, se dedicaban a cazar animales salvajes y los demás realizaban otro tipo de labores como recolectar, elaborar prendas de vestir o preparar la comida, cada uno se especializaba en su trabajo y se obtenía un mejor rendimiento. Esta necesidad de especializarse pronto hizo entender al hombre y a la mujer que debían vivir en sociedad para cubrir sus necesidades de forma más eficiente. Pero esta nueva situación se confrontaba con la ley básica de acotación territorial y fue necesario sopesar dos posibilidades, una de ellas era vivir en independencia territorial con el miembro procreador de la pareja, lo que aseguraría un área de recursos alimenticios propios pero que difícilmente podría explotar sin ayuda ajena, o bien integrarse en una naciente sociedad de la que podría obtener grandes beneficios a costa de compartir su parcela. Obviamente la segunda opción fue la elegida. Pero el elemento X seguía –y sigue– presente y nadie podía escapar a semejante tara genética. No era posible eliminar este mecanismo de irascibilidad así que tuvo que enmascararse o camuflarse. Nuestro programa genético disponía de filtros que contemplaban esta posibilidad, la de activar toda la maquinaria del elemento X cuando nuestra integridad territorial fuese dañada, aunque ahora no existía una territorialidad individual sino colectiva. La colectividad se anteponía a la individualidad parcelaria entendida como territorio que ningún otro humano podía pisar sin acariciar las mieles de la muerte. En definitiva el elemento X filtraba esta particularidad denominada sociedad pero seguía actuando, porque cualquier sociedad o tribu extranjera que pudiese invadir el territorio se enfrentaba a un violento recibimiento cuyo objetivo no era otro que el exterminio, siempre y cuando el enemigo fuese asequible. Todo aquello que no respondiese a la identidad propia de una tribu era descartado para integrarse en la misma. La violación del territorio o identidad colectivos había pasado a constituir ahora un camuflaje o sustituto de la violación del territorio o identidad individuales, que activaban la irascibilidad. Esta posibilidad sustitutiva representaba otra ventaja añadida cuando la evolución humana caminaba hacia la racionalidad porque el ser humano, insertado en una sociedad más especializada y eficiente, empezaba a disponer de tiempo "libre". Ya no era necesario invertir todo el día para sobrevivir y defenderse de las fieras con lo que, por primera vez, el ser humano empezó a disponer de tiempo para pensar, para analizar situaciones cotidianas y para empezar a plantearse la esencia de la vida. Todo esto hacía reflexionar al hombre, y a la mujer, sobre su propia conducta y se creó por primera vez una escala de valores en la que se diferenciaba lo bueno de lo malo. No obstante el paso más importante en la creación de esta escala llegó de la mano del lenguaje y la comunicación, porque gracias a estos instrumentos el ser humano empezó a ser partícipe de los sentimientos de los demás y empezó a conocer y a archivar en su recuerdo los actos que generaban sufrimiento y dolor en sí mismo y en sus semejantes. El hombre y la mujer empezaron a ser conscientes de que dejarse guiar por sus instintos podía desencadenar consecuencias dolorosas. En nuestro elemento X, aun siendo casi perfecto, la corrección no llegaba a niveles tan altos que permitiesen discernir lo bueno de lo malo. Por primera vez la razón empezó a imponerse al instinto.

La razón, el sufrimiento y la ética están estrechamente emparentados. La naturaleza humana es inequívoca en los apartados del sufrimiento. Al dolor físico se suma el sufrimiento por la pérdida de seres queridos. Al ser humano no le gustaba tener que enfrentarse a este tipo de situaciones, pero la muerte y el dolor eran mucho más comunes que en nuestros tiempos actuales porque en aquellos remotos tiempos el trabajo y la supervivencia hacían de la vida una prueba tan dura y lastimosa que la muerte no lo era mucho más e incluso constituía un alivio. También se moría prematuramente a consecuencia de enfermedades, de hambre, de frío o de cualquier tipo de cala-

Los delitos de Dios

midad natural y la mujer y el hombre lo aceptaban impasibles. Aún así los humanos empezaron a plantearse que las cotas de dolor disminuirían si trataban de evitar muertes en la medida de lo posible, si trataban de dominar sus instintos básicos de exterminio. En definitiva el individuo pensó por vez primera que matar no era siempre razonable aunque el instinto lo dictase y surgió la necesidad de instaurar unos incipientes valores éticos que frenasen dicha irascibilidad para conseguir paliar el sufrimiento propio. La ética se creó por interés propio a fin de eliminar la posibilidad de verse afectado por una acción dolorosa, y determinando como "malo" aquello que provocaba dolor físico o psíquico, con lo que el mal y el bien no existían como tales sino que eran sólo consecuencias de nuestra maquinaria mental.

Parecía que la razón tendía hacia la imposición sobre el elemento X, pero nada más lejos de la realidad ya que la asunción de la sociedad como filtro y máscara de la irascibilidad hizo creer al ser humano que ya no violaba su código ético. En efecto, dentro de su tribu seguía unas pautas de comportamiento honroso y controlado lo que le hacía creer haber controlado y anulado los aspectos despreciativos de la base instintiva, pero su acción violenta recobraba toda su fuerza frente a los grupos o tribus foráneas que no respondiesen a la identidad propia de su tribu.

Las guerras y el exterminio mutuo entre tribus marcaron nuestra historia irremediablemente, con el objeto de que sus poblaciones se mantuviesen en unos valores numéricos estabilizados, al mismo tiempo que el ansia de matar agudizaba el ingenio humano y lo educaba para la creatividad y el avance técnico. El ser humano sólo crearía cuando tuviese necesidad, y las guerras constituían excelentes ocasiones para perfeccionar herramientas e instrumentos que ayudarían a matar eficazmente.

Pero no cabe duda de que la razón, en el contexto en el que la hemos utilizado y definido, constituía un elemento imprescindible de la naturaleza humana y así lo entendieron nuestros creadores porque, ante todo, el ser humano debía poder pensar si quería evolucionar técnicamente y crear nuevos estadios de vida. Esto, al menos, es lo que debieron pretender nuestros fabricantes, a la vista de los hechos que ha brindado la historia. Pero esta capacidad de constante avance e imposición de la razón al instinto, y al elemento X en concreto, se presentaba como una amenaza hacia nuestro sistema integrado de control poblacional. Obviamente las tribus no se exterminaban a las primeras de cambio. Es más, muchas tribus y culturas pudieron integrarse porque podían beneficiarse una de otra, aunque, eso sí, las integraciones siempre fueron forzadas, como consecuencia de la invasión de unos a otros. La invasión era la mecánica más común porque nadie recibía con las manos abiertas a los intrusos y si estos tenían especial interés por las posesiones de una tribu o sociedad tenían que irrumpir con violencia.

Sin embargo, con el paso del tiempo las sociedades se asentaban en su territorio y el interés por ir invadiendo sitios por doquier decrecía. Conforme se producían avances técnicos y se podían mejorar los rendimientos productivos y satisfacer nuevas necesidades dejaban de existir razones para buscar cosas en otros sitios que ya se podían obtener sin moverse de casa.

Pero en honor a la verdad tenemos que decir que cuando las sociedades llegaron a esta situación siguieron produciéndose guerras hasta el día de hoy.

¿Por qué se siguió luchando a partir de aquella situación consolidada que hacía innecesarias las invasiones para sobrevivir dignamente?

Sencillamente por nada. Nadie podrá negar que a partir de aquel día y hasta el momento todas las invasiones y todas las guerras han sido absurdas e irracionales, incoherentes con nuestra ética. Muchos siguen sufriendo en este mundo cuando

Los delitos de Dios

parecía que el camino y la prioridad de la razón desembocaban en un mundo sin tormentos.

Sólo podemos encontrar una explicación a esta realidad. Podemos justificarla argumentando que la razón, a pesar de sus progresivos avances no ha conseguido imponerse al elemento genético exterminador, el elemento X. Nuestros creadores no dejaron cabos sueltos. Podemos asegurar que la maquinaria del elemento X sigue funcionando como el primer día y consigue activarse ante estímulos externos bien definidos así como ocultos, desencadenando toda nuestra irascibilidad.

¿Pero cuáles han sido y son estos nuevos estímulos externos que activan el elemento X?

No podía acontecer un cambio drástico entre los elementos activadores primitivos que no eran otros que la violación de nuestra identidad colectiva, la identidad de una sociedad específica, y en definitiva la violación del poder. Así que los nuevos camuflajes se constituyeron en dos vías: las religiones y los nacionalismos.

Ambos constituían y constituyen un claro ejemplo de identidades colectivas así como de perfectas armas exterminadoras.

VIII- "X" Y LAS RELIGIONES

El poder jurisdiccional, consecuencia de nuestro sistema de acotación territorial, implicaba necesariamente un poder social en todos los órdenes. En consecuencia para ejercer el instintivo dominio territorial era imprescindible el dominio de las masas o, dicho de otro modo, el PODER.

Los directores del antiguo Egipto, los sacerdotes del culto divino, exentos como siempre del pago de impuestos, ya idearon historias de dioses míticos con las que mantener domesticado al pueblo que trataban de dominar. Como en la mayoría de las sistemáticas religiosas el pueblo oprimido se rebeló contra sus dominadores.

El imperio romano, otro imperio netamente exterminador, se expandió rápidamente por Europa. Es difícil efectuar un análisis objetivo de un imperio antiguo, pero las confrontaciones religiosas tuvieron una repercusión importante a lo largo de su historia. También es difícil entender la motivación real que llevó a los romanos a que se aventurasen a conquistar el mundo conocido, ya que, entre otras cosas, los libros de texto se limitan a mostrar una descripción de las diferentes etapas imperiales y, pocos se atreven a profundizar en las causas reales, razonadas y comprensibles de un fenómeno imperialista porque, en este caso el factor económico, como siempre, jugaba un papel importante, pero no decisivo. Tampoco se entiende, desde el plano de la lógica política, la persecución de la embrionaria comunidad cristiana que en aquél momento se mantenía fiel al estado romano cuando había que hacer frente a la presión de los bárbaros, que amenazaban ya al imperio. Éste, lejos de asegurar la unidad y coerción interna del mismo para hacer frente a los nuevos enemigos, se cebó en una persecución irracional de los creyentes cristianos que desembocaría en el asesinato del supuesto Jesús de Nazaret, el nuevo rey de los judíos en aquellos tiempos. Todo esto traería consecuencias nefastas. No se pudo aplacar el surgimiento de esta nueva religión que no atentaba directamente contra el estado sino que tan solo difería de la concepción religiosa tradicional románica, procedente o alimentada por las mitologías griegas que mantenían un politeísmo basado en dioses como Marte o Júpiter. Ésta persecución se puede justificar de alguna forma si tenemos en cuenta que los elementos más influyentes de la política romana estaban representados por los sacerdotes o pontífices que ya se habían dado cuenta de la facilidad de dominar o de prevalecer sobre las masas haciendo uso de las doctrinas que más tocaban el punto débil de la sensibilidad humana.

El imperio romano constituyó un preámbulo de lo que sería más tarde el imperio español. La inquisición o el uso criminal de esclavos representan dos elementos comunes. Algo así ya sucedía en el antiguo Egipto, donde la utilización masiva de esclavos (según algunos, asalariados) permitiría, como a los romanos, la construcción de formidables obras de ingeniería. Como apunto, parece que algunos de los esclavos de Egipto percibieron un sueldo mientras construían las pirámides y hasta tenían derecho a protestar pero en líneas generales el trato hacia estos fue aberrante en cualquier código ético o moral actual. Morían a millares en las minas y trabajos forzados romanos y españoles —tampoco debemos olvidarnos de los ingleses y otros—. Se les maltrataba, se les asesinaba y se les dejaba morir de hambre y enfermedad. Los captores tampoco fueron muy inteligentes o prácticos en este aspecto.

Los delitos de Dios

En definitiva alguien, en cada momento histórico y situación geográfica, debió idear algún tipo de doctrina aglutinante que fortaleciese la cohesión interna y el poder de determinados grupos o tribus para que unidos por una causa común y suprema obedeciesen impasibles las órdenes del individuo o individuos sobre los que recaía el poder gracias a alguna gesta heroica que habría asombrado a sus seguidores. Esta doctrina no debía consistir en la adoración exclusiva de los directores de la tribu porque ninguna naturaleza humana acepta la sumisión frente a sus semejantes, sino que debería recaer sobre seres supraterrenales o dioses omnipotentes y omnipresentes. No en vano esta posibilidad satisfizo el hambre de dioses que empezaba a hacerse patente en una prole pensante que se preguntaba acerca de su origen, existencia y, sobre todas las cosas, sobre su destino después de la muerte. Había que inculcar al pueblo lo que debía hacer –pagar sus impuestos y exterminar al enemigo– si quería vida eterna o un par de rameras en los cielos, después de su muerte en la Tierra. Esta sistemática constituyó uno de los primeros inventos de dominio masivo que hoy conocemos con la denominación de sectas o religiones. Alguien podría asustarse pero en el fondo se trata de lo mismo. Se califica como de "secta" a cualquier agrupación que profesa una doctrina disidente de la iglesia, aunque el fundamento es análogo. Normalmente lo que nos permite actualmente diferenciar unas de otras es que las sectas soportan hoy en día el peso de unas grandes connotaciones negativas, porque parecen socavar la personalidad y arruinan la vida de las personas que las siguen. Esto no es cierto en absoluto, si bien es innegable la existencia de sectas altamente destructivas del individuo. De todos modos es difícil entender cómo olvidamos tan fácilmente, quizá por ignorancia y necedad, que la iglesia católica ha constituido la organización sectaria más terrorista y sanguinaria de toda la historia de la humanidad.

Y conviene matizar bien este aspecto. No estamos discutiendo en absoluto la denominada "Palabra de Dios" que aparece en los antiguos testamentos o la Biblia, sino el uso y abuso que hicieron de ella los mandos que constituyeron la iglesia católica con el único fin de conseguir el poder, de tal forma que tergiversaron todos los contenidos originales transformándolos a su antojo, y dejaron de lado los valores éticos que propugnaba esta religión, que debió crearse originariamente con un "buen" fin que ensalzase la fraternidad entre los hombres para que, considerándose como hermanos, iniciasen una nueva etapa en la que desapareciesen los prejuicios que les hacían mostrarse violentos y destructivos hacia aquellos que no respondían a elementos de identidad común. De la novela basada en hechos, supuestamente reales, y denominada Biblia debemos hacer también consideraciones puesto que no es la única escritura de este tipo que se conoce. Difícilmente podemos conocer el origen y la explicación exacta de estas sagradas escrituras. No sabemos lo que hubo de sobrenatural o de milagros angelicales, no conocemos lo que hubo de verdad o de mentira, pero tras el sacrificio de Cristo en la cruz —conviene recordar que resucitó— las consecuencias no pudieron ser más traumáticas. El tiro debió salir por la culata porque los buitres empezaron a hacer acto de presencia y lo que parecía integrar una doctrina unificadora de los hombres y mujeres se convirtió en un instrumento de dominación, de tiranía y de división y lucha entre los mismos. El que ideó esta religión no debía ser muy avispado y no tomó en consideración la verdadera naturaleza humana, sedienta de poder. Poco tenía de Dios el que no pudo prever lo que acontecería poco después, a no ser que el fin buscado fuese ese precisamente. El humano, con su ansia exterminadora, empezaba a carecer de referencias de identidad colectiva y justificaciones tan sólidas que lograran definir al enemigo, y la religión llegó como un regalo para el elemento X. Ahora las heterogeneidades y divergencias entre hombres no sólo venían determinadas por sus cada vez más vagas diferencias en cuanto a procedencia tribal, y todo lo que esto conlleva, sino a diferencias de creencia de tipo religioso, dogmático o sectario. Habían nacido nuevos motivos para matar.

La iglesia católica constituyó uno de los mayores focos de poder en las sociedades europeas. Por fortuna los sometidos pudieron darse cuenta de que los mismos que monopolizaban la palabra de Dios sometían al pueblo ahogándolo de impuestos, y de amenazas, mientras que el perdón de los pecados se compraba con dinero.

A partir del siglo XIII la iglesia empezó a excluir de sus congregaciones a los pobres, los leprosos o las prostitutas. Los clérigos se alejaron de aquellos necesitados a los que Jesucristo habría acudido. Habían surgido ya por aquellos entonces, en Francia y en Italia, los primeros "herejes", personas que despertaban del letargo y que no estaban dispuestas a seguir con aquella patraña. Lo único que deseaban era recuperar el originario Evangelio con sus enseñanzas más bienhechoras. Las herejías cobraron una gran fuerza y la iglesia, con el papa al frente, tomó sus represalias, haciendo gala de la más encarnizada ansia de exterminio de todos los infieles, entre ellos los judíos. El exterminio nazi llevado a cabo por Hitler no sería nada comparado con el exterminio llevado a cabo por el papa. El brazo armado de la iglesia, la inquisición episcopal, utilizó masivamente los instrumentos de tortura más macabros que ha ideado el ser humano, en un intento por descubrir herejes. Provocaron matanzas de todos aquellos que discutían el culto eclesiástico, quemaron personas vivas en las hogueras, entre ellos importantes científicos, como Miguel Servet, descubridor de la circulación pulmonar, que ponían en tela de juicio las convencionalidades y artificios que hasta el momento se sostenían como creación de Dios. Nadie podía afirmar que la

Tierra fuese redonda y mucho menos que no fuese el centro del universo.

Aquellos que la iglesia, o los papas asesinos y terroristas como Sixto IV, no pudo asesinar o condenar a prisión de por vida, fueron desterrados. Así ocurrió lamentablemente con los judíos que en 1492 eran expulsados de España y tirados literalmente al mar por los Reyes Católicos cuando habían constituido una pieza clave, en el ámbito económico, para que este país se alzase como la máxima potencia mundial. Esta fecha coincidía con el "descubrimiento" de América y con el final de la reconquista. Esta última constituyó otra carnicería que acabó con los que habían proporcionado a España tantos adelantos técnicos, científicos y culturales, contra los que se había luchado a consecuencia de su elemento diferenciador de identidad: El Islam. Nuevamente otro dogma o montaje constituía la causa del exterminio. Esta otra creación religiosa ni siquiera está rodeada de los misterios y divinidades de la Biblia cristiana porque el Islam fue inventado, o adquirido de la "voluntad divina", por un individuo, tan terrenal como nosotros mismos, llamado Mahoma.

Este señor era comerciante y en algún momento de su vida dirigió a un grupo de asaltantes de caravanas, a los que aseguró que dispondrían de bellas señoritas en el cielo si morían en combate —el banco de Jesús sólo ofrecía vida eterna a bajo interés—. Quizá la única pretensión de Mahoma era la de hacerse con las riquezas de los clanes familiares acomodados y poderosos —él procedía de uno de ellos— a los que criticaba por no repartir sus riquezas entre los pobres. Para ello creó un ejército que se expandiría, posteriormente, por todo el mundo. Más tarde, estos dictados, combinados con algunas fábulas y extractos cristianos y judíos de la Biblia y sabe Dios de qué, que consideraban la existencia de un sólo dios llamado Allah (Alá), darían lugar al famoso Corán, por el que muchos pierden hoy la vida, amenazan, y se la quitan a otros.

Todas estas confrontaciones y penosas expulsiones hicieron que el cómputo final de bajas desembocara en la respetable cifra de varios –muchos– millones de muertos.

Mientras tanto las primeras cristiandades nacionalistas, y nacionalismos en general, surgían en Escocia, en los cantones suizos, Portugal, Polonia, etc. ¡El panorama era alentador!

Sin embargo el siglo XV supuso una de las máximas revoluciones del pensamiento humano. Por primera vez el hombre trató de librarse de los prejuicios del dogma y trató de utilizar su raciocinio en la resolución de las infinitas dudas que se planteaban.

El hombre empezó a recuperar la dignidad que había perdido sometido a la opresión y el chantaje de la iglesia y empezó también a apreciar sus propias virtudes. Todo aquello constituía el Renacimiento. Eran los tiempos de Leonardo da Vinci, Botticelli, Miguel Ángel, Durero, Galileo, Shakespeare, Copérnico...

Las críticas de los humanistas hacia una iglesia sumida en la mayor de sus crisis dieron lugar a las reformas protestantes en el norte de Europa, con Lutero a la cabeza. No fue difícil enardecer a las masas, no sólo de campesinos, cuando existía un clero enriquecido, con privilegios fiscales, y despreocupado por los acuciantes problemas económicos que generaba el mantenimiento de la actividad de los ejércitos. La nobleza del norte europeo también tenía grandes pretensiones porque ahora eran conscientes de que podrían conseguir un mayor peso específico en el reparto de los poderes. El poder bascularía desde la iglesia hacia los reyes y príncipes, que ya no necesitaban tanto de esta devaluada institución. Pero se iniciarían nuevos enfrentamientos de Carlos V, rey del mundo, y católico, con los príncipes protestantes dando lugar a nuevas escabechinas.

En España, la máxima potencia militar mundial en aquellos momentos, la iglesia católica todavía constituía un grueso pilar y jugaba un papel importante en los focos de poder. Carlos V podría mantenerse como rey con el apoyo que ésta le brindaba, no en vano las riquezas de la iglesia y el dominio que ejercía sobre la prole eran muy considerables. No cabe la menor duda de que la estructura feudal justificada por la iglesia como una concesión divina que nadie debía atreverse a cuestionar bajo la amenaza de la ira y el castigo de Dios se ajustaba a los intereses de la monarquía y, por supuesto, a los del clero. Estos establecían la sociedad feudal en tres bloques con distintos derechos y deberes. La gradación de derechos, de más a menos, comenzaba por el clero y acababa en los campesinos. Por otro lado, en lo que a deberes se refiere, se establecía el grupo de militares o guerreros (bellatores), el grupo de los trabajadores campesinos (los laboratores) y el grupo de los que se tocaban las pelotas o rezaban (oratores). No era un mal plan para la iglesia. En esta situación fue entonces cuando sobrevino la Contrarreforma, derivada del concilio de Trento y que no era otra cosa que la revancha y la venganza de la iglesia católica ante la "agresión" de las doctrinas reformistas de Lutero y otros. Carlos V y Felipe II arremetieron contra los protestantes alemanes, franceses, ingleses, etc. y una nueva guerra de religiones, marcada en ocasiones con tintes nacionalistas, se generalizó por Europa. Así mismo la iglesia siguió haciendo uso de su brazo armado, la Inquisición, y de nuevos grupos reformistas de apoyo, que actuaban impasibles ante estas matanzas, que poco conservaban de la esencia personal de Jesús de Nazaret.

Por suerte, la bancarrota en la que quedó sumida España, como consecuencia del enorme coste del mantenimiento del imperio, también afectó gravemente a los más pudientes, de modo que esto provocó una obligada e irreversible reforma eclesiástica que afortunadamente relegó la iglesia más influyente a un segundo plano. A este país ya sólo le quedaron fuerzas para matar indios en América. En Méjico por ejemplo, en 90 años, conseguimos cargarnos a más de 24.000.000 de indios, que sepamos –sí, veinticuatro millones–. La verdad es que sólo había unos pocos millones de españoles en toda

América pero las matanzas, la esclavitud a la que sometimos a los indios, y a los negros que nos llevamos de mascotas, y las enfermedades que les llevamos de regalo diezmaron la población. Además pusimos de moda el colonialismo y volvimos a hacer uso de la esclavitud, aunque en esta última faceta no éramos precisamente los líderes indiscutibles.

De hecho los ingleses, alemanes, holandeses, portugueses, franceses o irlandeses, entre otros, también los utilizaron en masa y exterminaron muchos más indios a tiros que nosotros los españoles.

Siempre hablamos de los nazis cuando rememoramos algún triste capítulo de nuestra historia. Pero la ausencia de fotos e imágenes, que son las que consiguen hacer mella en nuestra sensibilidad, nos hace olvidar que los nazis fueron unos niños traviesos frente a los españoles, unas de las mayores alimañas exterminadoras de la faz de la Tierra. Nosotros matamos más indios, moros, blancos y judíos de los que jamás podrían haber soñado con matar ellos. Les robamos sus pertenencias y destruimos gran parte de sus culturas, gracias a la inestimable ayuda de especímenes como los jesuitas, aunque, a decir verdad estos enmendaron gran parte de sus errores y tendieron a civilizarse. No ocurrió lo mismo con los altos cargos.

Lo cierto es que la maquinaria del elemento X funcionó a la perfección. Nunca el exterminio había llegado a cotas tan altas.

Pero la pesadilla de la iglesia católica parecía alejarse ya en el recuerdo. Sin embargo la inercia de las interminables guerras que habían acontecido a lo largo de los tiempos nos hizo abordar de pleno nuevas tierras por colonizar. Europa estaba sumida en un conato de crisis global como consecuencia de tanta destrucción porque la mano de obra escaseaba y era muy cara como consecuencia de la dedicación a las armas. Ahora sí era necesario desembarcar en otras tierras nuevas y vírgenes que proporcionarían nuevas riquezas, como el oro, para salir de la miseria con celeridad. Europa, a pesar de todo, empezaba a quedarse pequeña y los horizontes de futuro se veían más claros desde la perspectiva de tierras nuevas con muchos hombres, mujeres y niños a los que poder esclavizar.

Surgió el colonialismo y la consecuencia lógica posterior fueron las guerras de independencia. Cuando se asentaron núcleos urbanos, a lo largo y ancho de la nueva América, estos no estaban dispuestos a pagar impuestos a las coronas europeas, simplemente reclamaban su autodeterminación e independencia; querían vivir en paz matando algunos pocos indecisos que les estorbaban. Sería lógico pagar impuestos si estos revierten en nuestro propio beneficio colectivo. Pero ¿qué sentido tenía que los asentamientos de América del Norte pagasen impuestos a la corona británica y fuesen gobernados por esta institución?

En fin, sea como fuere, George Washington dio una patada en el trasero a los británicos, los mandó a su casa con las orejas gachas, y ya no volvieron pidiendo limosna. La guerra acarició la razonabilidad —si es que podemos utilizar este calificativo en el tratamiento de un enfrentamiento armado— por lo que la intervención del elemento X fue secundaria. Desde este punto de vista es mucho más interesante el tratamiento de los nacionalismos europeos como tales.

Cuando las guerras de religión parecían agotarse otro nuevo constituyente activador de nuestra irascibilidad genética, y justificador del enfrentamiento y el exterminio humano hacía acto de presencia. Habían aparecido los primeros nacionalismos. Obviamente las guerras de religión siguieron y siguen presentes en países con muchos años de "retraso" y que no han superado todavía otras etapas naturales.

IX- "X" Y LOS NACIONALISMOS

Los nacionalismos y los nacionalismos imperialistas así como sus consecuencias, manifestadas en la actitud y comportamiento social, son difíciles de explicar si no atendemos nuevamente al mecanismo de nuestro elemento X. Ciertamente existen grandes similitudes entre los imperialismos colonialistas y los imperialismos nacionalistas. Los primeros constituían una necesidad para abastecer a las crecientes poblaciones europeas a partir del siglo XVI. El desarrollo tecnológico no difería mucho del existente en siglos anteriores, en lo concerniente a explotación minera, agraria y ganadera, no se sabía explotar el terreno eficazmente y se necesitaba mucho espacio geográfico para sostener el aumento demográfico. La vida en Europa era complicada, poco próspera a la vista de tantas guerras, y las perspectivas eran más halagüeñas en mundos nuevos, de gran riqueza material, donde comenzar una nueva vida, y donde la conquista resultaba fácil y aseguraba la supervivencia y bienestar. Por otra parte la incipiente aparición de sistemas precapitalistas exigía una revolución en los mercados que venía en gran parte motivada por los nuevos productos y riquezas de las Américas, monopolizados por grandes compañías. Además el dominio de colonias extranjeras aseguraba a los países poseedores una mayor potencia militar ficticia que les hacía ganar el respeto de los adversarios.

Desde esta óptica no debemos pretender justificar plenamente los imperialismos colonialistas, pero evidentemente respondían a una lógica racional y no a la exclusividad del elemento X. Había razones de peso, sobre todo económicas, para colonizar nuevas tierras. Sin embargo los imperialismos nacionalistas y nacionalismos subsiguientes, que llevarían posteriormente a la Primera Guerra Mundial, son arena de otro costal. En ellos el factor económico ya no es tan claro. Quizá el golpista Napoleón quisiese imponer un nuevo orden político y social en toda Europa, para lo cual puso en práctica una política militar expansionista que debía proporcionarle el poder y el dominio absoluto de todo lo que había, lo que entraba y lo que salía de Europa. La situación económica en Francia era penosa, con una reducción de los privilegios fiscales del clero y la aristocracia, y había que hacer algo después de la revolución que se había desencadenado. Pero, ¿por qué decidió Napoleón, en esas condiciones, forjar un imperio con el enorme costo económico que eso conllevaba? ¿No era suficiente o lo bastante buena la referencia del fracasado imperio español? La historia lo demostró. El imperio napoleónico empezó a resentirse económicamente en sus momentos de esplendor y más tarde la batalla de Waterloo impuso su fin.

Quizá en aquellos momentos sólo se pudiese progresar luchando, cuando todos los países estaban al acecho para robar las piezas de caza. Si esto fue así la actuación del elemento X se hizo patente. Si esta no fue la causa exclusiva, la presencia del elemento X, esa tara genética que nos incita al exterminio, fue aún más notable.

Existen diferencias importantes entre los numerosos independentismos colonialistas como el americano o los sudamericanos y africanos —el primero ya sucintamente descrito— y los que tuvieron y tienen lugar en el corazón de Europa. Ya hemos expuesto la lógica racional de los primeros. Sin embargo los segundos no se perciben como una respuesta razonada ante elementos opresivos, que no aparecen tan claros y, por otro lado manifiestan un nuevo sentimiento común no manifestado abiertamente hasta ese momento. El elemento X vuelve a funcionar, como en las religiones, de manera inexplicable e incoherente con la lógica de nuestra inteligencia, que sólo busca nuestra supervivencia y bienestar.

Pero, sin duda de ningún género, si analizamos el fenómeno nacionalista o imperial nacionalista, no podemos dejar de hacer referencia a la manifestación más importante y exacerbada del mismo: El nazismo. Digo nacionalista o imperial nacionalista porque también debemos entender por qué los nacionalismos se ven empañados de un carácter expansionista o imperialista, siempre que esto es posible. El fenómeno del fascismo italiano tiene un carácter diferenciado, y menos trascendente en la explicación del elemento X, porque su base de apoyo tenía lugar en los focos tradicionales de poder como la monarquía y el ejército así como la omnipresente iglesia de Roma, a cuyos papas y obispos deberíamos haber condenado y expropiado ya hace tiempo. Mussolini contó con el inestimable apoyo de los empresarios, y el obrero quedó fustigado y arrinconado. Todo se basaba en el intento por alzarse con el poder a costa de los de siempre. Sin embargo Hitler disfrutó de un apoyo social mucho más generalizado entre la población alemana no judía. El obrero pasó a jugar un papel importante, y un reconocimiento más ajustado a su importancia real en el desarrollo del país. Hitler se metió en el bolsillo a todos los alemanes sin cargos de poder o sin relevancia social.

No obstante la aparición de Hitler en el contexto político alemán respondió a numerosos motivos. Nuevamente una base económica degradada era la causa de la irascibilidad y la exasperación social. El factor económico es la pieza clave en la explicación del surgimiento de un nacionalismo. Pero hablar del factor económico es hablar del elemento X. Cuando la máquina humana observa una sobrecarga territorial o social, que se traduce en una situación económica seriamente desbaratada, que pone en peligro su autoabastecimiento o su posibilidad de sobrevivir, al menos dignamente, entonces el ingenio genético X busca una nueva justificación o máscara para descargarse.

La revolución en la industria ya había llegado, y con ello la productividad aumentaba incesantemente, así como una población beneficiada por los numerosos avances médicos, como la penicilina, que erradicaron las enfermedades más temibles. Se produjo un lapso económico cuya resolución no parecía residir en los expansionismos sino, más bien, en la resolución de problemas internos, aunque los "políticos" no supieron digerir semejante cambio redefinitorio de las estructuras económicas.

La Primera Guerra Mundial respondía perfectamente al factor nacionalista, que generaban las penosas y disputadas condiciones económicas. Por un lado, como en el tercer principio físico de Newton, teníamos la acción, constituida por los nacionalismos expansivos, y por otro la reacción, más o menos lógica, constituida por los movimientos independentistas o emancipatorios de las nacionalidades oprimidas. La razón para matar había cambiado. Habíamos pasado, de manera asombrosa y claramente definida, de las heterogeneidades religiosas a las heterogeneidades nacionales, como factor diferenciador de las identidades, y activador de la irascibilidad. Con la trascendencia que había parecido tener la dicotomía catolicismo-protestantismo, hasta el punto de llegar al exterminio total, ahora ya no tenía ninguna importancia aparente. Esta guerra hizo patente el enorme desequilibrio político existente entre las naciones, en aquél momento en el que el atentado de Sarajevo, que acababa con la vida del archiduque Francisco Fernando, supuso la excusa infantil para iniciar una mecánica de enfrentamientos que acabó con la vida de muchos millones de personas.

La Alemania que acogió a Hitler vivía las consecuencias de esta Primera Guerra Mundial y la crisis de 1929. Por un lado

Los delitos de Dios

Alemania había sido declarada, por los "jueces" vencedores, como "responsable de la guerra" y se veía obligada a compensar económicamente, con una absurda y subjetiva multa económica, los daños materiales ocasionados. Mientras Alemania se empobrecía progresivamente, pagando a los vencedores, estos se repartían colonias y territorios, como el que reparte cartas, haciendo, la mayoría de las veces, adjudicaciones en las que las fronteras geográficas no coincidían con las lingüísticas y culturales. Cuesta creerlo pero en términos probabilísticos mayor chapuza no se pudo hacer con el tratado de Versalles. No se habían respetado ni reconocido las nacionalidades que obviamente constituían la fuente de tensiones. Posteriormente fuimos pagando las consecuencias en forma de Servia, Bosnia y otras tantas.

Pero Alemania, una de las grandes potencias tecnológicas, sufrió otro varapalo de gran trascendencia que afectó a los países altamente industrializados. Después de los prósperos años veinte, el crac de la bolsa de Nueva York en 1929 tuvo una rápida repercusión en Europa, especialmente en Alemania donde la inflación tomaba valores extremos y donde la superproducción derivada de los progresos técnicos e industriales no podía ser digerida por los bajos salarios existentes. La especulación bursátil y la simpatía por los préstamos bancarios constituyeron un par de patadas más a la economía mundial. 40 millones de parados en todo el mundo –5 de ellos en Alemania– fueron razón suficiente para provocar la irascibilidad de las gentes.

Sin embargo debía existir un elemento que canalizase organizadamente toda esa ira y la hiciese desembocar en un enfrentamiento armado global. El fracaso de las políticas económicas dio pie a la aparición de estados totalitarios como en Italia, con el fascismo de Mussolini o en Alemania, con el nazismo de Hitler. El factor nacionalista se constituyó como ese elemento canalizador.

149

Las nacionalidades oprimidas como la alemana estallaron tras la insensibilidad manifiesta de la que se había hecho gala en el tratado de Versalles, en el que el elemento nacionalista se había subestimado.

Nadie había comprendido hasta entonces –y sigue sin entenderse de manera generalizada– la esencia genética de los nacionalismos. Pero un hombre brillante para la época sí pareció atisbar la raíz, un alemán nacido en Austria –para lo que él era Alemania– y llamado Hitler. El resto asociaba al elemento nacionalista palabras como "autodeterminación", "independencia" o "exaltación patriótica" pero no acertaba a desentrañar la naturaleza real y comprensible de semejante fenómeno de masas que había llevado a Hitler a ganar las elecciones "democráticamente".

La "autodeterminación" que debía llevar al pueblo hacia su independencia y toma de decisiones futuras de modo autónomo, del mismo modo que un hijo se independiza de sus padres cuando sus decisiones y predominancias empiezan a ser discutidas por la propia genética libertaria humana, no justifica en modo alguno, el exterminio de sus progenitores. Tenía que haber algo más de fondo.

Hitler entendió bien el valor de la genética y de la raza. En efecto, él parecía haberse percatado de la evolución histórica de la humanidad que no había sido otra cosa que la sucesión de guerras y más guerras, en las que un elemento genético, que generaba irascibilidad suficiente como para exterminar, se había mostrado y se había activado con diferentes estimulantes ideológicos. Las doctrinas sectarias, o también conocidas por el sobrenombre de religiones, habían constituido el elemento catalizador. Sin embargo sus efectos se atenuaban con el tiempo, como en una reacción química. El papel sustitutivo lo soportarían los nacionalismos. Por alguna razón Hitler, gran amante del boxeo, había nacido para ser un exterminador nato –no en vano eso es signo de perfección y fidelidad genética– y, como consecuencia, su objetivo era conseguir la mejor máquina de exterminio nacionalista. Sabía que el nacionalismo era el mejor instrumento de exterminio, pero había que apurarlo y optimizar su rendimiento, como en un motor de coche alemán.

¿Qué es lo que amenazaba la actuación y la motivación exterminadora de un nacionalismo íntegro y depurado?

Sin duda alguna la impureza de la raza era uno de los factores más amenazantes. Si nuestro elemento irascible tenía una base genética, entonces debía existir una conexión de éste elemento con el concepto de raza. Se podía haber observado a lo largo de los siglos de civilización humana la atenuación progresiva de la fuerza del elemento X, esto es indiscutible y muy importante. ¿Por qué se producía esta atenuación progresiva? La respuesta es que iban desapareciendo elementos de referencia diferenciadores. La integración de razas y culturas diferentes daban lugar a una amalgama o mezcla homogénea forzada y en estas condiciones la sociedad podría dar lugar a un nuevo fruto unificado y sintetizador.

Pero desde el punto de vista genético existe un aspecto mucho más importante porque es posible que Hitler llegara a creer que la mixtura de razas daría lugar a una atenuación genética del elemento exterminador X, dando lugar a razas "inferiores", con lo que el factor motivador externo podría llegar a ser insuficiente y esto significaría el final para el instinto de supervivencia. Fueron muy extendidos la manipulación y los experimentos de genética, practicados en judíos, como si fuesen conejillos, con los que los nazis pretendían convencerse de poder lograr una raza aria pura así como de descifrar y justificar la esencialidad y preponderancias raciales. Pero hoy ni siquiera tenemos constancia del efecto atenuador que puede desencadenar o liberar el cruce de razas sobre el elemento exterminador X. Hitler sí parecía estar seguro y convencido de este efecto, que podría afectar negativa e irreversiblemente a la supervivencia y perpetuidad de la raza alemana, de su tribu. De hecho estas eran palabras del dictador alemán:

"Los alemanes carecen del instinto de la manada, que aparece cuando todos son de la misma sangre y ampara a las naciones contra la ruina, especialmente en los instantes en que las amenaza algún peligro. Esta circunstancia nos ha causado incalculables perjuicios".

Si Hitler luchaba debía hacerlo con una raza pura en la que el elemento X se mantuviese intacto y proporcionase la máxima motivación para eliminar al adversario. Necesitaba una raza superior en inteligencia para ponerla a disposición de la creatividad, creando así armas con mayor capacidad exterminadora, porque la necesidad combativa era indiscutible para cualquier ideal del mundo con pretensiones de subsistir, de hecho el dirigente nazi alegaba que ni un solo metro cuadrado había sido concedido por el cielo y el poderío era lo único que daba derecho a la posesión. Indiscutiblemente la diferenciación racial y nacional era una diferenciación genética, de sangre. Tal y como él consideraba ¿cómo podían un negro o un chino convertirse en alemanes por el mero hecho de hablar esta lengua para el resto de sus días y de votar a un partido alemán?

Podríamos pensar, sólo por un momento, que estamos equivocados y que la pretensión nazi era acabar con una larga y penosa tradición de guerras que habían socavado al país, sobre todo a la vista de las palabras que Hitler hacía patentes en su obra "Mi Lucha" con las que pretendía justificar que cada vez que se había introducido sangre extraña en el cuerpo de la nación ésta había sufrido sus desdichados efectos, quebrantándose el carácter nacional alemán. Se requería la presencia de una nueva raza dotada de capacidad para la civilización que diese lugar a la dignidad de una humanidad mejor.

Pero si pensamos que el fin de este individuo era acabar con una larga sucesión de guerras obviamente nos equivocamos, la historia lo ha demostrado sobradamente. Si creemos que el

Los delitos de Dios

nacionalismo y el nacionalismo nazi tienen sólo una función reactiva frente a la opresión de otros estados y una función de resolución de problemáticas internas sin el concurso de intervenciones en el exterior ¡nada más lejos de la realidad! Hitler quería una raza de gentes ansiosas de concordia interna pero de exterminadores natos en el exterior. Estas eran palabras literales del líder nazi:

"Hemos dejado de disfrutar de una situación comparable con la de los demás grandes estados del mundo, y esto merced, simplemente, a la desastrosa dirección de nuestro país en materia de política exterior, a la falta absoluta de tradición por así decir, a la falta de una política definida en lo tocante a los negocios extranjeros y a la falta de todo saludable instinto y del impulso de subsistir como nación. Todo esto debe ser remediado por el movimiento nacionalsocialista el cual ha de intentar suprimir la desproporción que existe entre nuestra población y nuestra superficie —contemplando a esta última como la fuente de la nutrición y la base de nuestro poderío político—, entre nuestro pasado histórico y la irremisibilidad de nuestra importancia actual".

Esto nos recuerda, sin duda, al sistema de acotación territorial, pero esa desproporción entre la superficie territorial y la población, a la que alude, ¿era real o ficticia?

Me inclino a pensar que era muy subjetiva si además tenemos en cuenta el enorme potencial tecnológico alemán que permitía un aprovechamiento importante de su geografía y de sus limitadas posesiones, porque hoy, de hecho podemos hacerlo con muchísima más población y menos espacio, aunque también es cierto que existe un comercio más abierto y libre de bloqueos como en aquel momento. En cualquier caso queda bastante claro que los fenómenos nacionalistas, como el alemán, lejos de constituirse como reacciones defensivas, respondieron a los patrones que activaban el elemento X: el poder territorial y el poder social. Una vez más hubo "motivos" para matar.

153

En cualquier caso, lo que sí podemos afirmar, es que las consecuencias finales del nazismo alemán, que nos llevó de cabeza a la Segunda Guerra Mundial, se diferenciaron muy poco de las consecuencias de la política exterminadora del antiguo imperio español. Los españoles realizaron matanzas masivas de judíos, moros y blancos. Los alemanes hicieron lo mismo con judíos, gitanos y todo lo que pillaron. Sólo cambiaron los motivos y las formas. Mientras los primeros mataban con arcabuz y como consecuencia de diferencias religiosas —la palabra xenofobia o racismo no aparecían todavía en los diccionarios— los segundos lo hicieron con gas y por motivos raciales. El fin era el mismo. Sólo cambiaban los medios y las justificaciones o referencias, porque las sociedades también cambiaban con los tiempos. Desconozco quién mató más millones, pero eso no importa. Lo que sí importa es que aquellas matanzas no tuvieron explicación racional. Es cierto que Hitler, en unos tiempos caracterizados por la corrupción política —eso me recuerda a los políticos que me gobiernan en este instante— y por unas enormes cifras de paro, responsabilizaba a los judíos de los males económicos, no en vano ellos controlaban los bancos que ahogaban a Alemania, dominaban en gran parte la bolsa de comercio y gobernaban una buena fracción de las finanzas internacionales, así como los medios de comunicación en el país. Hitler era de hecho un parado que se ganaba la vida en la calle, vendiendo acuarelas que él mismo pintaba, tras no poder cursar sus estudios de arte. Pero el retroceso económico tenía sus raíces en las grandes crisis europeas del siglo XIX y a la brutal transición hacia un capitalismo abierto, joven y prácticamente experimental, que no contaba todavía con reglas de juego. Los judíos eran posiblemente los últimos responsables.

Paradójicamente, cuando los judíos cabalgaban a lomos del capitalismo, Hitler acusaba a estos, sumido en la más absoluta de las paranoias, de querer bolchevizar Alemania. No se cómo pretenderían conseguir tal incongruencia, pero el dirigente alemán estaba tan obsesionado con las nuevas teorías marxistas que temblaba sólo de pensar que el comunismo pudiese llegar a su país. Daba la casualidad de que Karl Marx era judío –sabe Dios qué es eso, en términos raciales–. Hitler se reafirmaba en la necesidad creativa e inventiva del hombre a las que identificaba con la personalidad. Él veía en el marxismo una tentativa judía para neutralizarla y esto no debería tener nunca lugar en una comunidad como la alemana cuyo elemento inventivo era decisivo en la creación de armas y maquinaria para matar mucho y con eficacia. El marxismo atenuaría la inventiva porque un sistema comunista proporcionaría inicialmente las necesidades básicas para la supervivencia, y sin una lucha por la conservación, como en el sistema capitalista donde hay que buscarse las habas, el intelecto creativo se dormiría. Por otro lado Lenin y Stalin habían traicionado a aquellos a los que los bolcheviques prometieron el derecho de autodeterminación. Los dos sanguinarios dirigentes alegaban que el derecho al divorcio no significaba la necesidad de divorcio, sobre todo si estos afectaban a la integridad de la revolución rusa. Este fue otro de tantos errores que hoy pagamos, y que pagan tanto Rusia como las comunidades independentistas.

Podríamos hablar del imperialismo americano o del japonés, de la descolonización, de las guerras independentistas africanas y sudamericanas... ¿Pero para qué más? ¿No tenemos ya suficientes muertos y suficientes lecciones que aprender?

Al término de la Segunda Guerra Mundial las volubles o discutibles cifras de fallecidos quedaban sobre la mesa:

EE.UU. 298.000, Italia 395.000, Gran Bretaña 466.000, Francia 563.000, Yugoslavia 1.500.000, Japón 1.972.000, Alemania 4.200.000, China 5.000.000, Polonia 5.800.000 –incluyendo víctimas del holocausto–, Unión Soviética 18.000.000...

Un total que oscilaría, según las fuentes, entre 56 y 60 millones de muertos, unos 19 millones de civiles y unos 39 millones de militares.

Una guerra destructiva y equilibrada a la que pusieron punto y final los americanos, cuyo papel fue también muy significativo para acabar con los nazis. Siempre, no obstante, retumbará la oscura sombra de las bombas de Hiroshima y Nagasaki: la más brutal matanza de civiles que ha conocido la humanidad. Para algunos una innecesaria demostración disuasiva de poder, como moneda de cambio al bombardeo de Pearl Harbor. Para otros una acción sin alternativa ya que Japón amenazaba con prolongar y extender una guerra que había acabado con la vida de millones de personas y en la que los soviéticos estaban deseosos de seguir participando para llevarse una buena parte del pastel en el Pacífico.

Sea como fuere, y por echar un capote a los americanos, con los que no dejo de meterme en todo el libro, cabe recordar que fueron los japoneses los que iniciaron una guerra por sorpresa contra los estadounidenses. Los primeros seguían sin rendirse después de ser bombardeadas ciudades como Tokio, que fueron bañadas en napalm y metralla de fósforo. Las fábricas de bombas y de torpedos de Hiroshima y Nagasaki seguían a pleno rendimiento. Supuestamente había movimientos en Japón que inducían a pensar en una búsqueda inminente de acuerdos de paz, pero Stalin, como mediador interesado, ocultó este hecho a los americanos, que sí pudieron tener conocimiento de este extremo por sus servicios de inteligencia. En cualquier caso era evidente que Japón no era un país de fiar después de la matanza de Pearl Harbor y por otro lado sus aspiraciones imperialistas eran incuestionables. Habían tomado casi todas las islas del Pacífico y estaban presentes en Manchuria y parte del sur de China con lo que el bloqueo petrolífero que se les había impuesto era virtualmente inefectivo. Tenemos el claro ejemplo de Alemania, un país en quiebra que se apropió de

Los delitos de Dios

medio mundo a pesar del bloqueo impuesto tras la Primera Guerra Mundial. El ejército japonés no era más limpio que el nazi. Idearon la guerra química y bacteriológica, y también inventaron la figura de los famosos kamikazes –precursores de los suicidas de las torres gemelas–. Eran unos fanáticos al servicio de su emperador e hicieron a más de 200.000 mujeres de su propio país –las mujeres de "solaz"– sus esclavas sexuales. Muchas de ellas eran violadas por 30 o 40 soldados al día, lo cual, lejos de estar tipificado como crimen de guerra, era aceptado por los altos mandos y ocultado por el propio régimen del emperador. Por estos abominables hechos todavía hoy se reclaman compensaciones al gobierno japonés.

Las referencias y realidades existentes el día antes al bombardeo de Hiroshima eran muy diferentes a las que percibimos hoy desde el sofá de nuestra casa. Con 60 millones de muertos recién enterrados, los nazis estaban desarrollando la bomba atómica, de lo cual tenía constancia el mismísimo Einstein y el propio Stalin, que de hecho sacrificó a medio ejército soviético para entrar en Berlín, en busca del anhelado ingenio. Truman tuvo que tomar una decisión repugnante, sin conocer el efecto real de las bombas, pero que a la postre, y por primera vez, pudo evitar muchas más muertes. Obviamente se vulneraron todas las convenciones relativas al trato de civiles en una guerra pero ¿qué país del mundo las había respetado hasta ese momento?

El hastío por la muerte y el exterminio alcanzaron su mayor punto de inflexión hasta nuestros días.

Si obviamos como única ventaja práctica para el género masculino el hecho de que en 1945 había siete millones más de mujeres que de hombres en Alemania, la verdad es que sólo podemos llegar a una conclusión: Las guerras son absurdas e incoherentes con nuestra inteligencia y sentimientos. Porque ¿para qué luchamos por nuestro territorio, con la intención de asegurar la supervivencia de la tribu, si podemos perder nuestra propia vida así como la de nuestros allegados? ¿No es esto una paradoja? Los españoles expulsaron a moros y judíos cuando constituían un soporte básico de nuestra economía y supervivencia. ¿No es esto incoherente?

Habría sido mucho más inteligente negociar, dialogar o ceder, porque cualquiera sabe que en una pelea a puñetazos siempre recibes alguno. Sólo una superioridad manifiesta, que entonces no existía, haría que nos implicásemos conscientemente en un enfrentamiento. Otra posibilidad podría ser un ataque de locura irracional, pero esto no justifica un enfrentamiento continuado.

BATALLAS, GUERRAS O INVASIONES SIGNIFICATIVAS EN LA HISTORIA (1595 A.C.- 1750 D.C.)

- 1595 A.C. LOS HITITAS DESTRUYEN BABILONIA
- 1220 A.C. PUEBLOS DEL EGEO INVADEN EGIPTO Y PARTE DEL MEDITERRÁNEO
- 1200 A.C. LOS GRIEGOS DESTRUYEN TROYA
- 488 A.C. BATALLA DE MARATÓN (GRECIA)
- 431-404 A.C. BATALLAS DEL PELOPONESO (GRECIA)
- 334-326 A.C. ASIA SUCUMBE ANTE ALEJANDRO MAGNO
- 264-146 A.C. GUERRAS PÚNICAS (ROMA-CARTAGO)
- 216 A.C. ANÍBAL DERROTA A LOS ROMANOS EN CANNAS
- 147-146 A.C. ROMA CONTROLA GRECIA
- 49 A.C. LAS GALIAS SON INVADIDAS POR JULIO CÉSAR
- 43 A.C. GRAN BRETAÑA ES TAMBIÉN INVADIDA POR LOS ROMANOS
- 60 D.C. GRAN BRETAÑA EMPIEZA A LEVANTARSE CONTRA LOS ROMANOS
- 85-235 ENFRENTAMIENTOS CIVILES EN EL IMPERIO ROMANO
- 360 PUEBLOS ASIÁTICOS INVADEN EUROPA
- 410 LOS VISIGODOS DESTRUYEN ROMA
- 445 LOS HUNOS ASIÁTICOS CONTROLAN EUROPA OCCIDENTAL, A MANOS DE ATILA
- 637 LOS MUSULMANES CONTROLAN JERUSALÉN
- 647 LOS HUNOS INVADEN LA INDIA
- 711 ESPAÑA ES INVADIDA POR LOS MUSULMANES
- 751 LOS MUSULMANES PENETRAN EN MONGOLIA
- 861 LOS VIKINGOS PENETRAN EN ISLANDIA
- 1000 LOS VIKINGOS LLEGAN A NORTEAMÉRICA
- 1096 PRIMERAS CRUZADAS CONTRA LOS MUSULMANES
- 1151 DESTRUCCIÓN DE LOS TOLTECAS (MÉXICO)
- 1156 GUERRAS INTERNAS EN JAPÓN A MANOS DE LOS SAMURAI
- 1291 FIN DE LAS CRUZADAS A MANOS DE LOS SARRACENOS
- 1300 LOS INCAS SE EXPANDEN EN SUDAMÉRICA
- 1327 INICIO DE LA GUERRA DE LOS CIEN AÑOS (INGLATERRA-FRANCIA)
- 1368 CHINA HACE REPLEGARSE A LOS MONGOLES
- 1398 LOS MONGOLES DESTRUYEN POBLACIONES EN LA INDIA
- 1405 EL IMPERIO MONGOL SUCUMBE
- 1453 FINALIZA LA GUERRA DE LOS CIEN AÑOS
- 1453 EL IMPERIO BIZANTINO TAMBIÉN SUCUMBE
- 1480 LA INQUISICIÓN ESPAÑOLA EMPIEZA A ACTUAR
- 1492 JUDÍOS Y MUSULMANES SON DESTERRADOS DE ESPAÑA
- 1519-1532 LOS ESPAÑOLES DESTRUYEN LOS IMPERIOS INCA Y AZTECA
- 1588 LA ARMADA INVENCIBLE ESPAÑOLA SUCUMBE
- 1571 LOS TURCOS SON DERROTADOS POR ESPAÑOLES E ITALIANOS EN LA BATALLA DE LEPANTO
- 1618 COMIENZA LA GUERRA DE LOS TREINTA AÑOS EN EUROPA
- 1642-1649 GUERRA CIVIL EN INGLATERRA
- 1675 GUERRAS ENTRE INDIOS Y COLONOS EN NORTEAMÉRICA
- 1677 RUSIA ENTRA EN GUERRA CON LOS TURCOS
- 1701-1713 VARIOS PAÍSES EN GUERRA POR LA SUCESIÓN ESPAÑOLA
- 1739 BATALLAS ENTRE ESPAÑA E INGLATERRA POR EL CONTROL DEL ATLÁNTICO
- 1746 BATALLAS EN ESCOCIA
- 1750 CHINA INVADE EL TÍBET

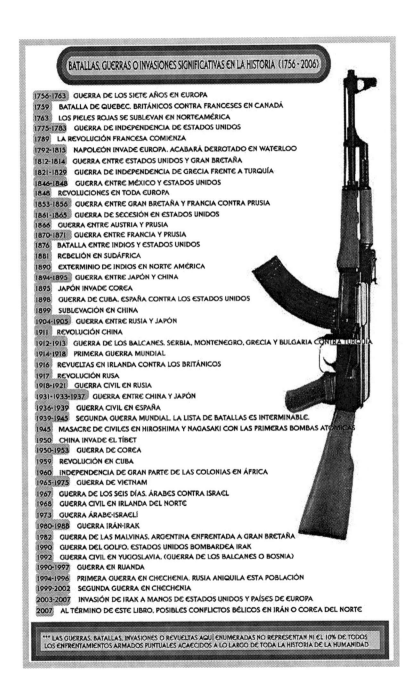

BATALLAS, GUERRAS O INVASIONES SIGNIFICATIVAS EN LA HISTORIA (1756-2006)

- 1756-1763 GUERRA DE LOS SIETE AÑOS EN EUROPA
- 1759 BATALLA DE QUEBEC. BRITÁNICOS CONTRA FRANCESES EN CANADÁ
- 1763 LOS PIELES ROJAS SE SUBLEVAN EN NORTEAMÉRICA
- 1775-1783 GUERRA DE INDEPENDENCIA DE ESTADOS UNIDOS
- 1789 LA REVOLUCIÓN FRANCESA COMIENZA
- 1792-1815 NAPOLEÓN INVADE EUROPA. ACABARÁ DERROTADO EN WATERLOO
- 1812-1814 GUERRA ENTRE ESTADOS UNIDOS Y GRAN BRETAÑA
- 1821-1829 GUERRA DE INDEPENDENCIA DE GRECIA FRENTE A TURQUÍA
- 1846-1848 GUERRA ENTRE MÉXICO Y ESTADOS UNIDOS
- 1848 REVOLUCIONES EN TODA EUROPA
- 1853-1856 GUERRA ENTRE GRAN BRETAÑA Y FRANCIA CONTRA PRUSIA
- 1861-1865 GUERRA DE SECESIÓN EN ESTADOS UNIDOS
- 1866 GUERRA ENTRE AUSTRIA Y PRUSIA
- 1870-1871 GUERRA ENTRE FRANCIA Y PRUSIA
- 1876 BATALLA ENTRE INDIOS Y ESTADOS UNIDOS
- 1881 REBELIÓN EN SUDÁFRICA
- 1890 EXTERMINIO DE INDIOS EN NORTE AMÉRICA
- 1894-1895 GUERRA ENTRE JAPÓN Y CHINA
- 1895 JAPÓN INVADE COREA
- 1898 GUERRA DE CUBA. ESPAÑA CONTRA LOS ESTADOS UNIDOS
- 1899 SUBLEVACIÓN EN CHINA
- 1904-1905 GUERRA ENTRE RUSIA Y JAPÓN
- 1911 REVOLUCIÓN CHINA
- 1912-1913 GUERRA DE LOS BALCANES. SERBIA, MONTENEGRO, GRECIA Y BULGARIA CONTRA TURQUÍA
- 1914-1918 PRIMERA GUERRA MUNDIAL
- 1916 REVUELTAS EN IRLANDA CONTRA LOS BRITÁNICOS
- 1917 REVOLUCIÓN RUSA
- 1918-1921 GUERRA CIVIL EN RUSIA
- 1931-1933-1937 GUERRA ENTRE CHINA Y JAPÓN
- 1936-1939 GUERRA CIVIL EN ESPAÑA
- 1939-1945 SEGUNDA GUERRA MUNDIAL. LA LISTA DE BATALLAS ES INTERMINABLE.
- 1945 MASACRE DE CIVILES EN HIROSHIMA Y NAGASAKI CON LAS PRIMERAS BOMBAS ATÓMICAS
- 1950 CHINA INVADE EL TÍBET
- 1950-1953 GUERRA DE COREA
- 1959 REVOLUCIÓN EN CUBA
- 1960 INDEPENDENCIA DE GRAN PARTE DE LAS COLONIAS EN ÁFRICA
- 1965-1975 GUERRA DE VIETNAM
- 1967 GUERRA DE LOS SEIS DÍAS. ÁRABES CONTRA ISRAEL
- 1968 GUERRA CIVIL EN IRLANDA DEL NORTE
- 1973 GUERRA ÁRABE-ISRAELÍ
- 1980-1988 GUERRA IRÁN-IRAK
- 1982 GUERRA DE LAS MALVINAS. ARGENTINA ENFRENTADA A GRAN BRETAÑA
- 1990 GUERRA DEL GOLFO. ESTADOS UNIDOS BOMBARDEA IRAK
- 1992 GUERRA CIVIL EN YUGOSLAVIA. (GUERRA DE LOS BALCANES O BOSNIA)
- 1990-1997 GUERRA EN RUANDA
- 1994-1996 PRIMERA GUERRA EN CHECHENIA. RUSIA ANIQUILA ESTA POBLACIÓN
- 1999-2002 SEGUNDA GUERRA EN CHECHENIA
- 2003-2007 INVASIÓN DE IRAK A MANOS DE ESTADOS UNIDOS Y PAÍSES DE EUROPA
- 2007 AL TÉRMINO DE ESTE LIBRO, POSIBLES CONFLICTOS BÉLICOS EN IRÁN O COREA DEL NORTE

*** LAS GUERRAS, BATALLAS, INVASIONES O REVUELTAS AQUÍ ENUMERADAS NO REPRESENTAN NI EL 10% DE TODOS LOS ENFRENTAMIENTOS ARMADOS PUNTUALES ACAECIDOS A LO LARGO DE TODA LA HISTORIA DE LA HUMANIDAD

Los delitos de Dios

En una guerra siempre habríamos perdido aunque estuviésemos en el bando de los ganadores. Hoy el saldo final es diferente, sobre todo si se trata de Estados Unidos, que pueden exterminar unos cuantos miles de libios, panameños, somalíes o iraquíes a cambio de una pequeña pérdida de negros o hispanos de su ejército de tierra, y además, de paso, eliminan stocks de armamento y experimentan con nuevas bombas.

Pero estamos analizando tiempos pasados en los que las luchas estaban relativamente equilibradas, se desarrollaban cuerpo a cuerpo y toda agresión tenía su respuesta.

Y debemos insistir. Las guerras nunca han sido ventajosas, inteligentes o racionales. Nunca han culminado con su motivación básica que es, en teoría, la de asegurar la supervivencia. La única función de las guerras ha sido el exterminio global de población, la limpieza de los excesos. Sólo nuestro elemento X puede haber sido el responsable de tanta muerte.

Por poner un ejemplo orientativo —reconozco que muy poco científico— si cada uno de los 56 millones de muertos en la Segunda Guerra Mundial hubiese tenido tres hijos y estos a su vez otros dos y dos más en la generación actual —doce descendientes— la población actual se vería incrementada —sin contar con la generación inicial— y en el mundo "desarrollado" o de consumo, en 672.000.000 de personas. Alrededor de un 15 por ciento más de población mundial si hubiésemos evitado una sola guerra de los cientos que se han producido a lo largo de la historia de la humanidad —un pasado cargado de imperios invasores, cruzadas, revueltas, colonialismo, esclavitud, pestes, plagas...

¿Cómo pudieron los líderes de movimientos exterminadores arrastrar tanta gente, y de enardecer a las masas como hacía Hitler, hipnotizando a la muchedumbre? Quizá no resultase tan difícil. Los ejércitos de mercenarios o de reclutamiento obligatorio se limitaban a cumplir órdenes como los americanos en Vietnam. Quizá resultase difícil iniciar la lucha pero, una vez metidos en el ajo, el combate se desarrollaba por sí solo. Además el apoyo social al ejército era total y tradicional. En la mayoría de los casos de agresión armada la muchedumbre vivía hambrienta, oprimida u hostigada, y sabe Dios lo que puede llegar a hacer un humano, por dictado de su instinto, cuando el hambre y la necesidad aprietan. Si alguien, en su sano juicio o engañándose a sí mismo, promete vida eterna, las rameras en el cielo o territorios que solventarán el problema, nadie dudará en empuñar un palo, una espada o cualquier arma mortífera para eliminar a la supuesta causa de su miseria.

¿Qué nos podría haber librado del enfrentamiento? ¿Quizás nada?

Por suerte quizás nos equivoquemos si creemos que todas las guerras son inevitables y sujetas al capricho irrefrenable de nuestro elemento X, porque la historia también nos demuestra afortunadamente que algunas guerras que parecían inevitables no han tenido lugar en la magnitud que cabría esperar. Pensemos en Gandhi. Este particular individuo fue capaz de conseguir que la revolución independentista de la India se tornase pacífica. Podríamos creer que los hindúes, carentes de armamento sofisticado, no tenían nada que hacer en una hipotética confrontación con el imperio británico. Podríamos pensar que hasta la lógica más animal debería haberles persuadido de una guerra. Pero nos equivocamos si creemos que nadie en su sano juicio iba a iniciar una contienda, porque bastarían un par de referencias históricas para convencernos. La guerra era perfectamente factible. Sin embargo Mohandas Karamchand Gandhi convenció a su pueblo de que las guerras no eran nunca ventajosas para nadie. Él conocía la historia bélica de la humanidad, no en vano había estudiado derecho en Londres, donde las ideas liberalistas se respiraban. El liberalismo británico se hacía visible en colegios como Oxford o Cambridge. Éste abogado, encarcelado en numerosas ocasiones, fundó un

Los delitos de Dios

periódico para informar a las familias y grupos influyentes que a su vez educaban a las masas, optó por una resistencia pasiva, con huelgas de hambre incluidas. Al final, todo el esfuerzo de Gandhi mereció la pena y desembocó en la independización de la India en 1947. ¡Y todo esto a pesar de ser un religioso! jainí para más detalles. Desafortunadamente murió asesinado por otro fanático religioso.

Si el conocimiento de nuestra propia historia –y sólo eso– es lo único que nos permite definitivamente constatar, como lo hizo Gandhi, el aspecto tan sumamente negativo y poco ventajoso de las guerras ¿debemos aceptar entonces que necesitamos aprender a base de palos, como los perros? ¿Quizás nuestra naturaleza humana, que debe tender hacia la libertad total, por deseo de nuestros constructores, nos impide prever consecuencias que no hayan sido asimiladas a base de golpes? ¿En nuestro plan de construcción humana no era compatible la libertad con un conocimiento instintivo del mal?

Me niego rotundamente a aceptar esta posibilidad. ¿Por qué nuestros dioses o fabricantes –partimos de la hipótesis de su existencia– han permitido tantas muertes? ¿No podrían haberlo hecho mejor? ¿Qué es "mejor" en su código ético? ¿Han tenido alguna implicación en la aparición de los "profetas" religiosos y políticos? Esto último es lógico pensarlo si tenemos en cuenta que su potencial tecnológico es importante y que de alguna forma les preocupamos, por lo que deben de guiarnos según sus intereses y sin violar "leyes de libertad" establecidas por ellos o bajo una legalidad o ética "cósmica", posiblemente como la de la ridícula, patética, ineficaz, y abúlica ONU terrestre.

Quizás sea esta última pregunta la menos complicada de responder. Pudieron existir personas en cada momento histórico que inventaron las aludidas patrañas doctrinarias del mismo modo que un novelista crea su obra. Pero hay aspectos que deben ser analizados. En primer lugar Jesucristo, el de la Biblia y los mandamientos, pareció haber hecho milagros. Tal

163

vez era un buen mago o ilusionista, o puede ser que tuviese poderes como el doblador de cucharas Uri Geller, que se forró buscando petróleo y diamantes, con la mente, para diversas empresas. Pero lo más sorprendente no es la capacidad imaginativa que denotan novelas como estas sino la capacidad de arrastrar a las gentes y de crear tantos aferrados seguidores de la doctrina, lo que induce a pensar que los "evangelizadores" puedan tener poderes de sugestión supraterrenales. Por otro lado debemos decir que existen enormes similitudes entre los profetas, iluminados, o videntes religiosos o políticos, y los contactados del fenómeno OVNI, al que ya nos hemos referido en páginas anteriores. Los profetas religiosos crearon sus doctrinas a partir de voces del más allá, de entidades no terrestres, al menos eso manifestaban todos. Las nacientes religiones como la griega que se basaba en dioses como Zeus o Apolo, el dios de la luz se basaba en los mensajes, proporcionados por divinidades afines, que eran recogidos por una pitonisa en estado de trance. La Biblia o el Corán fueron dictadas por entidades supraterrenales y en ellas se recoge la fenomenología OVNI más extensa que se conoce, con carros voladores, o con apariciones del tercer tipo incluidas —visiones marianas o angelicales—. Del mismo modo, profetas políticos como Hitler, que pertenecía a la secta Thule y a otra serie de sociedades similares, aseguraba sentirse guiado o tomado por fuerzas del más allá durante sus discursos, que encolerizaban a las masas. Hitler, un muñeco ridículo y bajito como Himmler, que provocaba la risa, fue ante todo un gran orador y encolerizado hipnotizador de masas. Incluso los biógrafos de este sujeto, así como sus más allegados aseguraban que Hitler parecía entrar en un estado de trance y ser poseído por energías emanantes de la providencia, del mismísimo demonio. Aseguraban que se levantaba en medio de la noche dando gritos y emitiendo sonidos ininteligibles, sufriendo convulsiones que hacían mover su cama. Él mismo decía que iba por donde la providen-

Los delitos de Dios

cia le dictaba, con la seguridad de un sonámbulo. El propio Heinrich Himmler, jefe de la Gestapo, ministro de interior y artífice de los campos de concentración, dijo de él que estaba poseído por una fuerza oculta que escapaba por completo a su control. Karl Ernst krafft, astrólogo suizo y uno de los brujos adivinadores personales de Hitler manifestaba que al Führer le producía un gran placer cuando le decía que había leído en el cielo que aterrorizar a las gentes por medio de las muertes y la destrucción constituía una distracción de los dioses. El dirigente nazi solía decir una frase muy elocuente e impactante: "LOS DIOSES SON MALOS Y LES GUSTA LA GUERRA".

Tanto Hitler como Himmler eran dos grandes obsesionados con la leyenda del exterminador Carlomagno, que al igual que Barbarroja habían muerto tras caérseles accidentalmente la lanza sagrada que había atravesado a Cristo en su crucifixión —Hitler se suicidaría el mismo día que los americanos descubrieron la lanza en un búnker a varios cientos de kilómetros de donde él permanecía—. Hitler se hizo con esta lanza, símbolo de poder, y que proporcionaba supuestas facultades de clarividencia. Precisamente era ya en una obra dictada por la divinidad, el evangelio según San Juan, 19 33-37 donde se originaba esta leyenda. Él llevaba la sagrada lanza consigo y ordenaba resguardarla en un búnker. El lugar de reunión de las SS era el castillo de Wewelsburg en cuyo vestíbulo de banquetes había trece tronos, uno para el dirigente nazi y los otros doce para sus "doce apóstoles", como en la cena de Jesucristo. Quizá Hitler, siendo un poseído, un zombi o un enfermo, fuera inocente de todos los actos que se le imputan. Él mismo reconoció poco antes de suicidarse que había sido engañado por su "guía".

La verdad es que no se pueden negar los grandes paralelismos existentes entre estos fenómenos históricos y los fenómenos contactistas referidos al contexto OVNI. En todos los casos aparecen estas entidades extracorpóreas que se apode-

165

ran transitoriamente del cuerpo físico para dictar una serie de doctrinas, incluso de carácter científico, porque no olvidemos que grandes científicos, políticos, escritores o filósofos como Einstein, Heisenberg, Verne, Kekulé, Lincoln, Shakespeare, Stevenson, Pauli, Planck, Schrödinger, Sócrates, Platón... eran "iluminados" que reconocieron haberse sentido guiados en alguna ocasión por entidades suprahumanas o espíritus "protectores" que les dictaban lo que más tarde daría lugar a escritos reconocidos por ellos mismos.

¿Pero cómo podemos interpretar todo esto? ¿Debemos dar crédito a estas afirmaciones?

En primer lugar debemos decir que no se trata de afirmaciones sino de constataciones, aunque esto podría llegar a ser discutido por "científicos" que en su mayor parte desconocen y reniegan de todas estas manifestaciones, básicamente porque no se han molestado en estudiarlas. Podemos creer que nuestros fabricantes dictaron doctrinas religiosas para enderezar nuestro desviado camino. Pero si este era su propósito, fracasaron, porque aunque su propósito final fuese difundir ideas de bondad, amor y hermandad entre los terrestres, el resultado final fue que algunos terrestres se apropiaron de estas ideas para establecer un dominio sobre el resto. Todas estas nefastas consecuencias deberían haber sido previstas por una civilización de sujetos extraterrestres tan avanzados, a no ser que estos seres no sean tan avanzados como creemos y hagan chapuzas como nosotros. De hecho nosotros poseemos un nivel tecnológico extremadamente superior al de hace tan sólo 100 años y obviamente no hemos evolucionado nada en el plano mental o en el de la inteligencia. Quizá ellos, aun estando más desarrollados tecnológicamente que nosotros, no sean más inteligentes y no posean mucha más capacidad previsora que la nuestra. Quizá hasta sean más tontos que nosotros y nos han desarrollado genéticamente con una mayor inteligencia de la que ellos poseen...Pero aun considerando esta posibilidad no voy a titular este libro como "Dios era tonto" o algo así.

Otra posibilidad es que quieran sumergirnos en los mares del mal y de la destrucción para darles espectáculo. Quizá cada corporación fabricante haya creado una raza distinta y todas se divierten enfrentándolas como si de un partido de fútbol se tratase. Esto constituye una posibilidad, a juzgar por doctrinas como la nazi —siempre que supongamos una procedencia supraterrestre de sus bases—. Pero debemos barajar otra posibilidad porque también es cierto que no todo lo que parece provenir de ellos es ostensiblemente malo para nosotros, si tenemos en cuenta, entre otras, las posibles doctrinas científicas que parecen habernos proporcionado. Y es que no hemos caído en la cuenta de que además de nuestros fabricantes han de existir otros fabricantes de naturalezas similares. Dicho de otro modo, cabe suponer que existan disputas e incluso guerras estelares entre los grupos fabricantes de "orden superior". La posibilidad, a la que hemos aludido, de que no sean muy superiores a nosotros en inteligencia y naturaleza, les convierte en potenciales grupos humanos dotados de un elemento X similar al nuestro. Se han mostrado ineficaces, poco previsores y hasta dañinos. Sólo podemos pensar entonces que muchos son en esencia iguales a nosotros o que, al contrario, sus valores éticos son inabarcables por nuestra comprensión. Quizá para ellos el fin justifique los medios. Quizá el hecho de perpetuar nuestro género en libertad les exija irremediablemente recurrir al exterminio.

Finalmente, considerando que "ellos" pueden ser una realidad, existe la posibilidad de que no hayan intervenido para nada, cosa que resulta difícil de creer si constituimos una de sus mayores obras de creación. Aunque hoy no se muestran visibles y no intervienen, al menos aparentemente, debido a que alguna ley cósmica se lo prohíbe, en defensa de nuestra libertad —esto debe ser pieza clave en cualquier código ético— no se entendería cómo no han actuado para paliar situaciones históricas tan patéticas y vergonzosas. Quizá no les interesemos lo más mínimo como no nos interesa a nosotros un miserable gusano baboso. O quizá sí han intervenido históricamente de forma clara y directa, pero su manifiesta ineficacia les puede haber avergonzado y no están dispuestos a dar la cara para tener que responder por todo lo ocurrido e indemnizarnos por daños y perjuicios. Quizá no quieran enfrentarse a nosotros, conscientes de que somos peligrosos, destructivos y de que poseemos armas atómicas que podrían arrasar 100 veces nuestro planeta, porque, al fin y al cabo, esto daría al traste con sus "soldaditos de plomo".

Pero no deberíamos extraer conclusiones precipitadas porque no hemos acabado con el análisis de nuestro elemento X. Todavía nos queda por analizar su repercusión actual y su repercusión futura para poder asegurar, en la medida de lo posible, deducciones globales y concluyentes.

La historia nos ha abocado a la más reciente referencia exterminadora. Después de las religiones como la católica, que se extinguen en los países evolucionados para dar paso a nuevas sectas, de mucha menor repercusión exterminadora, sólo quedan los vestigios nacionalistas. El Corán, el símbolo de un recuerdo religioso, sigue provocando muertos y los seguirá provocando durante mucho tiempo en los países que todavía no han superado la prehistoria, que siguen presos del despotismo, la intransigencia, las penalidades económicas y que no han llegado a civilizarse. Pero esa etapa está ya superada en los países "desarrollados". En países que han superado su prehistoria, pero que no han llegado a desarrollarse íntegramente, todavía persisten los nacionalismos con toda su fuerza, basta echar una ojeada a repúblicas como la de Chechenia. Estos son, sin duda, vestigios nacionalistas anacrónicos donde aparecen todos los ingredientes de la receta estimulante de X. Entre dichos ingredientes tenemos, por un lado, las diferencias

Los delitos de Dios

culturales y raciales con respecto al ente opresor y por otro lado una lamentable situación económica que amenaza las posibilidades de supervivencia, que como cabe esperar, están implicadas de lleno en la activación del elemento X.

Un aspecto que ha parecido pasar desapercibido es el carácter imperialista de cualquier nacionalismo. Lejos de suponer un mecanismo de defensa de la nación, para que no penetren cuerpos extraños a la raza, o se vayan los ya instalados, más bien parece un mecanismo agresivo, expansionista y colonizador. En efecto, el afán por la conquista territorial es un denominador común cuya explicación debe residir en un intento por conseguir un sobreexceso o margen territorial que asegure la supervivencia de la raza, que elimine la indeseable incertidumbre y, sobre todo, que asegure el desarrollo, mediante el expansionamiento de la raza. Nuestros fabricantes son muy amigos de los márgenes y no desean imprevistos porque de hecho nuestra propia existencia masiva es consecuencia de un "margen de seguridad". Quizás pudieran haber diseñado un método reproductivo humano menos fecundo, pero da la impresión de que no quisieron arriesgarse, por alguna razón, a que ese sistema produjese muchas menos copias humanas, lo que podría haber provocado un estancamiento tecnológico-evolutivo, por la ausencia de guerras que ya no tendrían justificación alguna, e incluso la desaparición de la especie en condiciones difíciles. Quizás no existan mecanismos biológicos funcionales que puedan reducir la eficacia reproductiva. No me imagino por ejemplo un embarazo que tenga lugar después de 2.500 fornicaciones. Un sistema conceptivo diseñado con estas características habría facilitado la posibilidad de concebir un hijo cada tres años en el mejor y más productivo de los casos –con un Nacho Vidal prehistórico–, con lo que el ritmo de natalidad habría sido mucho más bajo. Sin embargo debemos tener en cuenta que desde que nos arrojaron al planeta, hace muchos miles o cientos de miles de años –esto no implica que hayamos evolucionado al estilo darviniano— jamás ha existido una superpoblación propiamente dicha en nuestro globo terrestre. Sólo ahora, en los últimos mil años, lo que supone un despreciable segmento cronológico, se ha producido este fenómeno. Al principio de nuestra existencia en la Tierra crecimos francamente despacio, posiblemente con una población prácticamente estabilizada a lo largo de miles de años, y todo eso con un sistema reproductivo "eficaz". Dotarnos de un sistema menos eficiente habría constituido un enorme riesgo para nuestra perpetuación, habría supuesto un salto cualitativo y cuantitativo de impredecibles consecuencias.

X- "X" Y EL NACIONALISMO VASCO

Tras el superficial análisis del carácter imperialista de los nacionalismos, son los denominados nacionalismos "modernos", sin duda de ningún género, los que tienen su mayor interés en el estudio de X. Son aquellos nacionalismos que sobreviven en condiciones adversas porque ya no se hace tan perceptible el elemento opresor y estimulador contra el cual se ha de luchar. Son nacionalismos instaurados en sociedades modernas poseedoras de incipientes estructuras democráticas que reconocen por primera vez, aunque sin hacer concesiones, la existencia de dichos sentimientos nacionalistas. Podríamos hablar del nacionalismo irlandés cuyo brazo armado lo constituye el IRA, alimentado por el agrupamiento ideológico del Sinn Fein. Sin embargo este nacionalismo no tiene todo el interés de un nacionalismo puro y moderno porque se ve empañado por la histórica lucha religiosa entre católicos y protestantes. Aquí el factor religioso es importante y es el único capaz de dar ayuda y soporte a un nacionalismo que se derrumba por su propio peso. Esta es la realidad actual porque hoy el IRA continúa inmerso en una negociación política que delata la poca consistencia futura del mismo.

En definitiva sólo un nacionalismo basado en la racialidad física o, al menos, cultural, tal y como consideraba Hitler, dispone de elementos particularizadores y diferenciadores del "enemigo" a batir, que aseguran la persistencia del nacionalismo. Cuando las referencias se van agotando, sólo las disimilitudes raciales, de lengua y de apellido, pueden dar pie al mantenimiento de una pugna nacionalista. Para apoyar esta realidad tenemos un claro ejemplo constituido por el nacionalismo catalán. El brazo armado nacionalista desaparecía poco después de que el elemento opresor, personificado por el dictador Franco, se borrarse de la escena política. Ya no quedaban referencias diferenciales que permitiesen la activación del elemento X porque los catalanes no constituían una raza genética diferenciada, y su lengua no era y no es otra cosa que una variedad idiomática descendiente del latín y extraordinariamente próxima al español o castellano, su elemento "opresor".

Sin duda alguna, uno de los pocos nacionalismos exterminadores puros, modernos y de interés real en el estudio de nuestro elemento exterminador "X" –aunque herido ya de muerte– es el nacionalismo radical vasco. Nos referimos al radical porque existe otro nacionalismo vasco de derechas "no radical" –o sin brazo armado– en el que falta uno de los ingredientes de la receta, el trastorno económico, lo que le permite mantenerse al margen de la acción exterminadora directa.

La "raza vasca", lejos de presentar las desemejanzas existentes entre un blanco y un negro o un chino, sí parece presentar algunos rasgos diferenciales. Los más importantes son el factor sanguíneo "Rh" y el índice bioquímico. Este primer factor es denominado así porque fue descubierto por primera vez, en 1940 por Landsteiner y Wiener, en los hematíes de la sangre de una especie de mono denominada *Macaca mulatta o Macaca rhesus*. Este elemento había sido descubierto un año antes por Levine en la sangre humana. Está constituido por 13 sustancias de naturaleza antigénica, de modo que las personas cuyos glóbulos rojos contienen una de estas sustancias, denominada antígeno o aglutinógeno D, se les denomina "Rh positivos", y los que no la poseen se les denomina "Rh negativos".

Pues bien, una particularidad de la raza vasca es precisamente la de poseer un número muy elevado de individuos Rh

Los delitos de Dios

negativos, aproximadamente entre un 30% y un 35%. Incluso un estudio realizado en 1950 por el francés Eyquem sobre una población vasco-francesa situada en una zona de valles montañosos de difícil penetración, para los invasores históricos, arrojó en su momento un porcentaje del 42%, que se constituye como el más alto obtenido sobre un grupo poblacional en todo el mundo.

En estas condiciones algunos han llegado a sugerir la posibilidad de que la raza vasca fuese la raza originaria Rh negativa en Europa. Otros llegan más allá, como Stephen Oppenheimer (no confundir con el padre de la bomba atómica), sugiriendo por ejemplo que los propios ingleses –celtas galeses e irlandeses– descienden de los vascos.

Por otro lado, existe otro rasgo diferenciador, que algunos denominaron índice bioquímico, y que se obtiene a partir de una fórmula matemática que engloba las frecuencias de los grupos sanguíneos según poblaciones y razas. Ocurre que este índice bioquímico es más alto en las razas europeas que en las africanas, pero lo sorprendente es que la raza vasca muestra o mostró en su momento uno de los índices bioquímicos de Hirszfeld más alto de toda Europa, dando así clara nota del carácter "puro" y "exclusivo", siempre en términos relativos y supuestos, de esta raza.

A todas estas difusas particularidades deberíamos sumar las fisonómicas, que ya no son tan evidentes y constatables, aunque en muchos casos sí reconocibles.

La lengua vasca supone otro rasgo diferenciador y particularizador de suma importancia. Lejos de sucumbir ante la irrupción continuada a lo largo de la historia de imperios exterminadores y opresores, la lengua vasca se ha conservado a lo largo de los siglos, hasta tal punto que su origen es desconocido y quizás tan antiguo que podría asociarse a una raza europea originaria. Hasta las teorías más apoyadas, la de un origen caucásico o norteafricano, es puesta en duda por importantes

173

vascólogos. Esta lengua, denominada euskera o vascuence es un signo de identidad muy claro e indiscutible.

En definitiva tenemos ante nosotros una raza relativamente "pura" para los tiempos presentes y muy bien definida, que ha perdurado milenios enteros, en contraposición con las razas "opresoras" como la española y la francesa, mucho más comunes y en las que se ha producido un mayor mestizaje.

Tampoco debemos pensar que la raza vasca es una raza estrictamente pura. Lo único que podemos afirmar tajantemente es que ha sido una de las menos "contaminadas".

La situación económica que ha vivido el País Vasco o Euskadi —a pesar de la aparente y frágil bonanza actual de su sector industrial amenazado muy gravemente por la deslocalización— dista bastante de la de años precedentes, en los que se produjo una enorme revolución industrial y económica. En los años 60, tras las guerras que habían asolado España, la revolución industrial llegaba al país, con un considerable retraso respecto al resto de Europa, que hoy pagamos. Lógicamente en una situación de deficientes infraestructuras, sobre todo viarias, los focos industriales se centraron en zonas cercanas a Europa, junto a la frontera francesa en muchos casos, y abiertas al mar. Euskadi y Cataluña se convirtieron de la noche a la mañana en dos importantes focos productivos. En muy poco tiempo estos lugares, junto con algunos otros de la península, se convirtieron en los principales centros de atracción de mano de obra, lo que supuso un enorme aumento de los flujos migratorios. Gentes de todas las partes de España se integraron en la expansión económica de la zona. Por un lado las gentes emigrantes accedieron a un nuevo nivel de vida mejor del que les había tocado vivir, y por otro lado, tanto Euskadi como Cataluña, se convirtieron en los motores industriales más importantes del país.

Pero todo fue bonito mientras duró porque un mal día la crisis hizo una visita por estos lugares y las zonas industriales

Los delitos de Dios

fueron obviamente las más afectadas, como siempre. La industria vasca en concreto, como las del resto del país, no constituía una industria con futuro, a excepción de unas pocas y de las multinacionales extranjeras, porque no estaban dotadas del elemento básico imprescindible para la perpetuidad de una rama industrial como es el soporte de la investigación y el desarrollo, además de otros muchos componentes. A día de hoy nuestros gobernantes todavía no se han enterado de que una empresa debe invertir fundamentalmente en investigación, además de hacerlo en diseño, en marketing y en relaciones externas, para mantenerse en la élite de la innovación tecnológica. Esto no importaba hace algunos años pero hoy, debido a la enorme competitividad entre empresas, sólo las mejores pueden sobrevivir, las mediocres ya no pueden hacerlo a medio gas como antes. Los años 80 y 90 en Euskadi supusieron un rosario de cierres y de fallidas e ineficaces reconversiones que siempre han puesto de manifiesto que éste es uno de los países del mundo industrializado que menos invierte en investigación científica e industrial. Como era de esperar la maquinaria y los modernos procesos productivos importados desde fuera de nuestras fronteras se quedaron anticuados en muy poco tiempo. Algunos pensaban que siempre se utilizaría hierro en la construcción de objetos de consumo. Hoy las perspectivas son engañosas. En las universidades, base fundamental de la futura industria, sólo se estudia basura inútil y anticuada. Más bien parece que el objetivo de una facultad no es crear profesionales sino seleccionar a aquellos que memorizan más datos con rapidez, en un anhelo por conseguir seres robóticos, fieles a la tradición y al orden establecido, aunque eso sacrifique su profesionalidad y eficacia, y así, siempre que se averíe una máquina sofisticada llamarán a técnicos franceses o alemanes porque aquí no hay nadie capaz.

El resultado final de todas estas ineptitudes es que Euskadi soportó en su momento una de las mayores tasas de paro de toda Europa, y quizá de todo el mundo industrializado.

Ante esta situación no cabe la menor duda de que tenemos un magnífico caldo de cultivo para el elemento X. Aparecen todos los ingredientes de la receta. Por un lado tenemos una inequívoca y genuina raza vasca, o al menos un vestigio de la misma. Por otro lado, los residuos y la amenaza futura —debido al envejecimiento de la población— de una situación económica que amenaza la subsistencia de la misma, o de una parte denominada izquierda abertzale (izquierda amante de la patria), porque la otra parte posee o disfruta de lo poco provechoso que queda. Esta situación económica se describe por un lado con la electricidad, básica para las industrias, que es posiblemente la más cara de Europa, debido en buena parte a la gran dependencia energética del exterior. Por otra parte el suelo donde han de levantarse las fábricas o empresas es muy caro, aunque subvencionado a costa de los de siempre, los asalariados, es decir, los propios obreros. Las viviendas, y el metro cuadrado en concreto, es en algunas zonas uno de los más caros del mundo lo que también redunda en una pérdida de la capacidad adquisitiva de la población joven, lo que le impide consumir, agravando, en un círculo vicioso, la crisis económica latente y amenazante, que sólo vislumbrará la luz en la mano de obra inmigrante. Además del gobierno, también el terrorismo armado de la banda ETA ha espantado a potenciales empresarios o inversores extranjeros. En definitiva las perspectivas de futuro son inciertas, con una población en la que cada vez menos jóvenes —y más eventuales— cotizan para más ancianos, conformando una de las poblaciones más envejecidas del mundo, y a la que paradójicamente, como hemos dicho, quizá sólo pueda salvar la inmigración. Pero no es sólo una cuestión de futuro sino de presente. Hoy nadie puede aguantar cruzado de brazos mientras observa cómo gobernantes corruptos, despreocupados e ineficaces se han embolsado sacos de dinero, han hipotecado al país y todavía han tenido el descaro de exigir de los jóvenes obligaciones como la de un servicio militar ya extinto para defender a la patria de un enemigo imperceptible para que los "amenazantes" militares se hallen entretenidos y no se les ocurra protestar a pesar de los míseros sueldos y los ridículos medios con los que cuentan.

Un pretexto, muy recurrido, del ansia nacionalista radical, y no tan radical, es el de argumentar que España es una carga para Euskadi. Esto es cierto en parte porque siendo ésta una comunidad que pierde dinero, en favor de las más pobres que sólo aportan paro al que mantener, no es la única que pierde. Debemos pensar que lo que mantiene en pie a España y lo libra de la miseria no es la industria sino el turismo de las zonas costeras, u otros lugares, porque si no fuésemos uno de los países con mayor afluencia turística del mundo estaríamos inmersos probablemente en la indigencia. Vendiendo el país poco a poco, y a golpe de urbanización y recalificación, al menos va entrando dinero.

En cualquier caso, cuando en unas condiciones económicas precarias unos padres de familia tienen que arrastrarse y dejarse humillar para dar de comer a sus hijos toda violencia está justificada, aunque debemos creer que nunca el asesinato, al menos en una sociedad "democrática" como la vasca. Pero esto no es lo que define a los etarras. Ellos se rigen por otras motivaciones añadidas porque ETA no es sólo un grupo de izquierdas amigo de los obreros de los años 70 sino una tropa fundamentalmente nacionalista e imperialista que anhela la incorporación de Navarra y de parte del sur de Francia a sus ridículos dominios territoriales, que no abarcan ni el propio País Vasco al completo. (Para tener una idea de la "grandeza territorial", apuntemos que comunidades como Extremadura, con 41.600 Km. cuadrados contiene 5,7 veces el País Vasco, con 7.300 Km. cuadrados).

En el mismo caso que ETA se encuentran algunas gentes agrupadas en torno al eje político de nombre mutante, denominado Herri Batasuna, Euskal Herritarrok, partido de las tierras vascas… y de los grupos ideológicos afines. Pero debemos ser muy cautos y no equivocarnos, porque la composición social de los grupos terroristas y político-terroristas no responde a un tipo definido nacionalista y racialmente vasco como debería ocurrir. Como lo calificaría el austriaco Hitler, la base social de apoyo a ETA, y el mismo comando, están bastardizados, porque se observa una amplia adhesión de elementos ajenos a la raza vasca. De tal modo que podemos ver con asombro cómo individuos de apellido enteramente español, hijos de emigrantes, y sin ninguna raíz antropológica y cultural vasca forman o han formado una parte importante del brazo político y armado; de hecho ETA dispone no sólo de individuos fieles a la patria sino de grupos de mercenarios andaluces o salmantinos que cobraban unos dos millones de las antiguas pesetas por cada objetivo eliminado. En algunos casos estos individuos, ocupan altos cargos de agrupaciones afines a ETA y modifican sus propios nombres mediante la adición de letras genuinamente vascas como la "k", siempre que se puede claro, porque si es "Morcillo Torres o Barrena", entonces sólo nos queda un nombre sin reminiscencias hispanas: Antton o Pernando. La motivación violenta de estos parásitos de la raza vasca responde exclusivamente a motivos económicos y su elemento X se activa mediante referencias ficticias creadas por ellos mismos, al considerarse vascos auténticos. Este es sin duda un fenómeno digno de ser estudiado en el ámbito sociológico, psicológico, psiquiátrico y hasta por la zoología, porque no se puede negar la similitud con los comportamientos de simbiosis como la existente entre la rémora y el tiburón. Por un lado la fracción bastarda o parásita, cuya irascibilidad se ha activado como consecuencia del "nefasto trato" que les ha dado el Estado, se beneficia del bulto que hacen los otros, los auténticos, en las manifestaciones y en las urnas. Esta raza autóctona, también se beneficia de un mayor número de votantes fieles que, a fin de cuentas es lo que vale en una democracia. Entre estas

Los delitos de Dios

dos razas no existen disputas internas aparentes porque una de ellas se disfraza y asume el papel de raza vasca. Es de tan suma importancia el voto de los falsos vascos que gran parte, por no decir la mayoría, de los mítines políticos electoralistas de Herri Batasuna, y cómo no del PNV, tienen lugar en lengua española. ¡Qué aberración! Pero así todos entienden, tanto los que saben euskera, que también hablan y entienden el castellano en su totalidad, como los que no han hablado una sola palabra de vascuence en toda su vida, aunque sigan alegando que fue culpa de Franco; y es que en los últimos 40 años de libertad lingüística no les ha dado tiempo a aprenderlo:

¡Ni siquiera a los propios lehendakaris nacionalistas!

Y es que al final nadie es tonto en este mundo. Uno es nacionalista pero no gilipollas. Se puede ser un progresista, pero práctico. Se puede acometer una cruzada para retirar todos los monumentos, de gran valor histórico, que recuerdan al dictador Franco, pero a nadie se le ocurre –en coherencia con sus principios– reventar todas las presas de los pantanos que él construyó. Pero todo vale en pro de la cultura y de la historia, en un país donde nadie lee y donde nadie sabe historia.

¿Cómo les va a tomar alguien en serio?

Al final el sentido de la utilidad se impone y los nacionalistas acogen a los falsos nacionalistas. Todos juntos hacen una gran familia que tiene gran poder de convocatoria electoral y que gobierna o ha gobernado, en muchos ayuntamientos de Euskadi, en los que ha hecho lo mismo que las demás agrupaciones políticas –nada– aunque a decir verdad por lo menos no tenemos constancia de corruptos en el seno de este partido –aquí lo pagarían bastante caro–.

Herri Batasuna, el corazón de ETA, recolecta muchos votos y constituye una fuerza política importante y consolidada, aunque otros traten de restarle importancia. Pero debemos tener muy claros sus puntos programáticos porque, a pesar de la amplia cabida de sectores falsamente nacionalistas, la base ideológica de HB –o como se ha ido llamando con sus reiterados cambios de denominación para aprovecharse de las leyes españolas– es fundamentalmente nacionalista y profundamente antiespañolista en consecuencia. También se observa en su ideología evocaciones pasadas, que han hecho mucha mella en sus electores, como la del dictador Franco, que arremetió brutalmente contra la identidad vasca cometiendo la salvajada de prohibir el uso del euskera. Persiguió, encarceló y fusiló a muchos de sus importantes elementos, además de españoles que lucharon en defensa de las libertades. ETA nacía en aquellos tiempos a partir de una escisión del partido nacionalista vasco moderado y denominado PNV, para algunos no tan moderado, sobre todo cuando algunos acusaban a su principal dirigente, el jesuita Xabier Arzalluz, de alentar a los terroristas de ETA para que atentasen contra los "opresores". Era otra época en la que se identificaba a este grupo terrorista como a unos liberadores de la dictadura y de la opresión hacia el obrero vasco.

Hoy los papeles han cambiado en gran medida. ETA y HB exigen la independencia total respecto de España, y la autodeterminación –deben referirse a lo mismo–. Así como la anexión de otros territorios "históricamente vascos". El derecho de autodeterminación de los pueblos es absolutamente indiscutible, pero Euskadi no es un pueblo homogéneo a la antigua usanza como podría desprenderse de su definición teórica, es algo más complicado, es un edificio donde la mitad de los inquilinos quieren hacer reformas, a las que tienen derecho, pero sin el consentimiento expreso de los demás vecinos. Los primeros creen, argumentando que ellos compraron su vivienda primero, que sus derechos prevalecen sobre el interés de los segundos. En esta situación por lo menos se podría tratar de persuadir a los vecinos "intransigentes" de que las reformas son ventajosas o asumibles, pero el trato poco decoroso que han tenido que soportar éstos al abrir sus puertas o al bajar al garaje y comprobar una nueve milímetros o un petardo debajo del coche les ha convencido de que esos rudos vecinos pueden padecer psicopatías que les hacen perder fiabilidad en sus propósitos. Los vecinos del PNV buscan el mismo objetivo que los terroristas —con los que siempre se han llevado relativamente bien— tratando de demostrar que el edificio les pertenece; pero dispensan un trato más amable y dialogante, hablando de frente y no por la espalda, por lo que se les hace mucho más caso en las escaleras. No obstante hicieron en su momento algo novedoso —justamente cuando se empezaron a ver amenazados por las bombas— tratando de dialogar oficialmente con los pistoleros, organizando mesas o congresos de paz.

La autodeterminación debería conseguirse políticamente y no a tiros, además no hay otra forma de hacerlo. En buena lógica debería llevarse a cabo un referéndum para consultar a la población de Euskadi su interés por obtener la independencia, y tras esto obrar en consecuencia. Ante esta posible propuesta los independentistas dirían que el derecho a ser independientes —o libres, según su valoración— es incuestionable, por lo que no debería ser sometido a consulta. Sin embargo no parece razonable salvar la vida de un moribundo que precisa de un corazón quitándoselo a un individuo sano. El legítimo derecho no puede imponerse a aquellos que pasarían a ser extranjeros en su propia tierra. Resulta además difícil de entender cómo algunos pretenden hacerse, por ejemplo, con el poder del condado de Treviño, argumentado una pertenencia histórica forzada al reino de Castilla y León, y por otro lado no reconozcan que la delimitación geográfica del propio territorio alavés se forjó también por decreto, para, entre otras cosas, la extensión hacia el sur del pago de unas tasas marítimas que atenuaran las penurias de una población muerta de hambre.

Se podría pensar, como alternativa difícilmente negociable, en una serie de áreas de exclusión que agrupasen a independentistas por un lado y a "españolistas" por otro. Sin embargo la historia ha demostrado ya en lo que desembocan estos absurdos e irracionales experimentos, sobre todo cuando afloran las prisas y las ansias desmedidas, que degeneran en una chapuza posterior de imprevisibles consecuencias. Otra opción sería no dejar votar a los "de fuera" como pretenden hacer hoy algunos políticos catalanes con los inmigrantes.

A pesar de las divergencias de medios y modales es evidente que existen elementos comunes entre los partidos nacionalistas, como es la defensa de la identidad vasca por encima de todo, y en consecuencia la defensa de la lengua vasca que algunos nacionalistas y vascos de apellido nunca han hablado paradójicamente, pero que tienen que aprender e imponer —según ellos recuperar— ahora que las clases de religión ya no son obligatorias, para tratar de convencer a todos de la propiedad histórica de su edificio, que no han construido sólo ellos.

En fin, cuando un partido político fracasado e ineficaz ha conseguido, con la ayuda de otros, que Euskadi fuera en su momento (años 80-90) el mayor criadero de paro, de SIDA y de terroristas de Europa, sólo le queda ilusionar a sus fieles electores con un inútil carnet de identidad vasco para poder agitar algún día, con orgullo, la bandera vasca hasta que salgan chispas. Será entonces cuando el elemento X pueda situarse en su equilibrio natural.

También el nacionalismo vasco, por su condición, presenta similitudes con los demás nacionalismos acaecidos a lo largo de la historia. Un nacionalismo racial no tiene un carácter reactivo sino uno activo e imperialista, como hemos podido comprobar ya. En consecuencia podemos hablar del imperialismo vasco. La mejor muestra de esto es la política de imposición obligatoria de la lengua en las instituciones y centros educativos de escasa "tradición vasca". Sería perfectamente lógico que un estado adoptase su propia lengua oficial y la hiciese obligatoria, pero esta "recuperación" ya no sólo tiene lugar en territorio vasco sino en zonas en las que históricamente nunca ha existido una predominancia del euskera.

Convendría analizar brevemente la historia de una ciudad, como la de Vitoria, símbolo de la imposición del imperio vasco, para clarificar su origen y "tradición" vascos.

Es muy difícil precisar qué había antes del 100.000 a.C. en estas zonas alavesas, aunque no se debería descartar, en teoría, la presencia de la raza vasca si consideramos que pudo constituir el núcleo inicial de propagación del Rh negativo. Pero del mismo modo que había habitantes en la península tampoco podemos descartar la presencia de razas mediterráneas o del sur. Precisamente fue en el 100.000 a.C. aproximadamente cuando se inició una glaciación que obligó a replegarse a todo ser viviente hacia el norte de la península, donde la altitud era menor y la proximidad del mar contribuía también a suavizar las gélidas temperaturas. Fue en el 8.000 a.C. aproximadamente cuando supuestamente debió finalizar totalmente esta glaciación.

En este instante tuvo lugar la repoblación de estas tierras por parte de algunos "vascos de raza", pero sobre todo por parte de razas mediterráneas como la denominada "mediterráneo grácil", originaria del área pirenaica catalana y que penetró por el valle del Ebro. Precisamente estos últimos constituyen los primeros restos antropológicos alaveses de los que se tiene conocimiento. A esto hay que añadir la presencia de numerosas conchas marinas de origen mediterráneo y los flujos culturales intensos provenientes de oriente que se materializaron en una notable presencia de construcciones funerarias denominadas dólmenes. Del análisis de los restos de estas construcciones se ha podido deducir que sólo un 15% de los cadáveres corresponden a la "raza" vasca. Aunque este dato no es, en absoluto, significativo de la proporción real de la población de raza vasca en aquellos tiempos, que podía ser muy superior. No obstante, queda suficientemente claro que esta raza nunca predominó numéricamente sobre el resto de las razas con las que coexistía, quizá pacíficamente porque no se divisaban unas a otras, en lo que hoy es Álava, que nunca constituyó el soporte de una población vasca definida y exclusiva sino todo lo contrario. Ciertamente, en esta época histórica, no se puede hablar de poblaciones o poblados sino más bien de asentamientos de grupos de cazadores de diferente carácter étnico entre los que se encontraban grupos raciales vascos.

A partir de 1.500 a.C empezaron a penetrar numerosos grupos provenientes del centro de Europa que introdujeron las primeras técnicas de carácter agrario. Sobre el 195 a.C los romanos hacían acto de presencia, y los documentos escritos que nos dejaron confirman efectivamente la existencia de tribus y lenguas indoeuropeas que nada tenían que ver con la raza vasca y el Euskera. Quedaba por tanto ya bien claro que el territorio alavés nunca había sido estrictamente vasco ni hablaba en vascuence, aunque se percibía la presencia de estos grupos del norte. Tal era su inferioridad numérica y diferenciación cultural que los grupos más importantes de la población alavesa se unieron a los romanos para luchar contra los vascones, cántabros y astures, mucho menos receptivos a las visitas extranjeras. El latín vulgar, hablado por los soldados empezó a imponerse como lengua, salvo en el norte donde obviamente sobrevivió el euskera. Tras la caída del imperio romano, los bárbaros, entre otros, penetraban y se apropiaban de los territorios. Fue con la llegada de los visigodos, aliados de los romanos, cuando se vencía a todos estos grupos invasores. El visigodo Leovigildo fundaba Victoriaco en el 581. Este emplazamiento, que no se corresponde con la actual Vitoria-Gasteiz, tuvo la función de núcleo militar para protegerse de los vascones que, en su intento de penetrar, fueron replegados nuevamente al norte. Los vascones ya constituían una etnia bastardizada que podríamos definir como francocantabropirenaica con elementos celtas y bien diferenciada de la alavesa, cultural y racialmente. Era ya totalmente evidente que en la actual Álava no estaban asentadas, en absoluto, ni la raza ni la cultura vasca, aunque sí debió quedar algún núcleo próximo junto a las zonas del pirineo navarro. A partir del 711, unos nuevos visitantes, los musulmanes, aparecieron por estos lugares, despachando a los visigodos. Pero 200 años después, la incompatibilidad religiosa cristiano-musulmana unió por primera vez a vascones, astures y cántabros con los "alaveses" y esto degeneró en numerosas batallas que definitivamente alejaron a los musulmanes. Muchos vascos junto con los que se había luchado para reconquistar los territorios y que ya no eran considerados hostiles, bajaron de las montañas y empezaron a emigrar al sur llegando a instalarse en zonas como Salamanca o Andalucía. También penetraron en Álava que empezaba a conocer un gran auge económico. Una buena parte de los vascos alaveses de hoy provienen precisamente de estos colonizadores, de hace siete u ocho generaciones, y de posteriores. En aquellos momentos los reinos castellanos estaban ya definidos. Tanto el castellano como el navarro se disputaron el territorio alavés que primero estuvo en manos del rey navarro Sancho VI el Sabio, que había fundado Vitoria en 1181, concediéndole su primer fuero. Seguidamente este territorio pasó a manos del reino de Castilla. En 1492 los judíos eran expulsados de la península y esto sumió al país y a Vitoria, una ciudad de gran importancia comercial, en una grave crisis. Esta villa era entonces reinada por Carlos V, el rey del mundo, y el emblema del triunfo y de la decadencia. España se empobrecía y muchos vascos, alaveses, y españoles, se vieron obligados a emigrar a América y, de nuevo, a Castilla o a Andalucía donde los sueldos eran mucho más altos. Muchos vascos, que también habían entrado en el juego económico, emigraron como asalariados o bien como carboneros o vendedores. En la mayoría de los casos, tras unos años, cuando habían amasado una cierta cantidad de monedas, volvían a su lugar de origen.

Algunos textos afirman que Álava ha sido bilingüe. En efecto, en Álava se hablaba castellano y euskera o euskara, pero muchos olvidan que el territorio alavés comprendía lo que hoy es Vizcaya y la zona del Deva. Precisamente estas zonas, junto con Durango, se escindían de Álava en el 1.076 fundamentalmente por motivos lingüísticos obvios.

Si algo hay claro en la historia de la actual Álava es que jamás fue patrimonio cultural y territorial mayoritariamente vasco.

Sin embargo las cosas cambiaron tras la Guerra Civil Española. Tras la muerte del dictador Franco se produciría un "efecto muelle". Un "nacionalismo" vasco latente y reprimido estalló con gran virulencia expandiéndose por lugares que nunca había dominado, valiéndose, fundamentalmente, de la coyuntura económica.

El hecho es que hoy, el afán imperialista vasco, obliga, o intenta obligar, a todos sus administradores y componentes públicos, en activo, de Vitoria, a saber hablar euskera, aunque no lo hayan sabido nunca, y con la amenaza de no poder desempeñar su trabajo. No es extraño que irrumpan con fuerza nuevos fenómenos políticos antinacionalistas. El euskera, como aludimos ya, es ahora el sustituto natural de la asignatura de religión, que por fin ha dejado de ser obligatoria y en algunos casos ya no es ni siquiera opcional. El nacionalismo hace su relevo natural a la religión. Aunque algunos todavía sigan diciendo que el euskera no se impone a nadie, los partidos del equipo local alavés de baloncesto, formado por un nutrido grupo de mercenarios no vascos que se codean con los mejores de Europa, se retransmiten desde hace muchos años por la televisión pública vasca en esta lengua, mientras que curiosamente en Álava sólo un 5% de su población habla euskera con asiduidad y sólo entre un 15% y un 25% más asegura entender dicho idioma –y no digamos nada del equipo de mercenarios–

Los delitos de Dios

. Dicho de otro modo, mucho más de la mitad de los alaveses son espectadores extranjeros, en algunos momentos, viendo la televisión que pagan con sus impuestos. El "Baskonia", como lo denominan casi todos —no podía ser de otra forma— ha conseguido que las ikurriñas se agiten ahora donde nunca antes lo habían hecho —la bandera española está prohibida por las rémoras hispanas—.

Hablando de deporte, entre nacionalistas catalanes o vascos el anhelo por tener una selección de fútbol nacional es casi enfermiza, lo cual es totalmente respetable. Pero no puedo ocultar mi natural curiosidad preguntándome qué podría pasar en una liga nacional vasca o catalana. ¿Ganarían dinero con partidos como el Barça-Sabadell o el Hondarribia-Bermeo? ¿Los retransmitiría alguna televisión? ¿Jugaría Ronaldinho y todos los demás mercenarios no catalanes de su equipo o sólo los de apellido nacional-regional?

Obviamente, por coherencia, estos equipos ya no podrían jugar en una de las mejores ligas del mundo, la española. ¿Ocurrirá esto algún día? Bajo la practicidad aludida anteriormente cabe pensar que no. Un nacionalismo no renunciará nunca, a la gasolina de su motor, que no es otra que el dinero. Los equipos vascos o catalanes de primera nunca renunciarán a la liga española para así poder hacer caja de una manera más contundente. Pero eso sí, los políticos seguirán practicando el victimismo, que da más votos, y seguirán utilizando el deporte para sus fines. Bueno, algunas modalidades del deporte "de masas" que les dan más publicidad. Las chicas y chicos de la selección vasca de gimnasia probablemente seguirán pagándose la ropa y los viajes de su bolsillo para poder ir a las competiciones.

Hablando de la televisión pública vasca, ni que decir tiene, que la información meteorológica seguirá en la misma línea; el mapa del tiempo en Euskadi seguirá formado también por Navarra y una parte de Francia, que no interesa ni al mismísimo Jesucristo. Burgos o Cantabria, perteneciendo al estado español, no aparecerán por ninguna parte a pesar de que poseen mucha más utilidad informativa, sobre todo para los bilbaínos, que van a disfrutar de sus casas de fin de semana en estos lugares de España.

Sin perder el norte de lo que estábamos comentando sobre una ciudad vasca llamada hoy Vitoria; hace unas cuantas primaveras, en un alarde de prepotencia, los del imperio posibilitaron que la villa de Gasteiz se erigiese como la capital de Euskadi, cuando todavía en algunos mapas extranjeros ni siquiera figura como perteneciente al País Vasco. Con Navarra, el siguiente objetivo del imperialismo vasco, han intentado hacer algo similar aunque no han podido por motivos obvios. No se puede negar la existencia de raíces vascas en esta región, pero ¿qué sentido tiene tratar de imponerse por el hecho de que algunos pastores, agricultores, artesanos, vendedores o asalariados vascos emigrasen en tiempos pasados y se estableciesen en algunos puntos aislados de esta zona? ¿Es que por el hecho de ir de camping te pertenece el monte donde acampas?

Deberíamos tratar de ser un poco más civilizados y un poco más prácticos que los vaqueros del oeste, olvidándonos –no del todo– de toda esta sucesión histórica y centrándonos en los problemas que realmente nos afectan. Resulta poco coherente gastar importantes cantidades de dinero en euskaldunizar españoles, cuando los pequeños empresarios, obreros y comerciantes, entre otros, están ahogados por los impuestos más altos de Europa, por uno de los suelos más caros del mundo y por la mayor presión fiscal del mundo en materia de pensiones.

Pero debemos analizar hasta qué punto estos problemas repercuten en la conducta humana porque ¿qué pasa por la cabeza de un terrorista cuando asesina? ¿Debemos pensar que lucha contra las injusticias impuestas por el Estado?

Los delitos de Dios

La verdad es que cuando la pieza clave de sus reivindicaciones ha sido el derecho a imponer el vascuence, a renegar del Estado español, pero no abiertamente de Europa, a desertar de un ejército por motivos antimilitaristas cuando ellos forman parte de otro, a exigir autovías alternativas y el cierre de centrales nucleares para preservar el medio ambiente, haciendo gala de un excelente sentimiento ecologista cuando ni siquiera reconocen el derecho a la vida humana y el derecho a caminar por la calle sin que te explote una bomba. Cuando, paradójicamente, ellos exigen lo que no ofrecen, como la solidaridad con sus presos mientras ellos no la manifiestan con los niños y civiles afectados por sus bombas, o con los casi 1000 muertos que han dejado mutilados, y cuando exigen justicia matando cobardemente por la espalda, coaccionando a todos sus vecinos para que renieguen de su España natal. Cuando pretenden la amnistía de sus presos sin que ellos amnistíen a sus víctimas. Cuando pretenden el cese del imperialismo español, europeo y americano, sin que ellos cesen en su empeño de hacerse con el poder por la fuerza, amparándose en el derecho —y la imposición— de la autodeterminación.

¿Qué sentido tiene esta paradoja asesina? Un terrorista sacrifica su vida y la de su familia, matando inocentes —entre ellos humildes policías de barrio— y matando niños, para que otros niños, los huérfanos hijos de terroristas encarcelados, disfruten de algo tan abstracto e irreal como es un Euskadi independiente.

¿Pero qué más puede aportar un Euskadi independiente? En primer lugar los impuestos vascos no irían a parar a las arcas de la burocracia y del Estado español. Ya no habría que ir a llorar a Madrid para pedir dinero de los presupuestos generales, y las comunidades pobres dejarían de suponer una carga. Euskadi se libraría de los intermediarios y podría distribuir su dinero en lo que quisiese, aunque ya lo hace en algunas facetas como sanidad —tan desastrosa como en el resto del estado—, educación o imposición del euskera, policía e industria; porque gran parte de las competencias, aunque no todo el dinero, son ya exclusivas del gobierno vasco desde hace muchos años.

Sin embargo, a pesar de que Euskadi se libraría de las comunidades pobres, esto no es más que una falacia, porque debemos tener en cuenta algo de vital importancia, y es que hoy la política redistributiva y organizativa no se hace desde Madrid sino desde Europa. Desde aquí se dictan los repartos tanto de atribuciones como de producción industrial. Por otro lado las leyes y la legalidad que contemplan al País Vasco son las estrictamente democráticas y europeas. Un español no disfruta de un solo derecho más, del que tiene un vasco, y ambos son iguales ante la ley (bueno, salvo en lo de la bandera o el carné). Aunque en la práctica un madrileño tiene menos derechos o posibilidades para optar a un puesto de la administración pública vasca o catalana, que un vasco o catalán para optar a la administración del Estado, a no ser que el primero se aprenda todos los dialectos de la península. Ahí reside el negocio de los nacionalismos: En mi casa sólo entro yo pero yo puedo entrar en la de los demás.... Si encima creas un carné por puntos de "catalanismo" para que los inmigrantes tengan más derechos, sólo si hablan catalán, pues todos al oficio.

En Euskadi quizá fuesen más ricos los más ricos, pero no más libres en "independencia". Además sería posiblemente más vulnerable ante los caprichos de la economía, al depender en buena parte de un sector industrial amenazado. Permanecer de alguna manera en España, de economía más diversificada gracias al turismo —una de las primeras potencias mundiales—, puede ser un seguro caro, pero al fin y al cabo un seguro con prestaciones como ejército, embajadas, organismos de salud pública, meteorología, catástrofes, rescate... y otros tantos interminables elementos que Euskadi tendría que pagar de su bolsillo. Pero en fin, volvemos a insistir. El derecho de autodeterminación de los pueblos es incuestionable. Lo que ocurre es que me surgen dudas como siempre con estas cosas tan difíciles de entender. ¿Dónde se sitúa el límite natural o geográfico de la independización? Si se puede independizar un pueblo también puede una villa de 200 habitantes. ¿Y un barrio? ¿Y una comunidad de vecinos? Basta con ponerse a hablar esperanto, que es más fácil todavía que el catalán, y con encargar el diseño de una nueva bandera. Nos inventamos alguna costumbre y ya está. ¿Podré independizarme yo solo como persona autónoma? ¿Para qué voy a pagar impuestos si no los huelo? ¿Para pagar a toda la panda de la administración? ¿Para no poder aparcar en ningún sitio?

Me surgen más dudas.

¿Qué cabe esperar entonces de las acciones terroristas de ETA? ¿Qué objetivos han conseguido y van a conseguir?

España, Europa y el mundo sólo estarán dispuestos a integrar en su equipo a los jugadores que sigan las reglas del juego europeo democrático. Hemos aceptado por convenio que nuestras aspiraciones se consiguen en las urnas y por mayoría.

¿ETA pensó alguna vez que podría amedrentar al Estado español y que éste cedería vencido?

Después de las numerosas pérdidas humanas acaecidas en el ejército y en el Estado, aunque Euskadi fuese una pieza prescindible del motor español, cosa que no es así, el orgullo militar y estatal jamás aceptaría una independencia de este pueblo ganada mediante las armas, aunque bueno, al final depende de quién gobierne. Entonces, a decir verdad, el mayor estorbo para la independencia de esta región no lo han constituido los votos españolistas de los "maquetos" o emigrantes, sino ETA. Ni siquiera mediante cauces políticos se conseguiría la independencia, mientras existiera ETA. De hecho es muy posible que a los "altos mandos" del Estado español les interese la permanencia de este grupo terrorista en escena para justificar así la "presencia" en Euskadi.

ETA no ha sido práctica ni ha usado la inteligencia porque no se ha regido por ella, como en todas las manifestaciones nacionalistas de la historia. ETA ha sido dominada irracionalmente por el elemento irascible y exterminador, el elemento X. Su objetivo real, lejos de atacar y resolver el problema de fondo, es matar unidades de la raza opresora con la misma justificación de Hitler. En una primera fase los terroristas deberían eliminar a los opresores del Estado español. En una segunda fase, respondiendo a los parámetros lógicos y tradicionales del elemento genético y exterminador X, su objetivo debe estar basado en una guerra civil interna que acabe con los que no les apoyan, y que les permita posteriormente deshacerse de la masa de rémoras o parásitos falsamente vascos, en el aspecto racial, que han constituido la ayuda para escalar al poder. La guerra civil ha constituido siempre la máxima aspiración para los vascos de raza afines a ETA, y de hecho lo han manifestado matando representantes políticos de la oposición, del gobierno o de cualquier otro bando, lo que ha desestabilizado notablemente la normal convivencia política y social. Semejante enfrentamiento violento provocaría una destrucción masiva, el objetivo primordial de X. Pero la destrucción de esta prole es imprescindible para la perpetuidad de la raza, evitando así la atenuación del elemento X. Esto es al menos lo que sugiere el elemento irracional, pero lo sugiere a destiempo y equivocadamente. ¡Que más quisiera su elemento X!

ETA ha debido darse cuenta, hace ya tiempo, de que la primera fase u objetivo iba a resultar imposible de conseguir. Pero ¿Por qué no exterminar desde dentro? Si no se ha podido ni se puede con los opresores de fuera se puede intentar agredir y acabar con los españoles y españolistas del interior. En este sentido HB y grupos afines, habiendo llegado a proponer la utópica posibilidad de que se establezca esta guerra civil en Euskadi, empezaron ya hace tiempo a amenazar y a asesinar a su propia policía vasca, de apellidos vascos, y a su policía municipal, acusando a ambas de estar al servicio de los "intereses del Estado". ETA siempre mató con total prioridad a cualquier individuo de apellidos no vascos —basta con comprobar la estadística—, pero trató de simular la intención de llevar a cabo supuestos atentados contra personas que fueran la excepción de la regla, para que los falsos vascos no descubran que están siendo utilizados, con el objeto de hacer bulto, y continúen llevando a sus hijos a las ikastolas para aprender vascuence.

Aún así HB perdía votos progresivamente debido a la tendencia de este partido a vasquizarse. Las listas están pasando a ser encabezadas por vascoparlantes y vascos de apellido, lo que no es visto con buenos ojos por la fracción no autóctona, que ya no entiende muchas veces lo que se dice en los mítines, a pesar de que son presentados habitualmente en español, como hemos reiterado ya con asombro...

Ningún terrorista sentiría satisfacción al oír o leer todo lo que hasta aquí se ha dicho, probablemente sentiría un notable desprecio hacia quien lo suscribe. Las verdades muchas veces ofenden, pero no debemos culparles de nada a estas personas utilizadas, humilladas y olvidadas por su aparato político, porque su naturaleza biológica activada determina irremediablemente su conducta, una conducta muy útil a lo largo de toda la historia de la humanidad, con el objeto de conservar y aseptizar las etnias, pero que hoy ha dejado de tener validez en las urbes desarrolladas occidentales de natalidad y economías controladas y estabilizadas, por lo que se muestra en otros reductos del planeta. En el momento en que alguno de estos dos factores se resienta y se pierda su control, el terrorismo local —ya no el de estado— volverá a aflorar con virulencia si existen sectores sociales con identidades distantes y bien definidas. ¡Todos llevamos un terrorista dentro! No me cabe la menor duda de que si yo hubiese nacido en Palestina ahora sería un terrorista ansioso por matar judíos, y si hubiese nacido en Israel estaría intentando matar el máximo número posible de palestinos. Estamos abocados a matar si se dan las circunstancias y esto puede ser útil en muchas ocasiones. Quien afirme que el terrorismo no sirve para nada se está equivocando de manera superlativa. Un golpe de efecto con una buena bomba en el momento apropiado sirve para mucho; por ejemplo para cambiar el rumbo en el gobierno de un país de la noche a la mañana. Esto ha pasado por ejemplo en España en al menos tres ocasiones que yo recuerde: El asesinato de Carrero Blanco a manos de ETA y en connivencia con la CIA, el intento de asesinato de Aznar, a manos de ETA y el 11-M a manos de Al Qaeda y no se sabe muy bien quién.

El ocaso de los "terrorismos locales" llega tarde o temprano y se inician los denominados "procesos de paz", aunque los protagonistas sigan robando pistolas y explosivos. Claro que este calificativo no es del todo apropiado para cualquiera que tenga una incipiente cultura o dominio de su lengua. Entendiendo por "paz" como un convenio para dar fin a las hostilidades entre dos o más territorios, o como una situación contraria a la guerra, es evidente que un "proceso de paz" no es lo que define la situación subsiguiente a la que ha desencadenado un grupo de cuatreros que ha estado 40 años poniendo bombas. Aquí no ha existido una guerra sino una agresión real, cobarde y tramposa, en un solo sentido. Sólo un bando –ETA– tenía derecho a matar y a torturar, el otro no y cuando lo hacía entonces se recurría a la pateada justicia y a los derechos instaurados por el Estado Español. Los asesinos del GAL eran asesinos y torturadores. Sin embargo los asesinos de ETA eran presos políticos o hijos predilectos en opinión de algunos representantes de la mayoría de los vascos. Cabe apuntar que la definición de "preso político" hace alusión a alguien que está en la cárcel por sus ideas (Nelson Mandela) y no por disparar en la nuca. Esto no fue una guerra a dos bandos porque de haber existido una guerra equili-

Los delitos de Dios

brada de verdad hoy no sería necesario ningún "proceso" de ningún tipo.

Algunos seguirán hablando durante generaciones de "guerra sucia" o del GAL. Y en efecto, ha existido un desequilibrado combate paralelo encubierto en el que muchos etarras —unos 36— han perdido la vida transportando o manipulando bombas. Siempre morían en lugares abiertos, en carreteras anchas sin tránsito de personas en ese momento, y a veces de noche. Y es que la tecnología puede hacer que tu propia bomba pueda ser detonada a distancia por un agente de seguridad del Estado. Pero quizá hubo más jugarretas "sucias". Quizá muchos terroristas identificados en la frontera de Irún y con órdenes de busca y captura no fuesen apresados aposta. La "ciencia" de la rumorología apunta a que quizá el paradero de Ortega Lara fuese conocido ya por algunos agentes o cuerpos de seguridad del Estado a los dos meses de ser secuestrado, a pesar de que permaneció 532 días en el zulo. Pero había que mostrar a la opinión pública quiénes eran los malos...

La chapucera e impresentable creación de un GAL quizá responda al hecho de que el gobierno español estuvo mucho tiempo desamparado por los países del entorno. Pero un día Francia y USA empezaron a colaborar. En agradecimiento les compramos el TGV o los misiles mistral a los franceses. El primero —nuestro AVE— no era el mejor del concurso; Siemens ofrecía una máquina superior y más barata. Con respecto a los anti-aéreos de primera generación que nos mandaron, decir que cualquier Stinger de tercera mano nos hubiese hecho mejor apaño.

A los americanos también se les tuvo que agradecer, de alguna forma, su colaboración, a través de la CIA, para el desmantelamiento de SOKOA; el mayor palo a ETA de la historia. De todos modos los F-18 de segunda mano con electrónica restringida que les compramos tenían mejor pinta.

Algún día se aclararán muchos puntos oscuros. Quizá sepamos por qué algunos de los asesinos del 11-M (confidentes de la policía y alguno del CNI) tenían números de teléfono de etarras entre el material incautado. ¿Prestó cobertura logística, informativa o de algún otro tipo ETA a Al Qaeda? No en vano ETA mantiene relación desde finales de los años sesenta con grupos islámicos y algunos de sus gudaris fueron entrenados por dichos grupos en Yemen del Sur –asistidos por la OLP– en el Líbano o en Argelia (y es que la memoria les falla a algunos con frecuencia).

¿Por qué ha estado imputado el jefe de los peritos del 11-M por falsificar el informe del ácido bórico que establecía un nexo entre estos dos grupos terroristas? Si ETA estaba negociando y llegando a preacuerdos con el PSOE mucho antes de las elecciones, obviamente le interesaba que este partido ganara en las votaciones. Con el PP no tenían nada que mercadear. No es que la banda sea muy inteligente como dijimos pero ETA tenía ya la lección aprendida de veces anteriores y un atentado ejecutado por Al Qaeda un par de días antes de las elecciones nacionales era la forma más eficaz de conseguirlo después de que el PP – partido en el poder– se hubiese implicado en la ilegal e inmoral invasión y masacre de Irak –en contra de gran parte de sus electores y del resto del país–. Cabe de nuevo refrescar la memoria, no obstante, recordando que España ya estaba amenazada por los colegas de Bin Laden mucho antes de participar en esta contienda.

En fin; a día de hoy, mientras se escribe este ensayo –finales del año 2006– no tenemos ni una sola prueba concluyente de la implicación de los terroristas vascos en el 11-M. Pero al igual que ocurrió con el asesinato de kennedy, es sorprendente cómo a las pocas horas de los crímenes todos los implicados están enterrados, todas las pistas son más que evidentes y todas las dudas están esclarecidas sin ninguna sombra.

Al igual que ocurre hoy en Irak –que no ocurría antes de la invasión– el terrorismo cobrará fuerza en el futuro, en cualquier foco donde aparezcan los ya reiterados factores que alimentan al elemento "X"; crisis económica y elementos particularizadores o diferenciadores y excluyentes como las lenguas, las religiones y las etnias. Su objetivo final no será otro que el de una guerra civil aniquiladora que pueda dar lugar a una contienda mucho más generalizada.

En Irak se ha subestimado o no se ha sabido mensurar la magnitud de estos elementos particularizadores (o quizá se han tenido muy en cuenta, aposta). La acentuación de los mismos es tal que imposibilita la instauración de una democracia al estilo occidental. Y es que a cada momento histórico, a cada estado de civilización, le corresponde su sistema natural.

XI- "X" Y EL CRUCE RACIAL

La atenuación del elemento X, como consecuencia del cruce de razas, aparecía manifestada ya por las palabras de Hitler, y podemos observarla en la vida real. Deberíamos preguntarnos por qué a un hombre blanco le gustan preferiblemente las mujeres blancas, aunque esporádicamente haya alguna negra que pueda atraerle e incluso con la que podría unirse íntimamente en una relación duradera. Pero esto no es lo biológicamente habitual, incluso en países o zonas donde los condicionantes sociales o exógenos no tienen tanta repercusión, y donde ambas razas comparten estatus social. En líneas generales, aunque haya algunas excepciones, el blanco no siente afinidad —salvo la meramente sexual— por el negro, y viceversa. Hay algo en nuestro código genético, de carácter endógeno en consecuencia —y esto queda fuera de toda duda— que nos hace renunciar ante sujetos de otras razas y especies. Hemos hablado de blancos y negros pero ¿qué pasa con un mestizo resultante del cruce de un progenitor negro y otro blanco? ¿Le gustarán los negros o los blancos? Lo cierto es que le gustará cualquiera de los dos, con cierta afinidad hacia los blancos por motivos socioeconómicos y psicológicos —es el caso de los que quieren blanquearse como el famoso Michael Jackson—. En definitiva se habrá vencido, en gran parte, ese rechazo innato hacia la raza ajena, y esto ha de tener indudables consecuencias en la atenuación del elemento irascible X, como presentía y daba a entender el dirigente nazi.

Parece ser entonces que quizá seamos capaces de diferenciar y catalogar a un individuo en función de su raza, por lo que podríamos obrar con mayor o menor predisposición hacia el mismo., de la misma forma que ocurriría frente a una persona que nos atrajese o no físicamente. Habiendo llegado a esta determinación, sin duda podríamos hacer alusión a la belleza, al enamoramiento, o a la atracción sexual porque, no en vano, guardan una perfecta correlación con la afinidad racial; funcionan de modo similar. El hecho de que exista una capacidad innata de diferenciación física o morfológica hacia las diferentes etnias en todos los mecanismos nacionalistas podría suponer un problema de difícil asimilación para nuestro entendimiento, sin embargo la clasificación de algo tan abstracto como la belleza, y la belleza física o morfológica humana, no parece ser tan inexplicable para nosotros; muy por el contrario es algo absolutamente cotidiano. Mientras que tras un enamoramiento se produce un extraño y disparatado comportamiento que se manifiesta en la perpetración de locuras incalificables, algo similar, aunque en otro sentido, ocurre tras el desamor hacia otras tribus que se genera por un sentimiento nacionalista.

La afinidad por un negro o un chino —entendiendo por afinidad la atracción o simpatía hacia otro— para alguien que no lo sea, implica atracción física o sexual desde el plano de la química previa del enamoramiento. Si tenemos capacidad para diferenciar y sistematizar la "belleza" y la "fealdad", hecho que condiciona nuestra conducta dependiente de los instintos más primarios, y si esto es posible mediante un rápido análisis, realizado por nuestro subconsciente, del físico externo del individuo, no veo razones para que no podamos poseer la capacidad de discernir los matices raciales, y obrar en consecuencia. Si además afirmamos que esta diferenciación es innata no deberán quedarnos dudas al respecto.

Cuando nos arrojaron a la Tierra no constituíamos todavía una sociedad claramente sistematizada sino que éramos sujetos dotados de cierta individualidad, con una organización poco compleja y poco especializada. Vivíamos fundamentalmente de la caza, de la recolección y mucho más tarde de la agricultura. Pero disponíamos de unas capacidades muy superiores a las de los animales comunes, porque podíamos pensar y razonar hasta los límites que nos imponían nuestros deseos ocultos. Mientras que un animal montaba a la hembra por un extraño y asombroso mandato de sus bajos instintos nosotros, por nuestra condición de seres pensantes, debíamos encontrar una razón más lógica para hacerlo. Sin duda esa razón lógica la constituyó el placer sexual. Mientras los animales copulan en unos segundos sin sentir ningún placer aparente nosotros necesitamos bastantes segundos, como mínimo, y además somos capaces de retardar el orgasmo y de copular con asiduidad —el que puede—. Mientras los animales tienen épocas de celo establecidas, aparentemente, por su ordenador interno, nuestra actividad fisiológico-sexual es muy superior, mucho más frecuente, y nuestro celo es constante. Disponemos de muchas zonas erógenas y podemos establecer un juego sexual de caricias o de besos sin necesidad de efectuar la elemental penetración. Sólo nosotros, los humanos, podemos hacer algo así. Sin embargo, por otro lado, nuestros fabricantes eran conscientes de que nuestra naturaleza posesiva, o basada en el poder, sólo hacía posible la estabilidad de una sociedad organizada mediante la existencia de parejas estables. Uno de los componentes de la pareja debía ser físicamente más débil que el otro, lo que le obligaba a mantenerse sumiso, para que no se produjesen altercados por el poder. Por otro lado el humano, gracias a su inteligencia creativa, ya había fabricado en muy poco tiempo instrumentos de caza que podrían matar a miembros de su tribu en el supuesto de una disputa por las hembras. Las hembras, ante la posibilidad de conflictos sangrientos o mortíferos, difícilmente podrían haber sido de uso común por lo que debieron establecerse parejas fijas y un sistema represivo que evitase que un sujeto copulase con otro componente de otra pareja, y siempre hablando de sociedades técnicamente avanzadas. Esto además de evitar peligrosos enfrentamientos repercutía muy positivamente en la crianza de los hijos que, en el caso de los seres humanos, era mucho más lenta y laboriosa que para el resto de los animales, cuyas crías se desenvuelven con facilidad al poco tiempo de nacer. Esto es debido, como ya vimos, a que el cerebro humano, por su condición de inteligente, trabaja con un volumen de datos, captados del exterior, muy superior al de los animales por lo que el afianzamiento del aprendizaje es mucho más lento, de tal forma que los conocimientos básicos de supervivencia y autonomía también se consolidan mucho más tarde.

Pero hemos hablado del establecimiento de una pareja, y este es el tema clave, el que nos interesa, porque la constitución de semejante unidad familiar parte de una afinidad o atracción entre los dos constituyentes de la misma, o al menos de uno de ellos hacia el otro, frecuentemente el más poderoso. Si dejamos aparte las "parejas de conveniencia" o las que se han forjado porque el constituyente poderoso aseguraba una gran protección física, tenemos que pensar que el nexo que establece la pareja es consecuencia de un mecanismo biológico denominado "enamoramiento" y que tuvo que formar parte de nuestra naturaleza por motivos obvios, de la misma forma que podría hacerlo un sistema biológico "aborrecedor" de razas.

¿Pero cuándo se enamoran dos sujetos? ¿Cuándo uno atrae físicamente al otro? ¿Qué papel juega la "belleza" en estos casos?

La verdad es que esta pregunta todavía no tiene respuesta científica, ni siquiera hoy. Sabemos que el enamoramiento existe y que tiene repercusiones glandulares u hormonales, por lo que podemos sólo constatar científicamente dicho mecanismo. No tiene ninguna utilidad precisar si el amor tiene un carácter exclusivamente químico o hay algo más. En nuestro caso simplemente nos basta con verificar la realidad del mismo. No obstante debemos considerar este fenómeno como una consecuencia de lo que cada sujeto entiende por belleza, porque, de hecho, nos enamoramos siempre de alguien "bello". Una mujer o un hombre tienen una belleza interna fruto de su personalidad, simpatía o actitudes, y una belleza de carácter externo físico. Esta última condición es de suma importancia. Pero deberíamos plantearnos la esencia de la belleza física. Muchos argumentan que la belleza exterior es fruto exclusivo de los cánones establecidos. No cabe duda de que las modelos que vemos por la televisión pueden representar un grupo numeroso y dispar que siente las bases de lo que debe ser la belleza universal. Según las épocas históricas o las modas el canon de belleza ha fluctuado de forma que antes los bronceados solares, propios de la clase trabajadora expuesta al sol, estaban muy lejos de los convenios de belleza. Pero, aunque no siempre seamos ajenos a esta realidad, en nuestro ámbito particular siempre tenemos nuestras preferencias personales en cuanto a gustos, aunque puedan estar ligeramente coaccionadas, ya que nuestro espíritu es en esencia rebelde y siempre nos alejamos de las normas, de tal modo que nuestra forma de vestir y nuestros gustos por la ropa no responden necesariamente a los gustos de la generalidad o del convenio internacional u occidental. Del mismo modo el enamoramiento tiene que ser algo intrínseco y distante de las imposiciones de la sociedad. Cada persona tiene su idea de la belleza y la que para unos es guapa para otros puede ser horrenda. Aunque en este mundo hay de todo, cualquiera que esté enamorado de alguien considerará que ese alguien es guapo o guapa, quizá el más guapo del mundo, aunque no siempre, porque no podemos conseguir lo mejor en todos los casos.

Una madre considerará a su hijo como uno de los más guapos que conoce, aunque sea igual de horroroso que el mismísimo vampiro Nosferatu –bueno, quizás la comparación sea un poco extrema–. Del mismo modo, e inconscientemente, el hijo es atraído por hembras cuyos rasgos presentan similitud con los de su progenitora, y esto puede constituir otra vertiente del sistema de conservación de la raza porque de esta forma habrá más posibilidades de que el individuo se cruce y procree con un elemento afín y similar a la raza propia, lo que redunda en una conservación de la misma.

Cada sujeto tiene archivado en su cerebro, con carácter innato o de nacimiento, un fichero de rostros con coordenadas x, y, z, que representan las caras que de ser vistas abre las puertas a un posible enamoramiento. Luego actúan una enorme cantidad de factores externos y culturales condicionantes. Estos patrones de coordenadas sin embargo muestran algunos grupos coincidentes, de forma que un determinado sujeto puede gustar a muchas más personas que otro, que pasaría a considerarse menos guapo o hasta feo. Un feo será feo porque los rasgos o sectores de su cara, con toda seguridad, no guardan unas proporciones límite, con lo que desproporciones, como ojos grandes, o demasiado juntos o separados... Este desequilibrio facial nos afecta inconscientemente, pensando que se aleja, en su reproducción o copia genética, de la generalidad o de lo que debió ser el "humano original". En fin no sabemos exactamente hasta qué punto podemos fiarnos de nuestros criterios porque es posible que la belleza no exista como tal y que todo sea producto del archivo de nuestra mente.

Me pregunto qué ocurriría en una isla desierta frente a dos posibilidades. La primera posibilidad podría ser, por ejemplo, la atracción relativa a la belleza que ejercerían dos machos sobre una hembra. Imaginemos que todos hubiesen sido abandonados al poco tiempo de nacer en esta isla. Los tres estarían libres de influencias culturales externas que predeterminasen un canon de belleza. La mujer se vería quizá atraída por el más fuerte y alto, como es habitual e instintivo. Si se diesen las condiciones para que esta mujer hubiese desarrollado capacidades introspectivas y se hubiese autoanalizado y adquirido una cultura a modo de autodidacta es posible que pudiera sobreponerse a su instinto y sentirse atraída por el débil, siempre y cuando las condiciones de vida no fuesen adversas y no dependiesen del poderío físico. Es posible que la hembra fuese atraída enormemente por el débil si aflorase en ella su instinto maternal y protector, y su atracción sería máxima si el débil dominase al fuerte mediante el uso de la inteligencia o la astucia. Pero supongamos que ambos poseen la misma masa muscular, la misma inteligencia, y personalidades y conductas similares encaminadas hacia la protección de su hembra común. Aun suponiendo que los dos fuesen igual de buenos a la hora de fornicar, uno de los dos sería más "guapo" que el otro para la hembra, si suponemos un individuo extremadamente guapo y otro extremadamente feo según los cánones de nuestra civilización urbana. Lo mismo ocurriría en una segunda posibilidad de características homólogas pero con dos hembras y un macho, porque sigo pensando que las influencias de la televisión o de las revistas no son en absoluto determinantes en la adopción de nuestros gustos, como no lo son los anuncios publicitarios de coches. Ciertamente en este caso nos sentiremos atraídos por coches que puedan ser adquiridos o asumidos por nuestra economía personal. Un Mercedes gustará siempre –no a todos– pero este gusto está influenciado por factores sociales de prestigio por lo que el amor a un Mercedes quizá no sea tan puro. Pero el comprador se centrará y amará en un determinado segmento, y a igualdad de precios, mecánica, impacto publicitario y prestigio, la "belleza" de la carrocería es decisiva y muchos modelos fracasan en sus ventas por su "fea línea". Es indudable que existen factores condicionantes para el cliente, como la poca aceptación de carrocerías innovadoras. De hecho fue un difícil paso, aún no superado, y muy progresivo, la introducción de carrocerías redondeadas y aerodinámicas cuando eran habituales las cuadraturas y aristas en todos los diseños. Fue necesario ir dando redondeces poco acusadas y progresivas —también por imposiciones técnicas— para que los compradores no se asustasen al ver novedosos "huevos" con ruedas, que a nadie gustaban, por lo que semejante osadía habría supuesto un estrepitoso fracaso comercial. Pero la belleza sigue siendo, también en este caso, difícilmente definible.

Lo más asombroso es que tanto en los individuos de la isla, como los compradores de coches o los enamoradizas gentes de las ciudades y de los pueblos —en los que antes no había televisión, ni cines, ni pases de modelos, y los guapos seguían siendo guapos y los feos, feos, con criterios similares a los actuales— tienen juicios que no responden a una estricta probabilística matemática. Observamos que las personas no se decantan por las opciones en un número estadísticamente similar, sino que un elemento patrón de belleza es apoyado por una inmensa mayoría; una mujer guapa gusta a muchos hombres y una fea gusta a pocos, y aunque Richard Gere o Brad Pitt son aborrecidos por algunas —y, celosamente, por casi todos— gustan a la inmensa mayoría mucho más que Woody Allen o Danny de Vito. Obviamente la generalidad da por sentado que los dos primeros son mucho más guapos y, por lo tanto, más atractivos.

Es posible que nuestra cara sea un "espejo del alma", pero no debemos pretender por esto que, como en las películas, los feos sean los malos y asesinos. Puede que en este caso los feos, al estar mal tratados por la sociedad se rebelen contra ésta. Quizá no haya ninguna explicación particular de la fealdad desde el punto de vista biológico. No parece existir una selección natural que se manifieste a partir del cruce entre elementos bellos. De hecho, hombres o mujeres muy guapas y experimentadas parecen aburrirse ya de los sujetos hermosos y han optado por usar su belleza como arma, con el fin de captar y de aparearse con sujetos feos o menos guapos, en los que su virtud es su dinero, su inteligencia, su personalidad o su posición social, y cuyas capacidades personales proporcionan unas posibilidades de supervivencia y de supervivencia

Los delitos de Dios

cómoda mucho más elevada de la que puede proporcionar un sujeto que, en nuestros tiempos, sólo disponga de su potencia muscular. De este modo, cualquier mujer no experimentada, como una adolescente, sentirá atracción, generalmente, por hombres fuertes y desarrollados, mientras que una mujer madura subordinará ese impulso ancestral a las cualidades personales del individuo, aumentando su interés por la belleza interna del mismo. No sólo los guapos tienen hijos, por lo que entenderemos la fealdad como la simple imposibilidad de llegar a la perfección absoluta en la reproducción o copia por así decirlo, y no como una estrategia biológica innata de selección. Semejantes "desequilibrios faciales" podrían exteriorizar desequilibrios internos de personalidad o de comportamiento innato, pero esto no deja de ser beneficioso en nuestra sociedad porque son precisamente las personas que se salen de la generalidad, por sus pequeños "desequilibrios" en forma de personalidades extremas, las que mueven el mundo. De hecho nunca han existido muchos genios guapos o atractivos. Quizás los guapos, conscientes de sus posibilidades, se dedicasen a ligar en vez de elaborar complicadas teorías científicas. Es posible que los científicos, conscientes de su poca capacidad atractiva y de poderío sobre las hembras, tratasen de hacerse notar por sus brillantes deducciones, pero esto es aventurar demasiado.

Quizás la selección "natural" no se establezca entre los seres guapos sino entre los espabilados, que en último término son los que hacen evolucionar el mundo.

La ciencia actual trabaja sobre pistas de indudable valor, y se halla en vías de llegar a demostrar que una persona puede llegar a rechazar inconscientemente a otro sujeto del sexo contrario ante la posibilidad de que el cruce de ambos pueda dar lugar a un descendiente con alguna tara o fallo genético que permita desencadenar una malformación o enfermedad. Este rechazo parece darse sin que ninguno de los miembros de la pareja tenga el más remoto conocimiento de estas posibles consecuencias o de su incompatibilidad para procrear seres sanos. Parece entonces que nuestra mente puede discernir y detectar condicionantes heredables que sólo se pueden detectar en un laboratorio especializado.

Si esto se llega a demostrar podríamos ir pensando seria e inexorablemente en el carácter innato de nuestros sistemas de catalogación racial contenidos en nuestro elemento X o en sus elementos asociados.

Pues bien, debemos pensar que las causas que confluyen en la difícil y complicada mecánica del enamoramiento tienen un carácter fundamentalmente innato o genético. Pero debemos insistir que la afinidad o gusto por otros individuos, estando regido básicamente por un sistema genético o innato, impone unas delimitaciones entre lo feo y lo guapo. Hay negras guapas para un blanco, pero muchísimas menos —siempre en términos relativos— que blancas. Además es mucho más difícil para los blancos diferenciar rostros de chinos o de negros, que parecen todos iguales. Del mismo modo les ocurre a ellos con nosotros.

Podríamos pensar que a los blancos no les gustan las negras por imposiciones sociales. Lo mismo podríamos pensar de los homosexuales, sin embargo, a pesar de esta represión, los hay, y muchos, y además su comportamiento tiene una raíz de carácter genético con gran probabilidad. De todos es sabida la rebeldía natural de ser humano, que se insubordina y se subleva ante los órdenes establecidos, porque cada uno adopta sus propias y polémicas decisiones para reafirmar su personalidad y su independencia. Sin embargo la raza siente atracción por razas homólogas, con el objeto de perpetuar su existencia y su capacidad defensiva o exterminadora. La raza tiene una capacidad innata para discernir las razas no homólogas, como los nazis más sanguinarios, que reconocían rápidamente a judíos o gitanos con sólo mirarlos y con una facilidad asombrosa, a

Los delitos de Dios

pesar de la similitud de rasgos faciales con los alemanes "de raza". Cuanto más pura es una raza mayor es su capacidad para discernir porque debe evitar el cruce o apareamiento con razas ajenas a la suya, ya que esto supondría la atenuación del elemento X del descendiente y su capacidad exterminadora perdería referencias, por lo que su supervivencia, y la supervivencia de la raza y del individuo, peligrarían. Incluso en un pueblo de relativa pureza racial como Euskadi ha sido muy habitual que los matrimonios, de carácter reproductivo, tengan lugar entre sujetos de razas homólogas. Las estadísticas demostraron hace tiempo que, en mayor proporción, los vascos se han casado con vascos de apellido, y los españoles con españoles de apellido, aun conviviendo en el mismo lugar geográfico, o en el mismo barrio —endogamia quizá ratificada por el Rh negativo—. Obviamente existen razones culturales, pero esto no debe confundirnos porque hablar de razones culturales es hablar de razones raciales. No podemos despegarnos, aunque a veces lo consigamos, de esta barrera racial innata.

¿Pero la ciencia respalda algo así?

Esto es difícil de responder. Creemos, por lo que hemos comentado, que el ser humano es capaz de realizar una diferenciación controlada y sistematizada de los rasgos faciales, que a su vez denotan diferencias raciales. La ciencia no puede demostrar con objetividad un rechazo innato hacia las razas ajenas, pero tampoco puede demostrar irrevocablemente, por medio de una fórmula matemática o una posible reacción somática u hormonal, la palpable realidad consistente en la diferenciación controlada y sistematizada de feos y guapos. De momento sólo un análisis de carácter estadístico y sociológico puede proporcionarnos las pistas a seguir. Por ejemplo, se ha comprobado experimentalmente que determinados animales como los reptiles, las arañas o las ratas producen aversión a los niños y fundamentalmente a las niñas. Entre los animales más odiados curiosamente se encuentran las es-

209

pecies más venenosas en términos estadísticos, pero esto es desconocido para sujetos de tan corta edad y conocimientos tan limitados. Se ha tratado de dar una explicación de carácter sexual. Por ejemplo en un experimento inglés –sobre un grupo de 80.000 niños, nada más y nada menos– se observó que conforme aumentaba la edad de las niñas se observaba un mayor horror a las arañas, mucho más acusado en niñas que en niños, pero esto era posiblemente debido a que a esa edad a las niñas empezaba a salirles pelo en numerosas partes del cuerpo, pelo que asociaban al de las arañas. Aunque esta justificación parece ingeniosa no da una explicación completa y convincente al problema, y en todo caso sólo explicaría ese extremo del estudio. Debemos decir que la mayoría de los animales más queridos como los monos o los osos –véase que los "ositos de peluche" son los muñecos más vendidos y de término más extendido– tienen una enorme cantidad de pelo. La verdad es que parece existir una preferencia innata por animales equilibrados, es decir, en principio pacíficos pero muy vigorosos y poderosos cuando las circunstancias lo requieren. Por otro lado, los favoritos, son muy próximos morfológicamente al hombre, mientras que los indefensos gusanos o bichitos inofensivos son causantes de nuestro horror y de nuestra motivación para acabar con ellos. Soportamos un irresistible impulso para matar todo lo minúsculo e inferior a nosotros. Parece quedar claro que arremetemos irracionalmente contra todo aquello que es manifiestamente más débil, como ocurre con los lisiados, tullidos o deficientes mentales, por los que no tenemos gran afecto. De hecho, nadie físicamente y psicológicamente sano siente a priori especial interés por un individuo de estas características. Un manco accidental puede atraer perfectamente, y aparearse con otro individuo sano, porque su carencia no va a manifestarse en los descendientes. Sin embargo un defecto funcional de mayor magnitud –sobre todo si es mental– y de transmisión hereditaria no incitará

Los delitos de Dios

a nadie. Parece que el humano se niega inconscientemente a cruzarse con cualquier cosa que pueda degenerar la raza, lo que constituye un mecanismo biológico lógico e inteligente, desde el punto de vista de la perpetuidad la especie humana. Pero en este intento por librarnos de lo inferior es evidente que no ocurre lo mismo con un débil cachorro de perro o de gato, porque nuestro instinto maternal o paternal puede manifestarse. Pero esto no es todo, ni mucho menos, porque en otro orden de cosas, aunque los animales mencionados constituyen "razas" netamente inferiores a la nuestra pueden llegar a ser fieles y obedecernos, y cuanto más obediente sea un animal mejor amigo será considerado, porque permitirá una excelente oportunidad para ejercer nuestro deseo interno de poder. La destrucción de estos integrantes de la fauna no compensa entonces tanto como la de una alimaña, con lo que el trato hacia un animal dependerá por tanto —independientemente del posible beneficio económico que pueda proporcionarnos— de su disponibilidad para ser enseñado o de responder a nuestro reclamo, y del placer que proporcione su matanza. El peso de estos dos condicionantes en la balanza nos hará optar por uno de ellos, aunque la mayoría de las veces no perderemos nuestro valioso tiempo salpicándonos o ensuciándonos las manos o los pies destripando un gusano miserable.

Hay personas, denominadas cazadores, que sí lo hacen. Ellos constituyen la mejor muestra del ansia y del placer exterminador del ser humano, de hecho defienden la caza desde un punto de vista que reafirma la utilidad del elemento X, y no es otra que el control poblacional de las especies animales. La caza deportiva —no la comercial— es en muchas ocasiones un soporte beneficioso para que no se produzcan desequilibrios en la cadena trófica de los animales. Los cazadores acaban con los excesos. En ellos también contemplamos una paradoja sugerida, consistente, por un lado, en el exterminio de bonitos y majestuosos animales, como los ciervos, y por otro lado el increíble aprecio y amor hacia otros animales semejantes como son sus obedientes y útiles perros de caza. Útiles como los caballos, que han disfrutado siempre de un trato más benevolente del que se ha dado a la mayoría de los humanos.

¡Debo de estar ciego para no haberme dado cuenta antes de este valioso ejemplo! No cabe duda que este fenómeno de la caza presenta un paralelismo perfecto con el exterminio humano, respondiendo a las mismas motivaciones.

La "caza urbana" de las ciudades y pueblos —los asesinatos entre personas— responden exactamente a las mismas motivaciones de un cazador. No existen diferencias apreciables, dándose exactamente esta medida de condicionantes en la balanza referida. Lo que ocurre es que asesinar a una persona está peor aceptado por la sociedad, del mismo modo que parece cruel matar a un bello perrito, o un esbelto potro de un disparo en la cabeza. ¿Cuál es entonces la diferencia? ¿La diferencia reside acaso en el mayor sufrimiento de las especies superiores? No lo sabemos. No sabemos si un perro sufre menos, por la muerte de sus semejantes, que un humano, aunque parece chillar más que una liendre en estas circunstancias. Tampoco una lechuga parece emitir gemidos cuando la acuchillamos para una ensalada, aunque existen estudios que confirman que las plantas manifiestan algún tipo de sufrimiento en determinados casos. Alguien podría decir convencido que un humano llora ante la muerte, cosa que los animales parecen no hacer, pero la referencia es equívoca, porque hoy la vida humana está mucho más valorada artificialmente, y porque en tiempos remotos la muerte era algo tan común que las gentes veían como normales los frecuentes enterramientos, y la muerte, a la que no se podía hacer frente de ninguna de las maneras. Hoy a las madres etíopes o somalíes no les quedarán muchas fuerzas para llorar por sus hijos muertos, que son muchos. Sin embargo el hombre, de países desarrollados, llora de rabia, porque consciente de que sus avances tecnológicos le han permitido enfrentarse de cara con una muerte que parecía ser concedida sin derecho a reclamación, a veces no lo consigue por un pequeño margen, una pequeña infección que de haber sido detectada con anterioridad se habría aplacado, o un accidente de coche que podría no haber tenido nefastas repercusiones de haberse llevado el cinturón de seguridad.

Me pregunto qué pensará acerca de nuestro sufrimiento humano cualquier ser de otro mundo que haya llegado a una cota evolutiva muy superior a la nuestra. Es posible que nuestra muerte sea para ellos el equivalente de la muerte de una sarnosa rata para nosotros. Desde esta perspectiva, y desde la óptica de una ética más perfecta y universal podría ser tan malo matar a una persona como matar a una rata de cloaca.

Pero la realidad es que el cazador caza, alegando su utilidad en la cadena trófica y en la conservación de la globalidad animal, y el torero mata toros, alegando que semejante espectáculo proporciona al toro una vida, previa a la plaza, magnífica y muy cuidada, así como la perpetuidad de su especie, que de no haber tenido esta utilidad se hallaría en grave peligro de extinción. ¿No seremos nosotros, los humanos, como un toro en una plaza?

¿Alguien —nuestros fabricantes— quiere justificar nuestro sufrimiento en la plaza terrestre para perpetuar nuestra especie? Quizá debamos contestar más tarde a esta pregunta.

Es lógico que, en esta manifestación de la caza humana y urbana, exterminemos las razas supuestamente inferiores y no sumisas, porque un grupo racial ha de creerse netamente superior al grupo "enemigo" para poder activar con eficacia y con motivación los mecanismos del elemento X. No se puede exterminar con miedo o con la moral baja. La máquina norteamericana y la rusa fracasaron en Vietnam y en Chechenia respectivamente, debido a esta falta de motivación exterminadora.

Pero después de todo este mecanismo de caza selectiva no hemos apuntado específicamente, desde la perspectiva científica, los elementos activadores y atenuadores de la misma. Seguimos sin contestar concretamente a la pregunta, ¿algún estudio científico de laboratorio ha demostrado científicamente la "atenuación genética del elemento X", tras un cruce racial?

Ciertamente, desde el punto de vista genético, parece que no, porque todavía no tenemos medios para saber cuál es la función de cada pieza de nuestro material heredable e innato, o genético. Todavía no hemos localizado los aposentos del elemento X, aunque eso debe de ser tarea difícil porque cuando lo hagamos podremos atenuarlo o potenciarlo artificialmente y eso no debería ocurrir en estos delicados momentos sino más adelante, cuando nuestra tecnología y códigos éticos hayan evolucionado y se hayan afianzado. Pero esto no es significativo. El comportamiento humano tiene dos campos de observación. Uno es la propia sociedad, y otro es el laboratorio o el estudio controlado y aislado. Este último es de suma utilidad pero tiene graves restricciones porque un laboratorio sólo puede realizar un estudio muy excluido, sobre un solo individuo o un grupo muy reducido, y con un número de condicionantes extraordinariamente pequeño y muy alejado de la considerable magnitud y multiplicidad de los estímulos que nos invaden en nuestros pueblos y ciudades. La posibilidad de esta atenuación es, por el momento, imposible de verificar en términos físicos o biológicos. Aunque pudiésemos realizar un estudio de los impulsos violentos de mestizos, negros o blancos no podríamos diferenciar los impulsos innatos de los condicionados por motivos culturales. Hoy una raza no blanca está infravalorada, y siempre lo ha estado, y cualquier integrante de una de ellas parte inicialmente con la consciencia de que esto es así, por lo que ante una determinada situación podría tener una respuesta muy reactiva e impulsiva, así como violenta. Hoy muchos americanos tienen la idea de que los sudamericanos, entre los que el mestizaje aparece muy extendido, son los "malos" de la película, los que introducen drogas en el país y los que crean mafias exterminadoras y bandas rivales. Esto parece contradecirse con la lógica atenuación del elemento X pero no debemos olvidar que los blancos, entre ellos los de la mafia italiana, han sido los más activos y que hemos sido precisamente los blancos los que hemos sometido y exterminado a los indígenas a lo largo de la historia. Después de violarlos y esclavizarlos, aprovechando su pacífica sumisión, los hemos abandonado a su suerte, de modo que hoy viven miserablemente en sus países, que nosotros hemos saqueado. Ellos son capaces de desarrollar tecnologías, a pesar de su atraso histórico.

Algunos podrían pensar que dicho retraso es producto de una menor inteligencia de su raza, como consecuencia de una menor capacidad craneal, como revelan algunos estudios sobre negros y mujeres, lo que se traduce en una ausencia total de invenciones tecnológicas a lo largo de su historia. Pero esto también podemos aplicarlo a las mujeres blancas u occidentales, que no han tenido históricamente gran influencia relativa en el mundo de las ciencias y de la tecnología, salvo contadas excepciones, como la socorrida madame Curie que, por cierto, investigó con su marido, hablándose así del matrimonio Curie. Las feministas más radicales argumentarían que las mujeres siempre han estado ocupadas cuidando niños o haciendo la comida. Afirmar esto parecería implicar algo así como que el hombre no ha trabajado nunca, ni cazando, ni en las minas, ni pescando en alta mar, ni arando los campos, ni dando su vida en el ejército.

En tiempos pasados eran los nobles o acomodados los que disponían de tiempo libre suficiente, como Newton, para desarrollar sus teorías e invenciones. Es de suponer que también hubo mujeres nobles con talento que no tenían nada que hacer en todo el día. Pero hoy los chinos y japoneses nos demuestran que son muy buenos creadores de tecnología, cuando se pensaba que eran unos inútiles replicantes, los negros se han adaptado perfectamente a los requerimientos industriales y productivos de los países desarrollados actuales y las mujeres dan la talla sobradamente en cualquier trabajo que no sea físicamente duro y donde el intelecto cobre relevancia. Quizás se haya equivocado todo aquél que pensaba que el desarrollo tecnológico es proporcional a la inteligencia. Yo me inclinaría más bien por la posibilidad de que el desarrollo tecnológico sea directamente proporcional a las ganas de afrontarlo, de crearlo y de complicarse la vida. Sabemos que las mujeres no tienen tanto aprecio por los coches, ni por los caballos de potencia de sus motores. Esto es tradicionalmente "cosa de hombres", que son los violentos, con la maquinaria del elemento X más desarrollada y eficaz, y que compiten por el poder para, entre otras cosas, impresionar a las hembras que quieren y necesitan. Ha sido el hombre el que ha creado porque él ha sido el que ha vivido en los campos de batalla, y es absolutamente innegable que los mayores avances tecnológicos se han producido en tiempos de guerra. La carrera espacial norteamericana sólo habría supuesto una feria de cohetes si el nazi Vernher Von Braun no hubiese sido reclutado por los yanquis. Este individuo desarrolló las A4b y las V-2, los cohetes-bomba que tantas vidas extinguieron, pero también fue el máximo responsable en el desarrollo de los programas Explorer o los Saturno, que encaminaron al hombre hacia la Luna. Es innegable que un hombre crea cuando tiene una necesidad condicionada por las circunstancias. Si el hombre blanco es el máximo exterminador no es extraño que él haya desarrollado la tecnología más avanzada. Si una raza desea exterminar entonces creará la mejor y más sofisticada maquinaria bélica como la de los alemanes en la Segunda Guerra Mundial o la de los chinos, en las guerras que mantuvieron a partir del año 900, y en las que demostraron ser los precursores de la carrera espacial —como ya dijimos— con la invención de los cohetes de pólvora y de la

Los delitos de Dios

propia pólvora a modo de munición. Pero en tiempos de guerra no sólo han existido avances en el plano armamentístico, sino en todos los sistemas de producción y de investigación.

Hoy los rusos pasan hambre pero son capaces de estar al máximo nivel tecnológico porque para hacer réplicas rusas de los transbordadores americanos no es suficiente con un par de fotos espía. Tenemos tendencia a catalogar la "inteligencia" de los componentes de una sociedad o raza por sus avances técnicos, pero esto es una falacia. Si una raza, como las de siglos pasados, tiene hambre e incertidumbres y necesita comer y forjar un futuro construirá imponentes barcos con los que pueda descubrir otros mundos que le alimenten. Pero los indios ecuatoriales o las tribus africanas jamás tuvieron esta necesidad porque sus tierras y su clima les brindaban todo lo que necesitaban, y ellos vivían bien así, eran felices con toda probabilidad y su sonrisa era sana. Y si consiguieron ser felices con menos cosas es muy probable que fueran más inteligentes.

De todas formas no podemos justificar todos estos hechos tan a la ligera porque todos los actos humanos acontecen activados por la suma de una serie de condicionantes y no de un único determinante. Es de suponer que hay otros factores influyentes en el desarrollo técnico y de las ciencias como es la innata "curiosidad" y la exploración en toda su esencia, producto todas ellas de una necesidad oculta no satisfecha. Quizá sea cierto que algunas razas sean menos creativas que otras, por motivos innatos, pero eso no merma sus posibilidades de felicidad, y además entramos en un terreno muy discutible. No todo se lo debemos a la inteligencia pura, de carácter tan subjetivo como incierto. Hoy la inteligencia se mide por la rapidez con la que se hace un test que todo el mundo puede resolver. Pero, como en un ordenador personal, lo que define sus capacidades reales no es su velocidad de procesamiento o de acceso sino otras muchas más. Quizá un prodigio de la inteligencia pueda ser mucho más rápido que sus congéneres en la resolución de un problema, pero eso no implica que su techo de resolución de problemas complicados sea mayor. Quizás haya individuos más lentos pero efectivos, en los que su parsimonia quizá venga dada por el tratamiento de un mayor volumen de datos en su cerebro, en un momento dado, de los que pueda manejar un prodigio. De hecho un genio como Einstein, de inteligencia bastante normal, no se ha visto superado por ningún niño ni hombre prodigio, que por otra parte no han conseguido hacerse con el poder ni resolver los problemas de paro y violencia que irremediablemente amenazan también su propia integridad. Deberíamos estar menos obsesionados por nuestro coeficiente intelectual o por nuestra capacidad craneal o volumen cerebral porque eso supone sólo una de las especificaciones de nuestra computadora. Deberíamos concienciarnos de que nadie es "superior o inferior" sino simplemente diferente, lo que redunda positivamente en nuestro avance social evolutivo. Unos aportan el sentido del humor o alegría, otros la simpatía, otros, viven felices y otros, desesperan por su ineptitud. Tanta riqueza de matices hacen posible que aprendamos y que la vida sea soportable. No me imagino a 6.000 millones de personas idénticas.

La atenuación, por mestizaje, del elemento X, tenía un fin para nuestros fabricantes. La creación de razas distintas supuso una primera y primitiva adición de referencias exterminadoras para X, que aseguraban el exterminio entre grupos raciales cuando estos excediesen de sus límites territoriales, lo que habría indicado un exceso poblacional. Por la condición humana de ser inteligente, el incoherente e incomprensible exterminio racial se vería enmascarado por un exterminio basado aparentemente en razones religiosas y nacionalistas. Pero llegaría un momento en el que nos daríamos cuenta de la absurdez de estos motivos. Este momento, no obstante, tardaría en llegar —todavía no lo hemos superado— y lo haría cuando nuestras capacidades comprensivas y comunicativas, en lo cultural y material, hubiesen alcanzado un alto nivel que diese pie a un buen conocimiento mutuo, entre razas y culturas de lugares distantes, en el que los medios de comunicación jugarían un papel vital, posiblemente el más importante. Pero el desarrollo de altas tecnologías de comunicación y de transporte habría implicado paralela e irremediablemente un avance en todas las demás vertientes de la técnica. Sin duda habríamos conseguido erradicar la enfermedad y, sobre todo, controlar nuestra demografía. Habría llegado un momento, como el actual, en el que no necesitaríamos de más y más mano de obra para poder subsistir. No necesitaríamos traer más niños al mundo para sacar a la familia adelante con su trabajo y además podríamos materializar ese deseo de control mediante elementos anticonceptivos y preservativos.

Por primera vez habríamos llegado controlar la demografía por medios civilizados.

Algunos obispos y demás calaña papal discreparían del calificativo "civilizados" que acabo de aplicar. Es muy curioso y difícilmente comprensible cómo estos sujetos critican desaforadamente el uso de los preservativos. Prefieren que la gente muera de SIDA y de hambre por masificación antes que educarles en el uso de estos globitos. Ignoro cuál es la estupidez que pueden argumentar para justificar la desidia por estas muertes, aunque es posible que, como los antiabortistas radicales, quieran defender la vida asesinando a otros. Quizá no admiten que el semen del que nos dotó Jesucristo sea obstaculizado por un trozo de látex natural, del que también nos dotó el creador, y que se eche a perder. ¡Santo cielo! ¿A dónde serán desterrados entonces los que se han masturbado, esparciendo miles de potenciales vidas en unas sábanas de algodón o en un mísero trozo de papel higiénico reciclado? ¿Estarán las mujeres libres de pecado al no desprender óvulos con sus juegos masturbatorios? ¿Y qué pasa con las orgasmos involuntarios que todos los hombres, entre ellos los curas, tienen algunas noches mientras duermen?

De todo esto parece desprenderse que dios nos dotó de almejas y mástiles para, obligatoriamente, reproducirnos, sin embargo no conozco a nadie con instrucciones de uso impresas en su verga. Si dios nos proporcionó los falos ¿por qué los curas no la utilizan? No tengo la menor duda de que muchas prostitutas, las de Roma entre otras, podrían respondernos a esta pregunta. Me sorprende cómo puede haber personas que dominen sus instintos sexuales y no tengan voluntad para mover su trasero de los cómodos sillones del Vaticano. Pero en fin, ellos prefieren, sin ensuciarse los zapatos, expandir por los pueblos pobres del globo, desde su Mercedes acristalado su estúpida doctrina de "creced y multiplicaos", abocándolos así hacia su autodestrucción, cuando la única solución para el término de su miseria, desgraciadamente y siendo realistas, es un férreo control demográfico, además de una reestructuración política profunda, de los regímenes tercermundistas, en la que el mundo desarrollado no colabora en absoluto y de la que es responsable en la práctica totalidad de los casos, manteniendo o permitiendo guerras artificiales e interesadas.

Cuando llegue el momento de un control demográfico y de una alta productividad de recursos alimenticios o vitales, así como de un mejor conocimiento de nosotros mismos y de nuestros "hermanos", ya no habría razón para un exterminio sistemático entre las razas terrestres y, a pesar del rechazo cultural inicial y del rechazo innato, los grupos étnicos empezarían a cruzarse lentamente tras haber vencido las barreras de la incomunicación de sus culturas y realidades humanas. La atenuación del elemento X de los descendientes tendría entonces su lógica en un mundo que ya no precisaría tanto de estímulos ni de necesidades exterminadoras colectivas para el control de los excesos de masas.

Volviendo a retomar nuestro tema clave, a lo largo de la historia los blancos han reinado el mundo violento. Los negros de raza pura también han demostrado ser unos salvajes en potencia porque difícilmente se pueden olvidar apaleamientos y matanzas de negros entre sí como los acontecidos en Sudáfrica o Ruanda y que todos hemos tenido ocasión de ver a través del televisor. Tanto blancos como negros se han mutilado salvajemente, pero entre mestizos, como los sudamericanos, no me viene a la memoria ninguna imagen violenta de semejante calibre –salvo la de matarse a tiros– dando la impresión de que son menos iracundos, confirmándose así en parte las teorías del elemento X, aunque esta observación, por sí sola, no de pie a ello.

¿Pero qué aporta entonces la ciencia por el momento?

Bueno, bastantes cosas. Hoy sabemos que la violencia o ira tiene una base glandular o bioquímica, por lo que es físicamente verificable –antes sólo lo era por sus resultados destructivos–.

Determinados procesos neurológicos muy localizados así como hormonas como la testosterona son los principales artífices del mecanismo violento. De hecho está comprobado que en un número francamente elevado de asesinos natos estudiados –y aquí lo de "nato" adquiere todo su significado– tienen un contenido de serotonina en la sangre muy inferior al normal. Sabemos que existen lesiones cerebrales que aumentan desmesuradamente las cotas agresivas. Quizás una clave importante en el estudio de la agresividad sean los "fallos" genéticos que impiden la normal producción del enzima que degrada los neurotransmisores de la violencia.

Sin embargo lo que es discutido entre científicos es el posible carácter innato de la actuación agresiva. Yo me inclino obviamente por esta posibilidad, por una conexión genética. La ciencia dispone de bases para afirmarlo, la historia ya lo ha demostrado. ¿Cómo podemos pretender que la violencia sea producto exclusivo de la televisión o de la competitiva sociedad actual? ¿Quién explica entonces la violencia asesina de los ruandeses o militares etíopes, por poner un ejemplo, que no han visto en toda su vida una película de psicópatas asesinos y que siempre han vivido integrados en una preciosa naturaleza paradisíaca, o al menos lejos del ruido aterrador de las ciudades?

Todos somos violentos por naturaleza, somos exterminadores en potencia. La única diferencia es que los estímulos que nos invaden así como nuestra receptividad son los que determinan la activación de nuestro elemento exterminador. La violencia no se aprende con el tiempo, simplemente se activa. Yo, al menos, he consumido tantas películas violentas como cualquier asesino, he practicado el judo y otras artes marciales, se disparar con una pistola, un fusil, una ametralladora o un lanzagranadas. He visto, con relativa frecuencia, destrozar escaparates y quemar coches, y desde que tuve consciencia me he pasado la vida aprendiendo técnicas para hacer explotar los petardos con más fuerza. El resultado final es que tengo remordimientos cuando mato una mosca.

Es muy recurrida la alegación de que la televisión incita a la violencia, pero no hay cosa más cierta de que la televisión es un espejo de la sociedad. No debemos entender la televisión como un ente impositivo ante el que permanecemos sumisos sino todo lo contrario porque es la sociedad la que impone la programación televisiva, que funciona con los criterios de cualquier otro mercado, ofreciendo lo que el cliente exige. Y lo que el cliente exige, y lo que se vende mejor, es fundamentalmente la violencia. No podríamos concebir la industria cinematográfica sin películas en las que no estuviesen presentes los disparos, los puñetazos o la violencia sexual, porque el público lo pide a gritos.

Pero ante esta realidad, que muestra la inequívoca necesidad de consumir violencia, no sólo no debemos creer que los medios de comunicación fomentan toda nuestra ira sino todo lo contrario, la canalizan. El ser humano, por naturaleza, necesita liberar sus instintos ancestrales y la represión obstaculiza gravemente esa descarga. Sabemos por experiencia que la represión sexual es contraproducente y conlleva un comportamiento aberrante y desmedido en este campo. La violencia también debe ser disipada y los videojuegos, la televisión, los juguetes bélicos o los cómics sádicos constituyen una válvula de escape que consigue relajar y liberar de sus tensiones a un individuo urbano que ya no combate en guerras exterminadoras, como era habitual históricamente. Tenemos el ejemplo de Japón, una sociedad altamente competitiva y muy numerosa, en la que los dibujos animados o los tebeos para niños son con diferencia los más bárbaros y crueles del mundo, mientras que la sociedad japonesa, sin embargo, es una de las menos violentas del planeta y el crimen se da en unas cifras muy bajas y contenidas. No debemos pretender que esto sea consecuencia de la liberación de sus tensiones por medio de películas violentas porque Japón, obviamente, no tiene problemas económicos y el paro brilla por su ausencia con lo que no se concibe una crispación social o un peligro por la supervivencia. En cualquier caso es evidente que la programación de sus medios televisivos y demás medios comunicativos no determina forzosamente pautas violentas. La sistematización actual de la sociedad, la constitución de un código ético y de una legalidad, tan represora como necesaria, son factores que aplacan nuestra ira natural y esta ha de ser liberada.

Hemos estado haciendo alusión implícitamente a una violencia de tipo personal, como la materializada en asesinatos, agresiones o robos violentos, pero no podemos estudiar el fenómeno violento desde un punto de vista individual y aislado. En el ámbito social histórico esta agresividad personal no ha tenido una repercusión marcada en los acontecimientos exterminadores colectivos y continuados que se han desarrollado a lo largo de los siglos. Deberíamos pensar en algo mucho más complejo como es un subconsciente colectivo, un mecanismo de masas, activado en sociedad, y no desde la individualidad, y que activa nuestro elemento X, una interconexión cerebral de la muchedumbre que acuerda inconscientemente un fin colectivo, comunicándose o motivándose mediante un cerebro que desconocemos en su práctica totalidad y que parece no ser utilizado, al menos la mayor parte del mismo. De esta forma no debemos esperar que un mulato, o un mestizo en definitiva, sea pacífico individualmente como consecuencia de la atenuación de su elemento X, porque será tan violento, en individualidad, como cualquier integrante de una raza pura, pero nunca podrá actuar eficazmente en masa o asociado para exterminar a gran escala porque el elemento X sólo se activa actuando en la colectividad y no desde la individualidad que busque un objetivo personal, esto es lo que marca las diferencias entre las razas puras y las mestizas. Desafortunadamente esta subjetiva observación no se puede verificar en un laboratorio, sólo podemos recurrir al análisis de la realidad, histórica y actual, observables.

Podríamos pensar que el ejército norteamericano es, por tierra, el más ineficaz del mundo debido al alto número de mestizos que componen su infantería, pero es posible que haya otros condicionantes.

Por otro lado debemos tener en cuenta que es más fácil matar en grupo, por causas intrínsecas o innatas y extrínsecas o psicológicas. Intrínsecamente nuestro elemento X actúa en comunidad impulsado por un cerebro común y unificado, el cerebro sintetizador de la raza, que constituye el subconsciente colectivo, como ya hemos indicado. Extrínsecamente un acto homicida llevado a cabo en agrupación parece estar más justificado que un asesinato llevado a cabo individualmente. De modo que se observa habitualmente cómo el homicida se suele arrepentir de sus actos. Es posible que el asesino no vaya a la cárcel, porque ha sido imposible descubrirle, lo que le

Los delitos de Dios

libera de su miedo a visitar semejante lugar, perdiendo lo más preciado, la libertad. Pero aun en este supuesto es muy posible que el delincuente no asuma por completo el hecho de haber matado a un ser humano. Obviamente esto es necesario para preservar la integridad de la tribu. Sin embargo el asesinato cometido desde la colectividad y hacia un elemento extraño es mejor digerido. Es el caso de un ejército exterminador, donde el terrorista o el soldado asesino —incluso este adjetivo suena mal— no siente la responsabilidad que puede sentir un asesino aislado "de calle". Las personas necesitan un reconocimiento y una afirmación de sus opiniones, creencias y motivaciones. Si nadie le apoya en sus pensamientos el individuo llegará a plantearse la solidez de sus propias argumentaciones, dicho de otro modo, si nadie te apoya ni opina lo mismo que tú, de alguna forma te vienes abajo. No hay nada más satisfactorio que encontrar personas con opiniones y objetivos coincidentes y eso es precisamente lo que ocurre en un ejército. La colectividad refuerza la motivación para llegar a la consecución de un fin, y ya no digamos si es el Estado el que ampara el uso de la fuerza contra naciones extranjeras porque en esta situación las matanzas masivas adquieren un sentido honroso y noble.

Pero no debemos despreciar nuestros puntos débiles porque en el fondo nos asusta la sangre y la muerte, venga de donde venga. Tanto es así que cualquier ejército moderno que emprenda una campaña exterminadora, como los americanos en Panamá o Irak, o los rusos en Chechenia, deberá mantener como prioridad la total desinformación acerca de lo que verdaderamente está sucediendo. Sería un grave error político permitir que los electores viesen cómo se han matado —según el último estudio independiente— 655.000 iraquíes, entre ellos muchos civiles, ya que esto podría enternecer muchos corazones curtidos y generar una total repulsa del conflicto. De este modo un ejército como el americano, con unos excelentes mecanismos de ocultación y de engaño que se han me-

225

jorado a lo largo de muchos años gracias, entre otras cosas, al enmascaramiento del fenómeno OVNI, se ha preocupado prioritaria y paralelamente de confiscar todas las cámaras fotográficas y de vídeo de los países que ha invadido, así como sus medios televisivos y de comunicación. Han llegado incluso a proporcionar imágenes de cormoranes embadurnados con el petróleo supuestamente vertido al mar por el malvado Sadam Hussein; estas aves marinas moribundas, que aparecieron por los receptores de todo el mundo, conmovieron a millones de individuos desconocedores de que todo era montaje. La maquinación correspondía a las consecuencias del petrolero de la compañía Exxon –el Exxon Valdez– embarrancado años antes en las costas de Alaska. El ejército norteamericano también trató de engañarnos cuando afirmaba que las milicias de Irak eran más potentes de lo esperado. ¡Hasta yo sabía que tenían tanques y camiones hinchables comprados a Francia e Italia para burlar a los satélites y a los misiles!

En fin, pareció estar justificado, como en Panamá, que miles y miles de personas fuesen exterminadas como si se tratasen de cómplices del dictador que les tiraniza y no les permite rebelarse bajo pena de muerte –hoy sabemos que a los desertores del antiguo ejército de Irak se les cortaban las orejas y las manos–. Los estados occidentales o la ONU parecían ser subsidiarios del bien y de la verdad por el hecho de ser representantes de la colectividad poderosa.

XII- "X" Y LAS RAZAS; RACISMO Y XENOFOBIA

Después de haber tratado este aspecto de la colectividad, que constituye la mejor herramienta para el exterminio masivo, sistematizado y controlado, debemos referirnos a la evolución futura de estos fenómenos. Hoy las ciudades en las que vivimos como hormigas, agolpándonos como verdaderos estúpidos en un metro cuadrado de un sucio, ruidoso y cada vez menos humeante bar, constituyen un criadero de criminales. El ruido insoportable de las calles parece afectar a nuestro cerebro, la competitividad extrema y el estrés parecen ser otros condicionantes que nos afectan negativa e irremediablemente. Las preocupaciones y la ansiedad aumentan porque todos debemos llegar a la utopía de ser el mejor. La frustración puebla nuestros sistemas educativos y nuestras ciudades. Todo ello nos aboca hacia una profunda depresión generalizada, de la que no podemos escapar, y que se ve reforzada por el daño que sufre nuestro organismo por el ruido y el insomnio generado por semejante presión social. El problema de base, del que se derivan todos los demás a los que acabamos de hacer alusión, es que somos muchos, pero sobre todo, estamos demasiado masificados y concentrados, al menos así lo entiende nuestro cerebro y nuestro dispositivo activador del elemento exterminador. Esto no es soportado por nuestro subconsciente colectivo. Sabemos experimentalmente que cuando se meten muchos animales en una pequeña jaula estos terminan agrediéndose y matándose unos a otros, e incluso llegan a mutilarse a sí mismos, en definitiva se vuelven locos. Aunque aparentemente nuestro subconsciente se adapte a las urbes no distamos demasiado de la problemática que se establece entre los animales enjaulados. Nuestro sabio cerebro, que no cesa en su funcionamiento aun estando dormidos, se percata de la existencia de un exceso desmesurado de estímulos externos, signo inequívoco de un superávit de pobladores y vecinos. La reacción lógica e innata no puede ser otra que la agresividad y el salvajismo o gamberrismo que se manifiesta cada vez en sujetos más jóvenes y en cotas cada vez más altas. Cada vez es más fácil comprobar cómo hay más niños y adolescentes asesinos en las ciudades de países "desarrollados". El vandalismo callejero aflora en cualquier momento y los policías sucumben asustados y ante tal situación porque ya no dan a basto; tenemos el claro ejemplo de los más de 300 policías que se suicidan anualmente en USA y los más de 100 que pierden la vida en tiroteos; esto sin contar los miles de heridos.

La agresividad en un atasco de carretera, en un bar, en un estadio de fútbol, con pisotones, empujones, ruido, humo, alcohol y hembras a las que impresionar, o cualquier otro evento de masas provoca unas descargas de ira absolutamente irracionales y desmedidas, las peleas estúpidas son habituales. La explicación parece ser clara. Ante tal situación de sobrecarga poblacional nuestro elemento X se pone en alerta roja. Sin embargo X no podrá actuar en ese momento, sólo la ira individual puede hacerlo. Para que el elemento irascible se desate con toda su virulencia, y con su esencia de manifestación en grupo, tendrán que aparecer los factores ya tan nombrados como el económico, traducido en una incertidumbre de subsistencia futura, y las referencias diferenciadoras que normalmente han estado representadas o enmascaradas por las religiones o sectas, y los nacionalismos.

Hoy la juventud carece de semejantes referencias nacionalistas, y las sectarias, en su connotación más negativa y destructora, todavía no están muy extendidas, tan sólo se producen pequeños suicidios colectivos –no afectan al cómputo total de población–, como el de la secta dirigida y fundada en Indianápolis por Jim Jones que en 1978 acabó con la vida de más de 900 seguidores, que se suicidaron conjuntamente en un acto que tuvo lugar en Joneston, Guyana. Lamento tener que poner como referencia una vez más a las norteamericanos pero es que USA es la referencia de país avanzado hacia la que todos caminamos...

Ante tal falta de referencias o máscaras se crean algunas nuevas, de forma que es fácil comprobar cómo la pertenencia a distintos equipos de fútbol, por poner un ejemplo, es ahora una excusa o máscara para agredirse y hasta matarse a navajazos. El gamberrismo en las gradas ya ha costado muchas vidas. Sin embargo este vandalismo no tiene un carácter netamente exterminador, por dos motivos fundamentalmente; en primer lugar la existencia de una legalidad y de unas barreras constituidas por los agentes del orden público hacen que semejantes actos no queden sin castigo, al menos en teoría, a diferencia de lo que ha ocurrido históricamente. Pero por otro lado el motivo más importante lo constituye el hecho de no existir una diferenciación racial marcada entre los contendientes de los estadios. Por todo ello, éste no deja de ser un fenómeno aislado.

Debemos insistir una vez más en que la naturaleza del elemento X prevé una activación siempre que se perciba una diferenciación racial del enemigo, que ha sido históricamente enmascarada por religiones y nacionalismos, porque era incoherente con nuestra inteligencia, de base lógica, matar por una razón meramente étnica. Sin embargo hoy en día son tan acentuados los factores activadores de X que este se empieza a manifestar a "palo seco". El racismo y la xenofobia innatos de X actúan ahora sin necesidad de máscaras porque, dándose ahora una inestable y desigual situación económica, ésta ya no afecta a la globalidad, como antes, sino a una determinada fracción poblacional, lo que hace que el problema ahora sea mucho más injusto e insolidario. Si a esto le añadimos el bombardeo de los novedosos y numerosos estímulos secundarios de nuestras cada vez más pobladas urbes, que son fundamentalmente los que hacen más incierta la estabilidad de X, el resultado de nuestra conducta colectiva no es en absoluto inexplicable. Muy al contrario, nos manifestamos como lo hemos hecho siempre a lo largo de miles de años.

De ahora en adelante en nuestras urbes avanzadas y racialmente heterogéneas el racismo y la xenofobia se manifestarán con gran fuerza y magnitud, como ha sido habitual a lo largo de toda nuestra historia, aunque la falacia de las religiones y los nacionalismos nos haga pensar que este fenómeno es relativamente moderno e inspirado en los nazis alemanes de la Segunda Guerra Mundial. Pero lo cierto es que la ultraderecha va ganando terreno poco a poco en Europa y en las urnas.

El racismo y la xenofobia son elementos íntimamente ligados. El primero constituye un odio hacia personas de raza diferente a la propia mientras que la xenofobia constituye un odio hacia los que han nacido fuera del país. Pero el elemento X no hace distinciones porque cualquier individuo extranjero o nacido en otro lugar posee unos matices raciales que le delatan. Si esto no ocurre, los matices de su lengua, costumbres, apellidos o, en último término, su propio reconocimiento nos pondrá de manifiesto su carácter y condición foránea y racial. Cualquier excusa será válida para matar.

Es curioso, porque en una situación de desempleo o de escaso trabajo, lo más lógico sería acabar con cualquier adversario que pueda ocupar nuestro preciado puesto laboral. Sería más lógico que un ingeniero o un trabajador de fábrica matase a ingenieros o a trabajadores, que son las personas susceptibles de ocupar un puesto de idénticas características. Sin embargo son los inmigrantes africanos, turcos u orientales en definitiva, el centro de las agresiones y del exterminio. Los neonazis, racistas

Los delitos de Dios

o xenófobos argumentan que los inmigrantes "roban" el poco trabajo existente. Y es cierto, los inmigrantes no sólo ocupan puestos de trabajo sino que precarizan gravemente el empleo por culpa de sus captores, deseosos de explotarles. Su disponibilidad y su poca ambición salarial, debida a las duras condiciones a las que se han visto sometidos en sus respectivos países de origen, hacen que estén dispuestos a trabajar por un sueldo ridículo para la dignidad humana. Pero eso también ocurre con la mayoría de los compatriotas originales. Ciertamente cada inmigrante supone un trabajo menos para cada individuo autóctono, pero también es cierto que cada recién nacido o que cada persona originaria del país "invadido" también suponen un trabajo menos. ¿Por qué no matar entonces a cualquiera, ya sea de fuera o de dentro? Todos tendemos a crear la subjetiva e infundamentada justificación de que los de "fuera" no son merecedores de la tierra "propia", aunque trabajen en ella y para ella. Y es difícil de entender a priori, porque hace unos pocos cientos de años la superficie terrestre estaba prácticamente despoblada de humanos, que no residían en lugares fijos, por su condición de nómadas. Todas las poblaciones "autóctonas" no llevan asentadas más que unos pocos cientos de años en su territorio, en el más extremo de los casos. Parece ser que la permanencia de nuestros progenitores, de varias generaciones precedentes, en un determinado lugar, nos confiere automáticamente derechos exclusivos sobre esas tierras y sus proximidades, atendiendo a la ley de "mis padres llegaron primero". Pero si aceptamos esta absurda ley, sólo nuestros padres, abuelos, etc. tendrían derechos territoriales. Pero, obviamente, esto no es así porque también aceptamos por subjetivo convenio que los que son como ellos −del mismo color de piel− también tienen derechos y carácter de originales porque se supone que llegaron a la vez, durante los mismos siglos. Al final todo se hereda, desde la corona a la plaza de taxi o la farmacia. En otro orden de cosas nadie ve con malos ojos la intromisión de extranjeros de la misma raza, aun introduciéndose en el mercado laboral, pero las cosas cambian cuando hablamos de un negro o un mestizo. La ley de llegar primero no es válida para explicar convincentemente el odio hacia los extranjeros, porque si algo podemos extraer de la realidad cotidiana es que no existe odio hacia los extranjeros sino hacia los extranjeros de diferente raza. Podríamos pensar, o más bien suponer vagamente, situados desde la perspectiva de una población de origen blanco, que un negro o un mestizo pueden suponer una amenaza teórica para nuestro sistema creativo, y productivo de riqueza, puesto que ellos siempre han sido unos pobres y vagos miserables que jamás han creado tecnologías –yo ya he manifestado no compartir esta generalizada opinión–. Pero no cabe la menor duda de que esto no es lo que descubre y sugiere nuestro cerebro analista, pensante y elaborador.

Es mucho más lamentable, por ejemplo, el caso de los rusos, que disponiendo de las más avanzadas tecnologías del mundo se mueren como ratas hambrientas y firmarían en este momento por vivir del mismo modo que muchos africanos o indígenas sudamericanos como los del Amazonas. Pero tenemos un clarísimo ejemplo, mucho más elocuente. Los antiguos alemanes de la desaparecida Alemania oriental o RDA eran unos de los mayores pobres miserables y muertos de hambre que pisaban la Tierra cuando cayó el muro de Berlín y la RDA se fusionó con la RFA o Alemania occidental. Todos los alemanes de la República Federal Alemana eran perfectamente conscientes de que la unión con los antiguos comunistas iba a provocar un tremendo terremoto, porque ahora los ricos iban a tener que ceder gran parte de sus riquezas a los inmundos comunistas. La unión alemana desencadenó inmediatamente una grave crisis económica que tuvo una nefasta repercusión en la totalidad de los mercados europeos, y que se vio agravada por otros factores, como la crisis económica norteamericana de aquellos momentos, o la irrupción de los coreanos, chinos, indios y demás sujetos en los mercados occidentales. Todavía no nos hemos recuperado de este garrotazo. Sin embargo hoy, conscientes de este hecho nadie en Alemania atenta contra los de su misma raza, ningún neonazi occidental incendia los hogares de alemanes orientales —que han sido la causa principal de los males económicos—, sino los de turcos, chinos o lo que sea.

Debemos rendirnos ante esta aplastante evidencia, porque sin duda el factor racial, y sólo este, constituye, como siempre lo ha hecho a lo largo de toda la historia de la humanidad, el factor desencadenante del exterminio. Las coyunturas económicas o los prejuicios inducidos por la sociedad carecen de valor por sí mismos si no giran en torno a la realidad de un elemento innato, originario de nuestra propia creación o fabricación y que no es otro que el elemento X. No sentimos el impulso de exterminar razas ajenas por condicionamientos sociales, sino porque lo dicta nuestro instinto, o lo que es igual, nuestro elemento exterminador X, que alguien instaló en nuestro cerebro y que se transmite hereditariamente siguiendo unas instrucciones de carácter reactivo, específicas para cada raza.

Por muchos esfuerzos de integración que realicemos, siempre, cuando las condiciones de supervivencia activen el mecanismo X, sentiremos el impulso de exterminar prioritariamente elementos raciales ajenos al nuestro.

Habiendo manifestado ya la adopción, como hipótesis, de la existencia de unos "creadores" de nuestro mundo y del ser humano, debemos derivar una explicación racional de esta realidad. Nuestros fabricantes, los fabricantes de los humanos, establecieron así los sistemas de acotación territorial y control poblacional, mediante un sistema controlado de exterminio. En tiempos remotos debieron arrojar a la Tierra una serie de grupos raciales diferentes y colocaron estos núcleos muy separados entre sí y en puntos estratégicos. La ciencia carece de bases para presentar objeciones a la posibilidad de que las diferentes razas hayan surgido en puntos muy separados y aislados. Podemos pensar seriamente en la posibilidad de que las distintas razas surgieran en puntos diferentes, muy alejados y de difícil acceso con respecto a los demás. Como consecuencia de la inexistencia de medios de transporte fiables o eficaces, debido a la poca creación tecnológica que ni siquiera había llegado a la consecución de un ignominioso palo para labrar, siguiendo las técnicas agrarias más rudimentarias, y debido también a la inexistencia de una necesidad imperiosa de buscar nuevas tierras, como consecuencia del bajo nivel de población, los grupos debieron ser nómadas pero limitados a una zona geográfica muy localizada y de la que no pudiesen escapar fácilmente. Y esto ha podido ser así, si nos atenemos por ejemplo al estudio de la distribución de grupos sanguíneos, fundamentalmente al factor Rh, que va íntimamente ligado al carácter racial y que denota elementos de juicio que inducen a pensar en la existencia primitiva de puntos originarios, localizados, de este factor.

Pues bien, una vez que se produjese el crecimiento y la expansión de estos núcleos raciales originarios llegaría un momento en el que se tocarían. Habría llegado entonces el momento de exterminar para regular el exceso de población, porque si dos grupos distantes originalmente, habían engordado hasta confluir, esto significaba que la población humana ya se había extendido amplia y peligrosamente. La maquinaria del elemento X se activaría entonces, pero ante la duda y la posibilidad de error, a la hora de identificar al enemigo, tenía que existir una diferenciación inequívoca entre ambas razas. No existirían en un principio diferencias en el modo de vestir porque todos lo harían con pieles de animales y todos estarían sucios y serían peludos y malolientes —ni siquiera había perfumes de marcas diferentes—. Tampoco existirían marcadas diferencias culturales, porque sencillamente no había cultura, y las religiones,

Los delitos de Dios

con toda probabilidad existentes de necesidad, aun siendo diferentes, esta disimilitud, que no sería muy pronunciada, no podría haberse manifestado o hecho evidente porque no existían vías comunicativas avanzadas. El lenguaje, la religión y la cultura en general no estaban desarrollados todavía como para establecer y sistematizar los elementos de referencia subjetiva o mental que más tarde sí constituirían. Se necesitaba entonces algo más práctico para que las razas pudiesen diferenciarse entre sí. Un código de barras o un sello de fabricación quizás no se hubiesen visto a distancia, así que recurrieron a lo más fácil, pintarnos de colores, y así formaríamos el equipo negro, el equipo blanco, el amarillo y los combinados posibles en nuestra química cutánea. Pero había más elementos diferenciales porque crearon muchas más razas que colores disponibles, que con el paso de los años quizá diesen lugar a nuevos derivados raciales en los que el factor cultural cobraría vital importancia y el innato perdería incidencia, aunque sin atenuarse. De hecho a unos les estiraron los ojos por los lados y a otros les pegaron un martillazo en la nariz y les hicieron la permanente sin cobrarles nada, insertando así, en nuestros ordenadores intracraneales, muchos paquetes de coordenadas faciales acotadas o delimitadas en sus extremos, para cada raza, y para que el cerebro pudiese distinguir a los "otros" en la penumbra, por si los colores no se veían demasiado bien. Nosotros hicimos el resto pintándonos el código de barras que no nos habían puesto para reducir gastos. Así que nos llenamos el cuerpo y la cara con rayas de colores, como los indios apaches o los indígenas que todavía quedan por ahí perdidos y que de vez en cuando vemos por la tele. Otros eligieron tatuajes de relieve, otros se acoplaron aros en la cabeza para dejarla como un salchichón y otros se metieron palos por donde podían. En fin parecía haber un empeño irracional por diferenciarse a toda costa o por adquirir una identidad propia de grupo. Volviendo a lo de la tele, siempre hemos contemplado asombrados y extrañados

235

estas singulares, homogéneas y coincidentes imágenes, que los "expertos" y estudiosos del tema tratan de explicarnos de mil maneras como "culturas ancestrales" que nadie acierta a comprender realmente.

Así pudieron ser nuestros inicios. Esta era una forma lógica, inteligente, y eficaz de establecer un control poblacional mediante acotación territorial y diferenciación racial de las periferias intersecantes. Seguramente nosotros, los humanos terrestres, estableceremos un sistema muy similar cuando algún día tratemos de crear y de sustentar vida en mundos lejanos. Nuestro notable esfuerzo y nuestro orgullo se verán recompensados siempre que podamos asegurarnos de que los individuos, producto de nuestra creación, van a sobrevivir y a perpetuarse, para lo cual tendremos que programarlos de modo que se eliminen entre ellos cuando sean muchos y no sean capaces de encontrar comida para todos. Lo mismo ocurrirá con los animales de compañía que les mandemos en un "arca de Noé". Tendrán que eliminarse cuando sean muchos por varias razones:

No podemos pretender que se eliminen unos a otros cuando ya no quepan en tierra firme y se caigan al mar; esto tendría su parte de lógica porque al fin y al cabo la población se estabilizaría y se mantendría así, aunque en unos niveles de población exagerados. Pero esto no es en absoluto factible. Si la carga demográfica se mantiene en unos valores tan descomunales y además estos niveles se alcanzan pronto, la degradación a la que se vería sometida el suelo haría prácticamente imposible el desarrollo de la vida vegetal y animal, necesarios ambos para el sustento y supervivencia de los humanos, de hecho hoy en día el mundo se nos queda pequeño en recursos, aun estando todavía prácticamente deshabitado y mal alimentado. Pero hay un problema todavía mucho más grave, y está representado por las enfermedades. El hacinamiento de la población también conlleva una degradación de las condiciones higiénicas, y el riesgo de contraer enfermedades se multiplica por exponenciales. Además, en términos probabilísticos, también aumenta el riesgo de existencia de enfermedades contagiosas al existir más individuos. La población debe estar entonces dispersa y, sobre todo, en agrupamientos muy localizados y totalmente incomunicados entre sí, porque imaginemos por un momento que se produzca una epidemia en un punto determinado. Si la población prehistórica de un planeta fuese ya homogénea y no hubiese conjuntos separados, las enfermedades se propagarían y exterminarían todo lo que encontrasen a su paso. En cambio con este ingenioso sistema de núcleos dispersos, si en uno de ellos, a lo largo de miles de años, se ha generado una enfermedad similar al SIDA, o no tan grave, es posible que esa tribu haya desaparecido en su totalidad sin dejar rastro, pero no habrá contagiado a otras tribus.

Podemos concluir, sin temor a equivocarnos en lo fundamental, que el mecanismo descrito, y consistente en núcleos poblacionales dispersos, con matices diferenciales, como la racialidad, para el exterminio se nos antoja como uno de los más válidos posibles para la perpetuación de una especie inteligente y de gran capacidad de acción. Estos núcleos, aun en el supuesto de entrar en contacto e integrarse, deben odiarse instintivamente para que no se produzca una fusión y un cruce total definitivo de las razas —tal y como ha ocurrido aquí durante miles de años—, por lo que deben estar dotadas de un elemento instintivo exterminador X, de transmisión genética.

Bien, quizá tengamos que aceptar todo lo que hemos leído hasta el momento, pero no podemos dejar de preguntarnos si debemos hacer caso a este maldito sistema de instintos exterminadores, que debieron ser concedidos por los sabios creadores —o no tan sabios— porque ¿sigue siendo hoy válido el elemento X? ¿Ha finalizado ya su función? ¿Debemos aceptar que su actuación sigue siendo necesaria para la conservación de nuestra especie? ¿O debemos plantearnos una política específica para solucionar pacíficamente los problemas raciales, de carácter biológico, y los problemas étnicos, estos últimos con una connotación de incidencia y contenido culturales?

La experiencia nos ha demostrado que no siempre debemos regirnos por nuestros instintos, no debemos pensar con el corazón sino con la cabeza, porque de lo contrario sobrevendría el caos. De todos es sabido que la mecánica humana ha tenido que establecer conscientemente mecanismos auto represivos para lograr una vida armónica en sociedad. Pero debemos reconocer que estos mecanismos son "forzados" de alguna forma, y resultan difícilmente asimilables si no existe una educación generacional e institucional al respecto. No podemos injuriar o denigrar a un neonazi, un racista o un xenófobo por su actitud. Simplemente debemos tratar de educarlo. Aun así es posible que con los mejores sistemas educativos posibles no podamos hacer nada contra el elemento X hiperactivo de determinados individuos. Nunca debemos afirmar que son "culpables", porque quizá sean víctimas de sus propios instintos, del mismo modo que una persona puede no llegar a reprimir sus ansias innatas de libertad, o de echar un polvete, es posible que otras no puedan reprimir sus ansias de exterminar, siendo conscientes, y conocedores, de sus actos. Aun siendo con toda probabilidad inocentes, haciendo lo que les dicta su "conciencia", si la población "no exterminadora a priori" constituye la mayoría numérica, como ahora, y además es negativamente afectada por la actitud de los que alivian su reprimido elemento X exterminando otros grupos étnicos, se tomarán las soluciones clásicas y habituales: la cárcel.

No tenemos buenos recuerdos precisamente de las épocas de exterminio racial masivo, como la dirigida por el posiblemente inocente y loco Hitler. Quizás nuestros fabricantes creasen artificialmente este conflicto asesino del nazismo para que permaneciese en el recuerdo inmediato de los humanos y no se produjese nada similar en tiempos posteriores, como el actual, en los que una guerra ya no se resolvería con tanques y aviones bombarderos, sino con misiles nucleares que acabarían con el planeta Tierra. En fin, quizás resulte que a la larga el nazismo, como todas las guerras, ha sido un acontecimiento globalmente positivo —más bien imprescindible— para prolongar nuestra existencia a lo largo de los siglos venideros.

Como debió decir Jesucristo, todos somos iguales ante los ojos de Dios y además Dios perdona a todos; ¡faltaría más!

La cárcel no es, ni será, el lugar de los "malos" sino el de los raros, los que no siguen las reglas del juego preestablecidas. Nadie es malo por naturaleza porque ¿qué pasa con los psicópatas exterminadores? La ley por fin reconoce que pueden haber cometido sus actos por alguna aberración genética de los cromosomas, de la que obviamente no son culpables, y que les incita a asesinar sin que ellos, conscientemente, puedan hacer nada para evitarlo. Es como si lucharan contra un demonio interno, contra otro yo, que determina una especie de doble personalidad. Podríamos determinar por convenio —de hecho así se hace— que un "malo" es aquél que pudiendo teóricamente evitar un acto, cometido o inducido por él mismo, no lo evita. Parece como si la justicia castigase a los abúlicos, o carentes de voluntad. La propia justicia busca, en su esencia, la eliminación de los que pudiendo teóricamente dominar sus impulsos instintivos —que ya es mucho— no los someten en la misma medida que un sujeto integrado en sociedad. En fin, un castigo a los incapaces que caen en las drogas de la vida, un castigo a los desdichados.

¿Pero hasta qué punto es "culpable" —en el sentido de "malo"— cualquier otro asesino que no responda al perfil de un psicópata, y por lo tanto con sus facultades mentales aparentemente sanas? ¿Cómo podemos establecer una frontera o una gradación entre los asesinos vulgares y los psicópatas, o derivados? ¿Sólo la tara genética puede proporcionarnos esta diferenciación?

Sencillamente no podemos o no sabemos establecer esta separación, pero no importa porque los metemos en la cárcel y asunto concluido. Así funciona el sistema. Los gobiernos tratan de protegernos, de preservar la salud pública y para ello castigan a los traficantes de drogas que supuestamente arruinan la vida de sus consumidores. Sin embargo en su afán proteccionista olvidan que lo que precisamente mata es la adulteración de sus drogas y esto es consecuencia de la propia persecución de los fabricantes y distribuidores, lo que se traduce en un mercado errático, clandestino y carente de controles sanitarios de calidad, por así decirlo, en la preparación de los compuestos narcóticos. Pero el fin justifica los medios y es increíble cómo los políticos tratan de velar por nuestras vidas aunque eso acabe con las vidas de los que "caen". La incapacidad del Estado es manifiesta y total, porque no da oportunidades. Si bien trata de alejarnos del mundo de las maléficas drogas invirtiendo grandes sumas de dinero en cuerpos de superpolicías antidroga, cuando alguien cae accidentalmente no hay compasión con él. La dependencia en la que cae el sujeto le obliga necesariamente a buscar dinero como sea y sin poder hacer nada por evitarlo, aun consciente de su enfermedad. Y recalco lo de enfermedad, porque el drogadicto es un enfermo, al que hay que curar. Pero el Estado, lejos de hacerlo, por su incapacidad, ineptitud, ignorancia e ineficacia espera a que el drogodependiente cometa algún robo o cualquier otra variante violenta para justificar así su encarcelamiento y su privación de libertad. Allí en la cárcel se pudrirá y se infectará necesariamente de SIDA. El Estado será responsable de su muerte, haciendo así gala de una de las variantes de "terrorismo de Estado". Las cárceles constituyen otra máscara exterminadora que la recortada visión humana no acierta a descubrir. Es curioso cómo el Estado nos aprecia y quiere tanto y, sin embargo, nos asesta una puñalada en la espalda cuando cometemos un pequeño error. Pero ni siquiera podríamos hablar de error en muchos casos, si atendemos a la realidad. La mayoría de los drogadictos encarcelados corresponden a estratos sociales deprimidos, en los que el factor económico desfavorable juega un papel prácticamente determinante. Afortunadamente para ellos, los pudientes, que también se drogan como los pobres, pueden permitirse la compra de estos narcóticos sin tener que recurrir al robo a mano armada —ellos roban de otra forma más "sutil"— con lo que sus posibilidades de pasar largos años en las mazmorras son muy bajas. Pero el Estado no deja de sorprendernos porque, paradójicamente, las denominadas drogas duras no matan por sí mismas —siempre que no estén adulteradas— a casi nadie. Incluso las sobredosis son casi siempre consecuencia de diferencias de pureza de las drogas que se dan entre unos distribuidores y otros, a los que el consumidor no tiene acceso informativo, debido a la represión policial. Pero las estadísticas demuestran, inequívocamente, que el tabaco, una droga supuestamente blanda, constituye una máquina de matar que siega cientos de miles de vidas al año, por no decir millones, como consecuencia del cáncer inducido. Sin embargo al Estado no parece importarle lo más mínimo, porque los fumadores empedernidos no necesitan robar para comprar sus paquetes de tabaco. En efecto los paquetes de cigarrillos no tienen precios desorbitados —aunque esto sería discutible— porque nadie se juega la vida y su libertad para distribuirlos, el mismo Estado lo ha hecho y se beneficia de ello. Lo mismo ocurre con el alcohol, sometido a unos exagerados impuestos, de los que los gobiernos se alimentan, mientras todos sabemos que este producto es el causante de una gran parte de las muertes por accidentes de tráfico, así como de generar muchos millones de alcohólicos y alcohólicas, que arruinan la vida de sus familias y las de los demás. El alcohol sin embargo no crea dependencias, porque no todo el que se inicia en su consumo acaba alcohólico, pero la cocaína, el speed, la marihuana y la mayoría de las drogas duras tampoco crean dependencia necesariamente, aunque las organizaciones médicas, al servicio de los gobiernos, traten de convencernos de lo contrario.

Es difícil determinar si las drogas deben ser legales, o cuáles deben serlo –espero que el alcohol sí lo sea–... He utilizado indistintamente el término de "estado", a veces con minúsculas, y el término de "gobernantes", pero conviene aclarar que no todo el estado es responsable. Algunos podrán argumentar la definición de Estado, como un ente representativo y participativo del pueblo, lo que conlleva una responsabilidad civil en el problema de los estupefacientes, pero a mí todo eso me parecen patrañas, porque ni yo ni nadie gobernamos desde nuestros domicilios ni disponemos de los balances anuales de las empresas gobernantes, ni podemos despedir a sus directores cuando tenemos la evidencia de que dicha empresa no funciona. Lo que ocurre es que las mayorías creen que todo va bien. Las minorías, conscientes de que esto no es así en su caso, no pueden hacer nada en las urnas.

Habíamos iniciado la alusión al tema de las drogas y de los drogadictos por la relación existente con el trato hacia los exterminadores. Ambos se ven irremisiblemente abocados al dominio de sus bases innatas y sociales de conducta, y los gobernantes, lejos de atacar los problemas de raíz, los solucionan por la vía rápida. Luego se sorprenden de que el terrorismo y la violencia que ejercen tengan, como reacción una respuesta violenta de la sociedad.

Pero retomando el aspecto del exterminio o del enfrentamiento racial, lo que sí es evidente es que habrá que solucionar estos problemas racistas y xenófobos, aunque sólo sea por nuestro propio interés, egoísta e insolidario, con lo que la cuestión que se plantea es ¿cómo resolvemos las confrontaciones raciales y étnicas? No nos queda más remedio que soportar

Los delitos de Dios

los impulsos del elemento X, por lo menos hasta que lo localicemos y lo eliminemos genéticamente si el orden político del momento nos lo permite. De momento sólo podemos tratar de controlarlo personalmente. Pero es aquí donde se plantea la cuestión, porque si nuestros fabricantes nos dotaron del elemento X con fines supuestamente buenos, fructuosos, honestos y justos según su código de ética avanzada, y con el fin último de preservar nuestra especie a lo largo de los siglos y de los milenios ¿por qué no dejamos que esta parte instintiva exterminadora se libere, como la sexual? ¿Es posible que lo que para nuestra ética es aberrante sea aceptado por una ética universal? Difícil pregunta a priori.

Lo que sí es cierto es que el exterminio racial ha estado siempre presente y sigue estándolo, aunque su manifestación sea heterogénea en el tiempo, ya que es difícil matar a un ritmo constante. Hoy en día da la impresión de que este ritmo de exterminio étnico ha decrecido, pero no debemos olvidarnos de las confrontaciones y matanzas étnicas de la antigua Rusia, de África y de otros tantos sitios. Es cierto que otros focos tradicionales de enfrentamiento racial han sufrido metamorfosis de orden político.

La segregación racial de Sudáfrica, aunque sigue dándose con toda su magnitud, ha sido frenada aparentemente. Desde hace muy poco tiempo los negros han tenido derecho a votar en su propia tierra –propia atendiendo a la ley de "yo llegué primero"– y han podido de alguna forma resarcirse de los tiempos más duros del apartheid, en los que el matrimonio entre negros y blancos constituían un delito, y en los que se podían ver los carteles de "sólo blancos" en las playas y lugares públicos. El ex-presidente De klerk tuvo que ceder frente a Nelson Mandela. Sin embargo lo que debió hacer cambiar de actitud al primero no fue otra cosa que las presiones internacionales de bloqueo comercial de petróleo, de armas y de inversiones en general.

En los Estados Unidos de Norteamérica las cosas no han diferido en demasía, con la excepción de que en este país se sometió a los negros que habían traído de África para hacerles los trabajos más duros y sufridos mientras que en Sudáfrica se sometió a los que ya vivían allí. Es curioso, porque en ninguno de los dos casos los negros fueron al encuentro de los blancos. Estos últimos siempre dispusieron de un mayor poder militar, pero el sometimiento de los negros no habría sido posible sin la existencia de confrontaciones entre las etnias negras de entonces, lo que posibilitó el sometimiento de algunas por parte de otras, también de negros, que a su vez seleccionaban esclavos para los blancos, haciendo de intermediarios. Aunque a los blancos todos los negros les parecen iguales —al no disponer de un archivo mental específico de coordenadas x, y, z para razas no homólogas— esto es como decirles que no existe diferenciación entre las razas blancas. Díganselo si no a un neonazi no bastardizado, de raza "pura".

Como decíamos, en USA, las cosas no han sido muy distintas a las de Sudáfrica. El recuerdo del líder negro Martin Luther King no queda lejano. Tampoco hace mucho tiempo que dejaron de existir escuelas de blancos a las que no podían acudir los negros, y a las que más tarde asistieron escoltados por policías. Recordemos que los negros no podían votar en Norteamérica hasta 1960 aproximadamente, y que el Ku Klux Klan linchó negros, en muchas ocasiones con el consentimiento de los gobernantes norteamericanos. A día de hoy los negros siguen siendo una raza secundaria para sus gobernantes; basta con echar un vistazo al trato que se les dio tras el paso del huracán katrina por Nueva Orleans.

Actualmente la población de los Estados Unidos ya no sólo la integran negros y colonialistas originarios, sino hispanos mestizos entre los que se encuentran puertorriqueños, mejicanos, cubanos, así como chinos, vietnamitas etc. Todos ellos, muy lejos de integrarse, se distribuyen en guetos donde las condiciones económicas no son muy atractivas. Los negros llevan más tiempo, por lo que no podemos hablar estrictamente de inmigrantes en su caso, pero siempre han formado parte del sector social más oprimido, desde sus tiempos de esclavitud, y eso también se hereda. El resultado final es que USA es ya un hervidero de etnias diferentes, que no tardarán muchas décadas en constituir una gran parte de la población total norteamericana, y que se han ganado el prejuicio fundamentado, por su condición económica, de ser criaderos de delincuentes y de bandas tribales de asesinos. Ante estas circunstancias cabe plantearse lo que puede ocurrir con esta bomba de relojería, si una vez más nos remitimos a la historia y a la mecánica del elemento exterminador X. ¿Por qué no estalla una guerra exterminadora en estas circunstancias de desorden y proximidad racial? ¿Por qué el racismo que sufre Norteamérica no desencadena una guerra total?

Existen varios factores que de momento imposibilitan una campaña de agresión exterminadora por parte del hombre blanco, que ha sido el exterminador tecnificado tradicional. En primer lugar las condiciones económicas de la clase blanca prepotente son buenas y su supervivencia no parece peligrar. En segundo lugar la raza blanca americana originaria —por decirlo de alguna forma— es una raza bastardizada de judíos, antiguos ingleses, irlandeses, franceses y, por supuesto de mediterráneos italianos, etc. En definitiva no es una raza pura, y su elemento X está atenuado en cierta medida. En tercer lugar los remanentes que pueden quedar de voluntad exterminadora se liberan con el alto sentimiento patriótico o nacionalista americano y con la actuación y canalización del mismo, en forma de imperialismo, invadiendo países, asesinando a sus habitantes e imponiendo su "orden internacional". Se da una circunstancia particular, y es que los negros refuerzan este sentimiento nacionalista. Los negros cantan bien y corren mucho en las olimpiadas, acaparando gran parte de las medallas. Este fenómeno que parecería no tener demasiada trascendencia para países no tan patrióticos supone una inyección que refuerza sin duda el orgullo de muchos soberbios americanos –no todos lo son, obviamente–.

Sea como sea debemos confesar que parecen existir unos ciertos visos o apariencias de integración entre blancos, negros, hispanos y demás categorías. Muchos negros, los reyes del baloncesto, son queridos por el público blanco. Ya no asustaron a nadie las proposiciones sexuales del blanco Kevin Costner a la negra Whitney Houston y para colmo, en un intercambio de papeles tradicionales, el primero, hizo de guardaespaldas de la segunda. En las películas ya no mueren siempre los negros, como era habitual, y los hispanos hasta dirigen y protagonizan productos cinematográficos. Qué decir de los mediterráneos, con el admirado boxeador Rocky Balboa de Sylvester Stallone, el potro italiano de la película.

También en la vida política los negros parecen haber tomado partido y dirigen muchas alcaldías... En fin, parece ser que la integración racial podría llegar a ser posible. No cabe duda de que esto es tremendamente dificultoso. La ciudad en la que tengo la suerte personal de vivir ha acometido campañas de integración de gitanos, sin precedentes en la mayoría de las partes del mundo, regalándoles viviendas dignas que los demás tenemos que comprar con el sudor de nuestra frente. Aunque en un principio eran habituales noticias que describían cómo quemaban las puertas de las habitaciones para calentarse, o cómo metían sus mascotas –burros de esos que son como caballos– en sus habitaciones, hoy parecen haberse adaptado algo a los modos de vida "normales". Tendrán que sucederse más renovaciones generacionales para comprobar el resultado. En cualquier caso merece la pena intentarlo, aunque más bien es obligación intentarlo. Para los que no creen en ella, la integración es ventajosa porque aleja el enfrentamiento armado, y la muerte, y hoy esta ciudad integradora de la que he hecho

Los delitos de Dios

mención presenta bajas cotas de delincuencia. Cualquier asesinato saldría en todos los medios informativos, y digo saldría porque ciertamente y afortunadamente se producen muy pocos, y casi todos tienen que ver con la violencia de género, tan de moda en estos tiempos.

Pero no puede dejar de incordiarnos la posibilidad de que este intento integrador sea a la larga negativo, como suponía Hitler, porque por un momento podemos pensar que nuestros fabricantes tenían y tienen mejores capacidades anticipativas que las nuestras y por tanto el enfrentamiento y el exterminio racial que ellos concibieron, o cualquier tipo de exterminio controlado en definitiva, pueden ser necesarios para la preservación futura de la especie, y sobre todo para su evolución tecnológica, que en su vertiente militar constituye uno de los motores del avance tecnológico global. Con todo ello se evitaría una peligrosa masificación que podría acabar con este planeta. Debemos entender que los creadores nos fabricaron para durar un largo lapso cronológico porque, no en vano ya nos hemos conservado durante unos cuantos miles de años.

Esta posibilidad parece convincente, pero sólo lo parece, porque entonces deberíamos retomar la explicación de la tan reiterada atenuación del elemento X. ¿Por qué parece atenuarse nuestro elemento exterminador mediante el cruce racial? Suponíamos que nuestros fabricantes eran conscientes de que cuando hubiésemos alcanzado una cota evolutiva que nos permitiese una limitación intencionada de la natalidad también habríamos alcanzado sistemas de pensamiento ético o filosófico que mitigasen de forma racional el rechazo exógeno hacia otras razas. Dicho de otro modo, cuando los problemas de supervivencia empezasen a resolverse de forma clara y contundente empezarían a dejar de existir los enfrentamientos raciales, aunque persistiría el elemento innato discriminador, y esto posibilitaría el comienzo de cruces fortuitos entre ra-

247

zas, que ya no estarían penalizados por la legalidad vigente del momento. Una vez que hubiese desaparecido la incertidumbre de futuras crisis o miserias en la población terrestre el cruce racial se vería posibilitado para atenuar un elemento que ya no tendría utilidad alguna al haberse tomado las riendas de la desmesurada natalidad. Muy al contrario este elemento X podría llegar a ser, además de inútil, muy peligroso en un mundo en el que la hecatombe nuclear podría tener lugar apretando un simple botón.

Si es realmente cierto, y la ciencia algún día demuestra, que existe una atenuación de la irascibilidad racial innata, mediante el mestizaje, podremos concluir racionalmente, con grandes posibilidades de acierto, que la integración racial completa es lógica y positiva para nosotros.

Si esto no fuera así, si el mestizaje es rechazado por nuestros fabricantes, reniego de la posibilidad de tener que incluirme en una sistemática de exterminio por un ideal subjetivo, impalpable y de repercusiones tan alejadas en el tiempo, aunque el fin último sea la perpetuación de la especie humana. No creo que debamos estar dispuestos a actuar como robots respetando los dictados de un instinto preprogramado y si se diese el caso tendríamos que decir a nuestros tiranos creadores o dioses ¡que os den por atrás! porque no en vano esta reacción es también muy innata, muy humana, y consecuencia de nuestro instinto de libertad. Ante esta confrontación posible de conductas instintivas no podríamos actuar convencidos de la certeza de nuestras convicciones, y en esta situación deberíamos optar por la primera posibilidad de integración racial, esperanzados de que esta elección habría sido prevista por nuestros mudos y escurridizos dioses.

Si bien es cierto que el primer paso es muy difícil, la integración es por otra parte muy rápida en términos biológicos porque un primer cruce ha de dar ya lugar a un mestizo con un elemento X notablemente más atenuado. A esto deberíamos añadirle el lazo que se establece entre las familias de los apareados. El nexo familiar posibilitará un quebrantamiento de los prejuicios de las familias hacia la raza opuesta respectiva, porque el nuevo bebé aglutinará rasgos comunes y multirraciales, que calarán en la sensibilidad de los potenciales detractores de razas diferentes. Las familias ya no podrían aprobar o apoyar, sin remordimientos, cualquier movimiento político de carácter racista y exterminador. Del mismo modo, cuando el bebé crezca, carecerá de ese odio innato hacia los individuos de otras razas y asimilará partes culturales integrantes de cada etnia. Ahora todos serían "hermanos de sangre".

Si aceptamos seriamente que la integración es necesaria, los gobernantes deberían hacer mucho más de lo que están haciendo, aunque es difícil conocer cuáles son sus motivaciones y sus posibilidades. Los países más desarrollados podrían tratar de potenciar económicamente a los países más deprimidos en este aspecto, lo que exigiría un difícil embargo en la exportación de armamento y posiblemente numerosas intervenciones militares para derrocar a los supuestos inútiles que gobiernan en esos lugares. No sabemos hasta qué punto esto sería positivo. En primer lugar esos países inicialmente pobres se ganarían el aprecio de los demás países una vez que se montasen en el tren del progreso. Las razas atrasadas de esos lugares serían más respetadas y ya no parecerían estar formadas por o seres inferiores a los occidentales e incapaces de crear tecnología. Este ha sido el caso de los coreanos o los chinos, que hace unos pocos años eran a nuestros ojos unos agricultores miserables puestos a remojo para recolectar arroz y hoy visitan nuestras empresas para reírse de la mierda que tenemos. En definitiva el respeto que se ganan ciertas razas permite, de modo menos traumático, su ulterior integración. Pero también es cierto que la activación económica deliberada cierra los flujos negativos migratorios del país activado, porque las razas originarias residentes acceden a una vida económica y política digna y soportable y se quedan en su país. Si a priori esto puede resultar muy positivo para los racistas o los contrarios a la inmigración, estos deben pensar que en estas circunstancias el problema de la racialidad se aparca y no se soluciona, pudiendo renacer en cualquier momento. Por otro lado el surgimiento de nuevas potencias industriales conlleva, además de un incremento consumista que amenaza los recursos y el medioambiente aún más, un aumento de la competitividad comercial al que la mayoría de países desarrollados no pueden hacer frente por la existencia lógica de unos mayores salarios. Pero si se levantan barreras proteccionistas, para paliar esta situación, se frena el desarrollo de esos países pobres y se obstaculiza la inversión en ellos de la mayoría de los empresarios de los países desarrollados. Dicho de otro modo, en los países pobres todos ganarían, pero en los ricos, debido a los grandes defectos del sistema capitalista, unos pocos ganarían mucho y otros muchos perderían todo.

¿Qué debemos hacer entonces en política exterior respecto a países tercermundistas?

Esto es muy difícil de responder, pero la ética debería imponerse a cualquier otro interés. Dicho de otro modo no podemos permitir por más tiempo que 120.000 personas, o las que sean, mueran al día por carencias alimenticias, mientras nosotros tiramos los excedentes a la basura. ¿Pero por qué no debemos permitirlo? ¿Porque resulta desagradable ver moribundos en la televisión mientras comemos apaciblemente? ¿Qué ganamos nosotros evitándoles el sufrimiento y ayudándoles? ¿Es la satisfacción de nuestro de orgullo personal el único premio a la ayuda? Quizá por un momento, dando rienda suelta a nuestra imaginación, nos pongamos en el lugar de los miserables y pensemos que si la reencarnación del alma es cierta nos podría tocar, en una vida futura, una existencia semejante, por lo que deberíamos paliar el problema cuanto antes. Si la conducta humana sólo se mueve por intereses o por dictados del instinto ¿qué nos puede inducir a ayudar a los hambrientos? De momento nada, porque obviamente no lo hacemos, a nadie le importan los negros de África que se mueren deshidratados bajo el Sol. Pero no todos somos iguales, ya que hay individuos —entre ellos, asombrosamente, muchos misioneros religiosos— que abandonan y sacrifican su vida urbana y viajan a lugares lejanos para ayudar a los olvidados, a los dejados de la mano de dios. ¿Qué fuerza impulsa a estos respetables seres? Aparentemente no parecen influirles los factores tradicionales de dinero, sexo, poder, y mucho menos el factor exterminador. Es como si se tratase de personas que han superado las imposiciones del elemento X. No responden a tipos raciales concretos porque provienen de todos los países avanzados conocidos, y desde luego tampoco corresponden a razas mestizas con su elemento exterminador atenuado. Es difícil asegurarlo, aunque es posible que en estas personas el instinto de libertad prevalezca sobre las demás variantes de carácter instintivo, debido a alguna causa genética o a motivos de carácter exógeno o de personalidad inducida. No sabemos hasta qué punto podrá inclinarse esta balanza de variantes o grupos de conducta innata en cada persona y no sabemos hasta qué punto podrán reprimirse unos instintos frente a otros por medio de nuestro esfuerzo personal. Lo que sí es un hecho es que estas conductas solidarias se dan. Quizá esta palabra, solidaridad, que no existe en el diccionario de nuestros instintos, sea la clave para conseguir que seamos definitivamente libres. Y digo que no existe en ese diccionario porque cuando un sujeto hambriento comparte su ración es porque sabe que en otra ocasión él podrá disfrutar de parte de la ración de los individuos con los que comparte, y la solidaridad, como tal, no implica ningún beneficio posterior, al menos aparentemente. Mientras tanto, nadie debe injuriar o agraviar a la humanidad por la carencia de una conducta que no ha sido concedida por nuestros fabricantes y que nosotros debemos buscar y aplicar, sin saber muy bien el porqué. Los creadores o dioses tenían que habernos hecho más solidarios, pero es posible que esta actitud no fuese compatible con nuestra conducta básica exterminadora.

Bien, ya hemos hecho un largo y diligente viaje a través de la historia exterminadora de la humanidad. La romería de muertos que debe haber enrarecido el ambiente a lo largo de los siglos nos permitiría haber hecho unos cuantos billones o trillones de toneladas de picadillo para hacer hamburguesas. Qué lástima que Jesucristo no se trajo los planos de un congelador, aunque a decir verdad la salazón, de remota tradición, tampoco era mal plan. Pero tuvimos la manía de enterrar todo bajo tierra, y hoy hasta lo incineramos, salvo algún listillo que se deja congelar o embalsamar. Pero los dioses eran la leche porque inventaron las bacterias para que los muertos no estorbaran y se convirtiesen en tierra y en alimento para las plantas que nos alimentaban a nosotros, con lo que no tuvimos necesidad de recurrir a las referidas hamburguesas. Aunque no apreciemos la perfección de la naturaleza, en toda su magnitud ¡todo estaba previsto!

Si la muerte era tan necesaria para que otros cupiesen en el planeta, sin necesidad de tener que subirse a los árboles, no deberíamos limitarnos sólo al elemento exterminador X como único mecanismo de eliminación sistemática de la prole. No creo que nuestros fabricantes se lo jugasen todo a una sola carta, por lo que deberíamos hacer un rápido recorrido por las demás formas de muerte.

XIII- "X" Y LA MUERTE

Sería arduo e innecesario dar cifras estadísticas globales cuantitativas y cualitativas de muertes. Siendo estas últimas las que nos interesan realmente, debemos pensar que en los países tercermundistas las causas de muerte son totalmente diferentes a las de los países más "desarrollados" –por calificarlos de algún modo– en los que prolifera el crimen urbano, los accidentes y una serie de patologías que nada tienen que ver con la carencia de alimentos sino con todo lo contrario. Las muertes en los países pobres no son nada originales y quizás debamos analizar primeramente las nuestras, que son más espectaculares. Por lo que se oye en la tele, en la radio o en los periódicos, el cáncer, los infartos de miocardio, los accidentes de tráfico, los suicidios, o el crimen, son los "top" de la lista de muertes no naturales, aunque este último calificativo no tiene ningún significado coherente, por lo que prescindiremos del grupo que representa. Deberíamos tratar de encontrar lo que se esconde detrás de estas muertes más habituales, porque podríamos llevarnos sorpresas, e incluso podríamos encontrar relaciones con nuestro famoso y omnipresente elemento exterminador X.

Empezaremos con el cáncer. Con la información que nos han proporcionado los fiambres descarnados de hace varios miles de años, y que hemos encontrado bajo tierra, podemos deducir que siempre han existido los tumores cancerígenos. El cáncer no es una patología que responda a reglas específicas, no es una enfermedad concreta sino varias que actúan de modo similar. Dicho de otro modo, por lo general es cáncer cualquier enfermedad o mecanismo biológico que suponga una multiplicación anormal, descontrolada de un determinado grupo celular, que se extiende progresivamente, lo que degenera en posteriores problemas funcionales que de no ser resueltos acaban con la vida del individuo. El remedio que más utiliza la medicina moderna consiste en extirpar, con una cuchilla, la bola o masa amorfa de carne cancerígena, o el hueso deteriorado por un tumor. A veces la navaja no sirve, sobre todo si se trata de tumores cerebrales, por lo que hay que utilizar sierras, taladros o láser para quemar el bulto. No cabe la menor duda de que estos métodos son muy primarios, pero la medicina dispone de grandes medios técnicos en los campos donde realmente los necesita, porque lo difícil no es la extracción de masas tumorales sino la detección de las mismas. Aquí es donde la medicina realiza todo su despliegue de medios. Sin embargo, conscientes de su importancia, lo cierto es que la gente muere de cáncer en los países más avanzados, en los que la medicina cuenta con las mejores armas y los mejores profesionales. Cuando la citada enfermedad se ha extendido por una gran parte del organismo de la víctima, nada se puede hacer salvo intentar alargar su vida. El problema está en que los cánceres no suelen ser detectados a tiempo, pero no debemos echar la culpa a nuestros médicos, aunque no cabe duda de que se equivocan con mucha más frecuencia de la deseable. La culpa, en realidad, corresponde a nuestro propio organismo. Es absolutamente increíble que nuestros sofisticados sensores internos detecten al instante cualquier tipo de anormalidad, como la representada por un pequeño resfriado. Cuando esto ocurre empezamos a estornudar y nuestra voz se torna ronca, las mucosidades afloran por nuestras fosas nasales, ensucian nuestros pañuelos y mangas y hasta nos llega a doler la cabeza, la garganta y el pecho. La fiebre puede poner nuestra caldera

Los delitos de Dios

a todo gas y elevar rápidamente la temperatura corporal para "quemar" y hacer imposible la vida de las bacterias o virus visitantes. Nuestro cuerpo se defiende como una perfecta máquina diseñada por los mejores ingenieros.

Los mosquitos también pueden poner alerta nuestras magníficas defensas. Cuando uno de estos malditos bichos, que no deberían haber sido creados, se ensaña y nos pica, no tardamos en observar un grano o una desagradable hinchazón que pone de manifiesto la encarnizada lucha del agente venenoso con nuestro ejército de soldados intracutáneos. Pero no es necesario que alguien nos inocule veneno, porque una simple comida con cuatro bacterias de más, o muy caliente, o muy fría, y nuestro estómago producirá un inmediato acto reflejo que hará expulsar hasta la última gota, ya sea echando las "rabas" o teniendo una cagalera de espanto. El cuerpo se resiente o simplemente nos avisa ante cualquier ataque que amenace mínimamente su integridad, pero increíblemente no hace absolutamente nada cuando un tumor maligno y mortal de necesidad se genera en algún punto de nuestro cuerpo. Aunque por incapacidades funcionales regenerativas el organismo se viese incapaz, por sí solo, de hacer frente a esta fatal agresión debería avisarnos, al menos, de que algo anormal está ocurriendo, porque de hecho lo hace en situaciones mucho menos preocupantes. Es cierto que muchas personas padecen algún tipo de aviso, en forma de dolor, cuando un tumor cancerígeno se apodera de ellas. Sin embargo esto sólo ocurre cuando el tumor se ha instalado en alguna parte funcional o sensible, que detecta la anomalía por oclusión o presión de centros nerviosos, lo que provoca dolor. También pueden sobrevenir vómitos, si el cáncer se ha situado en el aparato digestivo, o mareos si el tumor es cerebral, pero estas manifestaciones siempre tienen lugar cuando alguna pieza de la máquina humana se desplaza de su lugar natural y no puede funcionar correctamente. El receptáculo donde se encuentra el órgano funcional no dispone de sensores que permitan detectar a los intrusos, no disponemos de un sistema de alarma específico para este tipo de situaciones, y esto es sencillamente increíble —me atrevería a calificar de sospechoso— a la vista de la maravillosa perfección que denota la máquina humana en todos los demás apartados. Siendo un tumor maligno un elemento que puede acabar con nuestra vida —lo que no podría hacer un mísero mosquito— difícilmente podemos explicar cómo el cuerpo no se manifiesta de forma radical, enérgica, visible e inequívoca, con inflamaciones, mareos, vómitos, fiebre, o cualquier otro mecanismo de aviso ante la aparición incipiente de uno de estos tumores. Gran parte de las veces es demasiado tarde, y no sólo para los que tenemos que esperar para ser reconocidos por un médico, porque los grandes jefes de estado, los actores famosos, y los poderosos en definitiva, también mueren de cáncer, a pesar de que una detección a tiempo resuelve la mayoría de estas problemáticas.

Debemos encontrar una explicación a todo esto, pero debemos reprimir nuestras tendencias paranoicas e interesadas, que podrían llevarnos a recurrir nuevamente a la presencia de la mano de los famosos "fabricantes", aunque ciertamente hay poderosos motivos para pensar en este sentido seriamente.

Es necesario hacer constar que la fenomenología del cáncer presenta, sin duda, unas características singulares y desconcertantes que no debemos dejar pasar por alto. Se prevé, sin riesgo de equivocarse, que su incidencia irá en aumento en los años venideros, cada vez habrá más cáncer y, de hecho, la tendencia ascendente de esta patología ya se ha hecho patente en el transcurso de los últimos años o décadas (una de cada tres personas padeceremos algún tipo de cáncer en el futuro inmediato). Aunque las causas del cáncer no están todavía clarificadas en su totalidad y en sus matices, podemos concluir una relación causa-efecto de indiscutible importancia para responder a la duda razonable que se había planteado en las líneas anteriores. Esta relación está representada por la implicación siguiente:

Progreso tecnológico... cáncer.

Si aceptamos que esta implicación matemática es irrefutable debemos tomar conciencia de lo que ello supone. Tenemos suficientes pruebas visibles y constatables, en términos científicos, para asegurar esta incuestionabilidad.

Sabemos que determinados agentes químicos complejos pueden ocasionar la temible enfermedad; es el caso de los compuestos añadidos al tabaco antes de su recolección para que las plagas no lo destruyan. Estas sustancias ocasionan con frecuencia cánceres de pulmón o de laringe. Existe catalogada una extensa lista de sustancias que sin duda aumentan considerablemente el riesgo de que el individuo que las incorpora a su organismo pueda ser portador de un tumor maligno. En cualquier caso resulta extremadamente difícil establecer relaciones de causalidad tras la aparición de una de estas patologías, porque en nuestra alimentación cotidiana –una de las vías para asimilar porquerías– se produce una ingestión muy variada de alimentos y de sustancias. Todos estos alimentos han sido tratados, en los procesos previos a su elaboración, con aguas residuales contaminadas, pesticidas, abonos sintéticos, piensos compuestos sintéticos, colorantes, conservantes, antioxidantes, emulgentes, antiapelmazantes, potenciadores de sabor... y todo lo que pueda imaginarse. Por si fuera poco, el detergente rompedor de moléculas con el que fregamos los platos donde comemos nunca desaparece totalmente en el aclarado, y la acumulación progresiva del mismo no puede ser beneficiosa, a no ser que mañana nos digan que rebaja el colesterol. No podemos fiarnos demasiado porque, por otro lado, las legislaciones de control sanitario divergen notablemente de unos países a otros, por lo que no es difícil encontrarse cómo unos famosos caramelos, con un colorante muy determinado, se prohíben en Rusia porque producen cáncer de tiroides y en otros países son inocuos –me consta que no se retiraron en aquel momento del mercado por cualquier otro tipo de razón de carácter comercial o político–. Es tal la cantidad de compuestos químicos complejos, que ingerimos a diario, que resulta difícil establecer estadísticamente cual o cuales resultan a la larga dañinos, a no ser que alguno de estos productos sea extraordinariamente nocivo y se delate por sí mismo. Pero no sólo asimilamos mierda por vía oral, porque otros productos que usamos para nuestro aseo personal, como jabones, lacas, desodorantes, cremas, etc., y que son rápidamente absorbidos a través de la piel, son muchos y muy poco naturales. Los tintes de las prendas de vestir, así como los detergentes para su lavado, también son absorbidos y son especialmente nocivos cuando se encuentran en altas proporciones, como en las empresas que los producen, por lo que cabe suponer que, aun en bajas dosis, pueden dar lugar a reacciones negativas posteriores. Las fábricas son un excelente lugar para inhalar gases perniciosos, y ni que decir tiene de los que expulsan a la atmósfera y que todos respiramos y asimilamos. La lluvia ácida destroza los árboles, ¿y qué hace con nosotros?

Son muchas las moléculas de extremada complejidad que viajan a llamando a la puerta de las células de todo nuestro organismo. Estas moléculas son difícilmente biodegradables, porque el organismo humano siempre había trabajado con sustancias naturales conocidas. Las modernas son mucho más difíciles de "desmontar" y en ocasiones se dejan en el almacén, no pudiendo ser eliminarlas en su totalidad. El cuerpo no sabe cómo tratar a tales elementos desconocidos y novedosos, que han surgido en laboratorios a partir de reacciones complejas que no se han dado nunca en la práctica de la naturaleza.

Es increíble cómo nuestro estómago y todos los demás componentes de nuestra máquina no sucumben, ante la afluencia de tantos elementos extraños, como lo haría un automóvil si le echásemos caldo de pollo en el depósito de gasolina.

Pero nuestra máquina humana no sólo tiene que soportar semejante lista de sustancias sospechosas, porque nos sorprende-

Los delitos de Dios

ríamos de lo que flota en el ambiente que nos rodea. Además de los gases letales circundantes, basta con encender una radio multibanda o un escáner para percatarnos de la existencia de toda la ingente cantidad de ondas electromagnéticas que emiten las cadenas del mundo. Basta con colocar unas antenas parabólicas que recojan las longitudes de onda adecuadas para darnos cuenta de que estamos sumergidos en un baño de ondas de televisión retransmitidas a través de satélite, y basta con coger un teléfono móvil para freír con ondas a cualquier persona, esté donde esté. La cantidad de ondas electromagnéticas de alta frecuencia, o de alta energía, que nos atraviesan es cada vez mucho mayor. ¿Qué repercusión tiene todo esto en nuestro organismo?

Como digo la ciencia no puede detectar de momento relaciones causales, porque no todos comemos lo mismo, no todos usamos o inhalamos los mismos productos, no todos estamos sometidos a ondas de la misma frecuencia, y nuestros organismos no responden exactamente de la misma manera. El resultado es que hay cada vez más cáncer, pero en la selva de sustancias que nos rodean no podemos diferenciar, ante tanta multitud, los agentes malignos de los inocuos. No podemos establecer grupos poblacionales para un análisis estadístico concreto, fiable y con algún sentido de carácter científico.

En cualquier caso sabemos que las ondas electromagnéticas muy energéticas pueden provocar efectos dañinos en el tejido celular como es el caso de los rayos UVA que hoy producen más cáncer de piel que nunca, con el catalizador que suponen los agujeros de ozono que imposibilitan la correcta filtración de todas las partículas cósmicas que nos bombardean. Pero las ondas de radio a las que hemos hecho alusión se diferencian muy poco de la luz que nos quema en las playas. La única disimilitud reside en que la luz del Sol se encuentra en un espectro de longitudes de onda, y las ondas de radio, u otras de origen artificial, tienen otra longitud diferente que no percibe el ojo humano, que se mueve en una gama de frecuencias muy pequeña, como las audibles.

Hasta el momento sólo se ha podido verificar vagamente que algunas personas que residen en las proximidades de tendidos eléctricos de alta tensión –generadores también de ondas electromagnéticas– mueren de cáncer –leucemias– con una incidencia más alta de lo normal. Algunos siguen poniendo en duda esta realidad pero también se ponía en duda el efecto nocivo del tabaco hace unos años. Lo cierto es que los tendidos eléctricos se empiezan a soterrar y las antenas se empiezan a retirar; por algo será. En cualquier caso la explicación de todo esto quizá resida en que la sangre es un líquido asombroso y sofisticado, y se comporta en cierta manera como un ferrofluido –búsquelo en internet si quiere más información–. Esto hace que nuestro rojo elemento –y, por tanto cada célula de nuestro cuerpo– sea muy sensible a los campos electromagnéticos. No cabe la menor duda de que pronto se encontrará una relación causa-efecto.

Otros estudios apuntan a que existe una incidencia, muy superior a la normal, de tumores cerebrales en los que hacen un uso continuado de radioteléfonos o teléfonos móviles. Pero los intereses comerciales y el dinero que hay de por medio hacen todo lo posible para que no se emprendan investigaciones al respecto y hacen también todo lo posible para tratar de desmentir lo aparentemente evidente, como ocurrió durante cuarenta años con el tabaco, como ya hemos comentado.

La ciencia tendrá que reconocer algún día que existe una marcada relación entre las ondas que nos acompañan, de día y de noche, y el cáncer. Sabemos que la incidencia prolongada de un haz de ondas de alta frecuencia sobre un tejido vivo puede provocar trastornos en el metabolismo celular que pueden degenerar en una alteración de los mecanismos reproductivos o regeneradores de la célula. Sabemos de hecho, y sin ningún lugar a dudas, que las emisiones de carácter radioactivo, como las de Chernobil, o de rayos X, o gamma producen cáncer. Esto es debido a que las partículas emitidas en estos procesos interaccionan en ocasiones con nuestros elementos funcionales más pequeños, como el núcleo de nuestras células. En determinadas circunstancias los "minúsculos alfileres" que nos atraviesan pueden arañar alguna parte vital del motor. Si han sido trastocadas las partes vitales de la célula, como su núcleo y más concretamente la secuencia genética, y ésta no se recompone mediante mecanismos internos de los que dispone, puede volverse loca y morir. Pero si consigue seguir funcionando, en situaciones de daños muy específicos de determinados sectores clave de la secuencia la célula puede iniciar una reproducción descontrolada que dará lugar a un proceso cancerígeno. Es posible que también se activen otros mecanismos de control o de gobierno celular, o incluso algún tipo de virus latente y transmisible hereditariamente que consigue trastornar a la célula.

¿Pero qué pasa con las ondas habituales, las que hay a nuestro alrededor? Las ondas que nos atraviesan incesantemente, son como "alfileres light", de mucha menor inercia por así decirlo, porque ya no hablamos de partículas pequeñas a gran velocidad, sino de algo más liviano y abstracto como son las ondas. Mientras las partículas gamma, por ejemplo, se comportan como pedruscos, las ondas sólo son, por el efecto que provocan sobre la materia, como pequeños granitos de arroz. Los gamma actúan pronto, porque basta un pedruscazo para provocar la aparición de sangre. Sin embargo, haciendo uso de la metáfora, los granitos de arroz tienen que actuar durante mucho más tiempo para penetrar, como la gota china, que conseguía llegar al cerebro de los torturados, tras un largo tiempo de agonía.

Sin embargo no todo es cuestión de rayos, ondas y productos químicos, porque no todas las personas responden de igual forma a la agresión, es más, la predisposición a padecer determinados casos de cáncer se hereda, esto es lo que afirma la ciencia actual. Este dato podría aparentar no tener más valor del que sugiere a priori, pero pone de manifiesto un hecho muy importante, el hecho de que el cuerpo humano no está optimizado para hacer frente a los agentes desencadenantes del cáncer. ¿Por qué no nos fabricaron mejor, como a los escorpiones, que resisten las radiaciones de una explosión nuclear?

No cabe duda de que es extraño, por lo menos a efectos probabilísticos, que en el caso del cáncer se manifiesten varias circunstancias desconocidas en otras afecciones y, sobre todo, que además lo hagan al mismo tiempo. Estos factores serían:

a) Ausencia de sintomatologías hasta que en muchas ocasiones es demasiado tarde, a pesar de los medios de que disponemos.

b) Imposibilidad de combatir la enfermedad en estos casos avanzados e incluso en procesos incipientes. De cualquier forma su tratamiento precisa, en muchos casos, de quimioterapias o radioterapias —producto ambas de una tecnología avanzada— que no se requieren en el resto de enfermedades conocidas.

c) Número de afectados en progresivo aumento, siempre en relación directa al nivel de desarrollo técnico de la civilización.

No cabe duda de que nuestros creadores nos diseñaron para avanzar tecnológicamente porque de lo contrario no necesitarían habernos dotado de un elemento X tan activo, y mucho menos de una diferenciación racial basada en el sometimiento de unas etnias por otras, lo que daría lugar a una mano de obra cuantiosa, productiva y eficaz, porque ¿qué habría sido de los romanos o de los colonialistas sin esclavos?

En unos tiempos de tan poca tecnificación los esclavos supusieron un elemento acelerador decisivo de las civilizaciones técnicas, porque ellos construyeron lo que la mente sólo podía imaginar, dando así inmerecido esplendor a los pueblos que les raptaron y sometieron.

Si los fabricantes no hubiesen querido que avanzásemos tecnológicamente ni siquiera nos habrían dotado de inteligencia. Aun suponiendo que nos hubiesen dotado de inteligencia sin pretender abiertamente que evolucionásemos técnicamente debieron prever que íbamos a hacerlo, aunque fuese después de un largo lapso temporal, de forma que nos insertaron el elemento exterminador, que no habría tenido que funcionar en unas sociedades arcaicas de crecimiento estabilizado debido a las penosas condiciones de vida por la falta de soportes técnicos.

En definitiva, quizá el elemento X sólo fuese un sistema adicional o de reserva para actuar si algún día se daban las condiciones. Pero si se molestaron en instalar este sistema de exterminio selectivo no creo que la vista de estos dioses no pudiese abarcar más distancia o, como ya dije, no creo que todo se lo jugasen a una carta. De hecho el elemento X sólo suponía un sistema de exterminio eficaz en determinadas circunstancias muy específicas, porque el factor cultural generador de las religiones y nacionalismos jugaba un papel crucial que en muchas sociedades podría no presentarse, sobre todo si no existían confrontaciones sociales. Nuestros fabricantes debieron pensar en algún otro sistema de exterminio selectivo y controlado que pudiese actuar en circunstancias desfavorables en las que el factor nacionalista, religioso, o el racial en definitiva, no fuesen acentuados. Las religiones empezarían a perder peso algún día, conforme las sociedades y países fuesen evolucionando tecnológicamente y lograsen vencer a la muerte en determinadas circunstancias, gracias a los avances médicos. Llegado a este punto, el hombre se sentiría superior y ganaría en autoestima, con lo que Dios ya no tendría esa imagen de ser omnipotente, respetable y salvador. Por otro lado los nacionalismos podrían no estar acentuados en muchos sitios, si no se daban las circunstancias activadoras adecuadas.

En definitiva, podrían darse situaciones de gran superpoblación y masificación, y sin embargo el elemento exterminador podría no actuar al no disponer de elementos de referencia, o de motivaciones. Habría que solucionar esto de algún modo. Pero no se podía potenciar todavía más la irascibilidad del elemento X, porque esto habría supuesto aumentar las conductas agresivas humanas, lo que habría imposibilitado la propia vida en sociedad y, en definitiva, el desarrollo técnico. Los creadores tenían que buscar un sistema alternativo, también enfocado hacia el exterminio en condiciones de masificación.

Una vez más debemos sorprendernos, porque a los ingeniosos sistemas de acotación territorial y de exterminio selectivo mediante confrontación directa debemos sumarle otro sistema no menos ingenioso, las enfermedades. Entre todas ellas encontramos factores comunes, sobre todo en las de carácter infeccioso y contagioso. Este factor común no es otro que las precarias condiciones de higiene derivadas de una superpoblación local. Pensemos en los países subdesarrollados en los que sus pobladores mueren, no de hambre exclusivamente como creemos, sino de enfermedades derivadas de la falta de alimentos, de la carencia de vitaminas y de otros componentes que fortalecen las defensas del cuerpo, y de las descuidadas condiciones sanitarias de los productos que consumen, como el agua.

Pensemos también en la Edad Media, en la que las poblaciones europeas se hacinaban en ciudades que no cumplían las mínimas condiciones higiénicas. Las heces y la orina se tiraban por la ventana, no existían redes de alcantarillado eficaces ni agua corriente. ¿Por qué dará la casualidad de que éste es el caldo de cultivo ideal para los gérmenes y para las enfermedades epidémicas o contagiosas a gran escala? ¿No podía haber sido mejor caldo las patatas con chorizo, o cualquier otra cosa imaginable?

A nuestros fabricantes no les cupo la menor duda de que cuando los grupos humanos se masificasen demasiado en determinados puntos de la Tierra, en incipientes pueblos o urbes, las condiciones higiénicas de los grupos hacinados se degradarían notablemente. El agua ya no sería tan pura como la que podría encontrarse en los riachuelos de los bosques, las heces ya no estarían dispersas y libres del contacto con los alimentos. Muy por el contrario, todo se concentraría en un mismo lugar. En definitiva, cuando la población aumentase y fuese elevada se tenían que activar focos generadores de enfermedad. Por otro lado, una notable masificación suponía una explotación enorme del suelo y de los recursos, por lo que la alimentación podría llegar a ser deficiente, y desde luego menos equilibrada que la alimentación de los antepasados del monte, que además de carne también comían frutos y, por tanto, vitaminas.

La carne era fácil de producir porque los cerdos se reproducían mucho en poco tiempo y las cotas de producción podían elevarse paralelamente al aumento de población. Sin embargo, con la producción agraria, de la que también dependían estos cerdos, que no comían hierba como las ovejas y las vacas, no pasaba lo mismo. Las cosechas se proyectaban a largo plazo y se veían supeditadas a las condiciones climatológicas y a las plagas de bichos. Pero los frutos silvestres, o fruta en general, era mucho más difícil de producir y los plazos de obtención de resultados eran todavía mucho más amplios, puesto que había que plantar árboles y esperar a que crecieran, cosa en la que nadie debió perder el tiempo, esperando infructuosamente a que los bosques próximos diesen a basto . Dicho de otro modo no se podía incrementar la producción de vitaminas al mismo ritmo que la natalidad humana, lo que degeneró en una situación de mayor carencia progresiva de estas importantísimas sustancias químicas. Ante esta situación de insuficiencia vitamínica, y alimenticia en general, el organismo se resentía y se debilitaba frente a los agentes víricos y bacteriológicos que se generaban en el exterior, por las insalubres condiciones existentes.

En definitiva los creadores lograron un magnífico método que eliminaba personas cuando éstas se hacinaban en comunas y se alimentaban mal, lo que era signo inequívoco de sobre-exceso poblacional.

No debemos entender este exceso en un sentido cuantitativo porque lo que determinaba que una población fuese excesiva no era el número sino la sobreexplotación del terreno productivo, siempre en función de los medios técnicos de producción alimenticia del momento.

Las pestes de la Edad Media, que tantos humanos exterminaron, supusieron la alternativa a la lucha religiosa y a la lucha nacionalista o racial, que no se manifestaban todavía en las sociedades europeas del momento, al ser estas tan homogéneas en el aspecto racial y al no haber entrado en contacto directo con otras etnias, ya que no se habían superado todavía los límites territoriales naturales y originarios de cada grupo racial. Los dioses quisieron seguramente que el incremento poblacional fuese muy lento y progresivo; de esta manera se irían reajustando de manera paralela y precisa todos los demás parámetros asociados y, por otro lado, llegaríamos a nuestros días con unos niveles de población suficientemente contenidos o, al menos, no desbordados.

Pero los pueblos evolucionaban, contra viento y marea, a pesar de todos los pesares y nuestros fabricantes o dioses creadores sabían que tendría que llegar un día en el que los avances técnicos lograrían aplacar gran parte de las enfermedades epidémicas, que necesariamente tuvieron que ser diseñadas para ser combatidas con una tecnología no demasiado sofisticada porque, de lo contrario, ante la fusión de los reducidos grupos poblacionales originariamente aislados, podría producirse un contagio de repercusiones fatales, ante la ausencia de barreras físicas o psicológicas. Este mecanismo de exterminio se vería solventado inicialmente, en parte, por el apogeo de los nacionalismos, que habrían tomado el relevo a las religiones, y posteriormente por el exterminio puramente étnico o racial. No obstante llegaría un momento en el que tanto las enfermedades epidémicas como los intentos de aniquilación étnica se verían frenados por una razón y cultura humanas más evolucionadas y sensibles a estos problemas, y más amantes de la vida.

Nuevamente se planteó otro reto de diseño o programación para nuestros dioses, porque el elemento X perdería fuerza, aparentemente, y las necesidades de exterminio y control poblacional seguirían estando patentes, porque todos los grupos poblacionales no alcanzarían el mismo desarrollo tecnológico al unísono y los más atrasados no podrían controlar su elevada natalidad, que se vería propiciada por las vacunas proporcionadas por los más avanzados.

En definitiva, nuestros creadores necesitaban un nuevo mecanismo exterminador que se manifestase en la medida en que la población se tecnificase y creciese. ¡Bingo! ¿Qué sistema destructivo podría ser más ingenioso que uno que matase en proporción directa con el nivel de emisión artificial de ondas electromagnéticas y productos químicos sintetizados?

Una población con tecnología avanzada crearía y emitiría ondas. Pero por otro lado la proporción de emisión de las mismas sería tanto más grande cuando mayor fuese la población técnica terrestre.

La solución era, sin duda, algo denominado cáncer, que aumentaría en número de casos relativos, como lo hace ahora, en función de la emisión de ondas, además de en relación con productos químicos nuevos. Tanto las ondas electromagnéticas como las sustancias químicas elaboradas y provenientes de complejos procesos químicos e industriales supondrían un signo infalible de existencia de civilización técnica avanzada. Esta enfermedad ha existido siempre, como ya comentábamos, simplemente la tecnificación ha funcionado como un catalizador o acelerador de la misma.

Cabe suponer que el SIDA también ha existido siempre latente. Quizás pudo activarse algún día, hace muchos siglos, en alguna población primitiva, lo que no suponía ningún problema porque se habría extinguido sin dejar rastro y sin contagiar al resto de los seres humanos que poblaban la Tierra, y que habitaban en otros lugares muy lejanos.

Pero hay dos cosas que no cuadran en este último razonamiento. En primer lugar esta opción era sumamente arriesgada si surgía en una población arcaica que no dispondría de medios para combatir una enfermedad tan temible y de tan difícil —desconocido por ahora— tratamiento. Por otro lado no podemos asegurar que los pobladores antiguos no pudiesen viajar a lugares lejanos —lo que habría supuesto una propagación de la enfermedad— porque numerosos investigadores han demostrado la posibilidad de que los hombres de otras épocas pudiesen haber cruzado los océanos con embarcaciones primitivas y rudimentarias.

Hasta el día de hoy no hemos podido erradicar esta lacra del SIDA, ni mucho menos, pero al menos sabemos cómo controlarla y sabemos y podemos evitar su contagio, mediante el uso de preservativos mecánicos de los que nunca dispusieron nuestros antiguos antepasados.

Pero hay otra cosa que tampoco cuadra en la suposición de que el SIDA haya podido existir siempre latente. Tenemos antecedentes históricos de la presencia y manifestación de la práctica totalidad de las enfermedades que existen y que conocemos en la actualidad, o que han existido en un pasado inmediato. Los propios tumores cancerosos han aparecido en restos de animales prehistóricos o en restos óseos humanos como los del *Pithecanthropus erectus*. Con el SIDA no parece ocurrir lo mismo, porque constituye un fenómeno absolutamente nuevo y relativamente reciente, que ha aparecido justamente ahora, en estos últimos años.

Obviamente no cabe esperar encontrar restos antropológicos de esta enfermedad, porque ésta no se manifiesta en forma de tumores que pueden afectar en ocasiones al esqueleto, dejando

Los delitos de Dios

así huellas para los paleontólogos y demás estudiosos. El SIDA supone una destrucción sistemática y progresiva de las defensas inmunitarias propias de cualquier organismo vivo, por lo que un simple catarro puede acarrear la muerte del individuo afectado. La temible enfermedad puede estar "dormida" en el cuerpo del individuo, por lo que decimos que éste posee anticuerpos o que está infectado. Sin embargo una persona infectada puede mantener una vida normal durante largo tiempo sin conocer siquiera que está infectada —característica sospechosamente común con la del cáncer—. Para que el SIDA mate, éste tiene que activarse mediante mecanismos que de momento desconocemos en su totalidad.

Hemos dicho que esta enfermedad es muy actual. En efecto, sólo tenemos constancia de su existencia desde hace unos pocos años por lo que debemos suponer que su "generación espontánea" ha sido relativamente reciente, y tenemos que suponer esto porque el SIDA se extiende a una gran velocidad y de haber aparecido en siglos pasados se tendría que haber extendido mucho más de lo que lo ha hecho. Sabemos que se transmite por vía sanguínea fundamentalmente, por lo que los heroinómanos o demás drogodependientes, que se inyectan por vía intravenosa, mediante jeringuillas compartidas, constituyen el mayor foco de riesgo. La vía sanguínea es la más rápida para el contagio porque al virus le da tiempo a sobrevivir mientras disponga de sangre en buenas condiciones. Pero sabemos también que el virus puede propagarse y sobrevivir en los fluidos ligados a los órganos sexuales, por lo que la transmisión del mismo también es posible mediante relaciones sexuales completas en las que haya intercambio de fluidos seminales o vaginales, aunque en este último caso se desconocen los riesgos reales.

Las prostitutas han existido siempre, la promiscuidad también, y desde luego las relaciones sexuales. El fenómeno, aparentemente actual, de inexistencia de parejas estables, se ha

269

dado siempre a lo largo de toda la historia de la humanidad. En consecuencia, aunque los drogadictos por vía intravenosa —un grupo relativamente moderno— constituyan el conjunto de mayor riesgo de contagio y propagación, la transmisión por vía sexual también constituye también un factor importante, y éste debió estar siempre presente, por lo que el SIDA se habría propagado de todas formas en cualquier momento histórico, aunque más lentamente. Si esta enfermedad se hubiese activado en el intervalo aproximado de los últimos miles de años, desde la existencia de los egipcios, que disponían de un gran radio de acción, o de los vikingos, que debieron de haber llegado hasta América, una gran catástrofe habría aniquilado la raza humana para siempre, porque podría haberse producido un contagio total. Ni que decir tiene lo que habría sucedido en la época de los descubrimientos, en la que se produjo un cruce masivo con las razas indígenas, y un contagio de enfermedades infecciosas que aniquiló varios millones, aunque no a todos como lo habría hecho con toda probabilidad una enfermedad similar al SIDA.

Debemos pensar entonces que de haberse generado espontáneamente y de haber permanecido esta enfermedad latente en algún lugar, por causas que son ajenas a nuestro conocimiento, no se debió de haber activado hasta los últimos decenios por lo menos. ¿Pero qué es lo que la ha activado? ¿No habrán sido las ondas o productos químicos actuales, como en el caso del cáncer? ¿Será otro invento de nuestros creadores? ¿Lo habrá elaborado alguien en un laboratorio?

Sobre esta última cuestión cabe decir que los nazis, por poner un ejemplo muy recurrido en la actualidad, nunca dispusieron, en absoluto, de técnicas médicas avanzadas. Sus famosos experimentos no iban más allá de sumergir a un pobre judío en agua helada, arrojándolo seguidamente, tras varios minutos de inmersión, al calor de una prostituta para ver si resucitaba. También era frecuente cortar la cabeza a personas

Los delitos de Dios

vivas para medir el volumen, peso e inteligencia de los cerebros de la "raza inferior". En el intento por conseguir, la raza aria perfecta, a partir de la raza germana del momento, los nazis inyectaron colorantes a muchos judíos de prueba para tratar de obtener ojos azulados o cabellos rubios heredables. En fin, este tipo de burradas distaban mucho de asemejarse a las prácticas científicas y serias de un laboratorio avanzado, por lo que difícilmente pudieron sintetizar un virus —a no ser que intervenga la casualidad— con la perfección y complejidad del SIDA que hoy nos invade. Este virus de nuestros días es automutante y se especializa hasta tal punto que es capaz de adaptarse a los fármacos que lo aíslan y lo retardan, como el conocido y probado AZT, con lo que consigue destruir a la larga todo aquello que se interpone en su camino.

Hemos conseguido vacunas para gran parte de las enfermedades y antídotos para los venenos. Pero el SIDA actúa de manera radicalmente diferente a todo lo conocido. Existen extrañas enfermedades de características similares, que son incurables, con nuestra medicina actual, y contagiosas, pero ninguna se ha propagado tan rápidamente como el Síndrome de Inmunodeficiencia Adquirida, o SIDA, lo que hace pensar en la posibilidad de que éste haya podido surgir espontáneamente en numerosos focos separados entre sí, como un incendio intencionado.

No sabemos cómo lo ha hecho, sin embargo nos percatamos de la existencia, en estas últimas líneas, de una martilleante y ya conocida palabra: "Espontaneidad".

No he podido ocultar a lo largo de este libro las connotaciones que me sugiere este vocablo, pero también he de decir que en este momento no disponemos de pruebas que refuercen la razonable hipótesis de la actuación de una mano fantasma, la mano de nuestros dioses fabricantes, o la de un laboratorio terrestre.

El SIDA exterminará, pase lo que pase, a muchos millones de personas, quizás más que en las guerras mundiales. Pero se cebará además en los habitantes de las zonas más pobres del mundo, en las que no hay heroinómanos, pero cuyos integrantes copulan. Este es el caso del África negra, o la India, cuyas poblaciones están infectadas en una proporción impresionante y no dispondrán de ningún medio de prevención ni de cura.

Bien, ya hemos realizado un pequeño análisis de la posible implicación de nuestros dioses fabricantes en la manifestación histórica de las destructivas enfermedades. Cabía sospechar dicha implicación siempre y cuando supusiésemos la participación de los mismos en nuestra propia creación, lo que no es conjeturar demasiado. Al fin y al cabo si crearon todo también están incluidas las enfermedades en el pack. No hemos hecho aseveraciones fantásticas, y mucho menos absurdas, porque si alguien nos creó –alguien tuvo que hacerlo– también debió diseñar e instalarnos sistemas de conducta y de naturaleza interna que asegurasen nuestra persistencia a lo largo de los tiempos. No sólo se trataba de crear robots, que inevitablemente se oxidarían con el tiempo, por lo que deberían multiplicarse para sustituir a los deteriorados. También era necesario establecer un límite poblacional. Tratándose de robots, habría bastado con un dispositivo electrónico de análisis centralizado que, mediante telemetría o guía por control remoto, detuviese la construcción de nuevas máquinas cuando el número fuese tan elevado que no pudiese subsistir en su conjunto, por limitaciones de recursos energéticos. Pero si hubiesen pretendido hacer de los humanos algo inoxidable con capacidades automáticas tan tecnificadas y autolimitativas ya no habrían sido humanos, sino máquinas robóticas. No obstante pudieron haberlo hecho, dotándonos de una válvula de cierre en los conductos seminales que se activase cuando nuestro cerebro detectase, mediante mecanismos telepáticos, y cuando determinase, mediante análisis y contraste de datos innatos o instintivos telepáticos un exceso poblacional. En principio no parece caber duda de que nos habríamos evitado una larga lista de lamentables guerras. Quizá podríamos haber evolucionado técnicamente a pesar de la ausencia de enfrentamientos que de alguna forma imposibilitaban nuestra motivación para crear armas mortíferas, precursoras todas ellas del despegue y avance tecnológico. En efecto, no sabemos hasta qué punto la inexistencia de guerras habría posibilitado el avance tecnológico. Tampoco sabemos si esto habría sido posible sin la imposición de unos grupos o razas sobre otros, a modo de lo que conocemos como esclavitud, que resultó ser un factor inseparable de los imperios que dieron esplendor al mundo. No sabemos hasta dónde habría llegado el hombre prehistórico sin impulsos agresivos exterminadores. La raza blanca ha alcanzado las mayores cotas de progreso tecnológico, aunque podríamos establecer una relación directa causal con su afán exterminador.

Por otro lado, retomando la posibilidad de que nos hubiesen dotado de un sistema automático de anulación de procreación, debemos pensar lo que esto habría supuesto. En momentos históricos determinados se debería haber producido una esterilidad súbita y programada entre diversas parejas, lo que no habría solucionado demasiadas cosas porque dicha pareja, por necesidades afectivas o económicas –los hijos eran necesarios para, con su trabajo, sacar a la familia adelante– se habría separado para intentar procrear con otro individuo, o habrían adoptado y alimentado a otro ser de otra familia en la que su futuro estuviese empañado por la sombra de la muerte. Los hijos no sólo constituían una necesidad económica para ayudar a cultivar tierras o para cazar, porque cuantos más fuesen, mejor, sino que suponían una necesidad emanante del deseo instintivo de poder, que sería ejercido a placer en el descendiente.

Con gran probabilidad este mecanismo de lapso no reproductivo habría sido ineficaz y, por otro lado habría exigido una alta especialización y capacitación cerebral, en forma de telepatía o premonición irracional, porque para detectar un exceso poblacional había que analizar una gran cantidad de condicionantes. Ya no sólo era cuestión del número de pobladores del lugar, sino de la cantidad de recursos disponibles y las tendencias productivas y de natalidad en cada momento. Los movimientos migratorios o la llegada de otros pobladores con ánimo de viajar e instalarse en otros lugares habría echado por tierra todas las previsiones. Pero además habrían de ser tenidas en cuenta las tendencias climatológicas, que podían hacer fluctuar notablemente los niveles de producción de las cosechas. Hoy en día ni siquiera los más potentes ordenadores podrían efectuar una simulación de previsión de futuro en una población subdesarrollada, como las primitivas, lo suficientemente fiable como para ser tenida en cuenta por un mecanismo instintivo limitador, en unas estructuras tan delicadas como las civilizaciones antiguas, que sucumbían ante cualquier factor modificador de las condiciones socioeconómicas habituales.

Un cerebro con tanta capacidad previsora o de análisis y con tantas capacidades paranormales no habría cabido en la cabeza de ningún ser con pretensiones de caminar. Un cerebro "adivino" habría entrado además en contradicción con los principios básicos de libertad que debían de afectar a nuestro proyecto humano, porque el futuro quedaría escrito y nada se mantendría al azar.

Debemos reconocer, aunque sea cruel, que, en definitiva, es muy posible que la forma más universal y eficaz de mantener una población controlada y joven sea la que conocemos en el mundo humano y animal: la muerte y el enfrentamiento físico.

Por tanto el exterminio puede ser una forma global, planetaria, e inherente de necesidad, para cualquier civilización que responda a las características específicas a partir de las cuales fue creada la nuestra.

Los delitos de Dios

Una vez realizado este subjetivo —aunque razonado y quizá razonable— intento de justificación de nuestra naturaleza, no deberíamos despreciar el análisis de cualquier otro tipo de muerte que nos afecte. Ya no debemos fiarnos ni de nuestra camisa.

En nuestro intento por depurar responsabilidades de nuestros fabricantes, nos quedan por analizar varios tipos de muerte masiva. Las guerras y las enfermedades han centrado ya todo nuestro interés.

Por seguir el hilo podríamos examinar las guerras o exterminios, pero a escala local o urbana, lo que entendemos por homicidios, que si bien no ocupan los puestos de honor en las listas de muerte, tienen interés al suponer una manifestación cada vez más creciente y habitual en las grandes y "modernas" ciudades. Por otro lado no estudiaremos específicamente los asesinatos que respondan a motivos nacionalistas, religiosos, raciales o psicopáticos, sino a los puramente debidos a liquidaciones indiscriminadas, o dicho de otro modo, cuando se mata por unos pocos billetes, o por apetencia simplemente. Sin embargo esta última motivación podría englobarse, en muchas de sus presentaciones, en la denominada caza urbana, ya descrita.

En cualquier caso, para realizar un análisis rápido, me limitaré a presentar un dato de indudable interés, que ya ha asomado por algún lugar entre las líneas precedentes: las drogas.

En casi la mitad de los asesinatos típicos de las ciudades de países como USA las drogas están presentes entre los actores de la muerte. Los implicados en el homicidio, y los asesinados, cuya autopsia no muestra lugar a dudas, presentan efectos derivados de las drogas durante la comisión del asesinato. Por otra parte las motivaciones fundamentales en este tipo de actos las representan el tráfico ilegal de estos estupefacientes altamente adictivos.

Quizás, a la vista de este importante apunte, deberíamos enfocar la muerte moderna desde la perspectiva de las drogas.

Esta aseveración es, sin ningún lugar a dudas, de gran interés, y además es absolutamente constatable y visible. Vemos a diario −los que lo ven− cómo el crimen urbano, la cárcel y el SIDA van íntimamente ligados al asunto de las drogas prohibidas. Pero esta penosa situación no surge de manera natural e irreversible, porque aquí los estados y los gobiernos represores tienen una gran parte de responsabilidad y de culpa. Una vez más tendríamos que recurrir al comentario ya realizado de lo que supone, en esencia y como aspecto resultativo, la clandestinización, por parte del estado, de un comportamiento como pueda ser el tráfico de estupefacientes, que está penado por el supuesto daño que hace a los consumidores −a consecuencia de esta clandestinización negativa para la calidad sanitaria y dosificación adecuada o no mortífera del producto− y además está penado con la muerte segura, por contagio, en la cárcel. Por otra parte el estado no hará nada por la vida y futuro en libertad del que caiga en las garras de esta lacra.

Sin embargo el crimen de estado es "menos crimen", al estar ejecutado por lo que todavía es mayoría poderosa, que necesita justificar las estructuras policiales y carcelarias tradicionales para asegurarse el anhelado poder.

En cualquier caso, sea o no el estado (nos merecemos nuevamente minúsculas) el responsable directo de las muertes que giran en torno a las drogas, lo cierto es que éstas provocan muerte y destrucción.

¿Pero por qué se llega al consumo de drogas duras, siendo conscientes de su capacidad destructiva y exterminadora?

Pues precisamente por eso, por su capacidad exterminadora. El hombre no puede prescindir ni deshacerse de esta conducta innata aniquiladora, y debe seguir matando por dictado de su elemento X, que se activa como consecuencia del sobreexceso poblacional urbano, debido a la saturación de estímulos externos que recibe el anegado cerebro. Entre ellos, el más importante, el RUIDO; El ruido intenso, reiterativo y secuenciado, signo inequívoco de tecnificación.

Sin embargo no parecen darse a priori las condiciones tradicionales de activación de X. Pero sí se tienen que manifestar, obviamente. Si bien es cierto que el estereotipo de individuo que accede al mundo de las drogas "duras" responde a cualquier clase económico-social, también es cierto que son las clases más deprimidas las que no logran remontar las paredes de este pozo en el que se sumen. Sabemos que los que pueden mantener el alto coste monetario de los productos de los que son dependientes, por su situación económica privilegiada, tienen muchas más posibilidades de éxito de salir de ese mundo y no volver más.

Una vez más el factor económico constituye un condicionante activador de X, como lo ha sido siempre. De hecho son los jóvenes con peores perspectivas de futuro, los que han nacido en barrios pobres y no han tenido facilidades económicas y culturales para acceder a una enseñanza que les asegure un futuro digno.

Los sistemas de enseñanza, junto con los padres, son los máximos responsables, en ese orden, de la caída de un joven en las drogas. En la escuela se efectúa la primera criba, la primera discriminación a la que se ve sometido un ser humano. En la escuela se generan por primera vez dos grupos claramente diferenciados y opuestos:

El de los "fracasados" y el de los "hombres y mujeres de provecho", los que supuestamente sirven para algo, o los que simplemente pasan por el aro de lo que impone la estúpida sociedad.

Pero existe una clara diferencia entre los resultados que provoca la activación de X, dando lugar a las guerras clásicas, y al resultado que provoca dicha activación en los drogodependientes.

En el primer caso la destrucción se ejerce contra personas ajenas y diferenciadas étnicamente, o al menos culturalmente o económicamente. La tendencia innata consistente en una búsqueda de referencias diferenciadoras aboca a violentarse con los que no responden a las características globales de grupo, por lo que siempre existen tensiones entre unos grupos y otros, como los "heavy", los "skin heads", los "pijos", los "latin kings", los "ñetas", los hinchas del Real Madrid, o los homosexuales. Ante la falta de las referencias raciales, nacionalistas y religiosas de siempre, se produce una modificación direccional de los esquemas de actuación de X. Nuestro cerebro ya no sabe a quién matar por lo que dictamina la ejecución de cualquiera, de forma indiscriminada. Pero, en el caso de las drogas, la muerte ya no sólo incide sobre otro individuo, sino sobre uno mismo. Estamos hablando de suicidio, pero no de un suicidio inmediato sino de uno controlado, porque no debemos olvidar la existencia de un sistema de autoprotección instintiva que viene de fábrica. Un suicidio tan retardado apenas hace percatarse a nuestra racionalidad, que tan poca amplitud abarca, de lo que estamos haciendo realmente.

¿Qué efectos iniciales en la conducta provocan las drogas?

Si nos referimos no sólo a las duras sino también a nuestro compañero habitual, el alcohol, nadie podrá negar que semejantes sustancias químicas de la creación, además de provocar dependencia en muchos casos –como el agua tan necesaria para nosotros– provocan un resultado de vital importancia para desenmarañar la implicación de X:

La generación artificial de impulsos violentos, denominados por algunos como "eufóricos" (sinónimo de exaltados o impetuosos).

Acabamos de llevarnos una útil sorpresa. Ante la imposibilidad de que X encuentre referencias que activen su irascibilidad, pero consciente de la saturación de estímulos externos, que ponen de manifiesto una masificación poblacional, ha de activarse por medios indirectos, como el alcohol o las drogas. El ser humano consume lo que su cuerpo y su instinto exterminador le piden, para mantener esa conducta innata basada en la violencia, en el gamberrismo de una sociedad joven reprimida por su propia comuna, y por la falta de referencias exterminadoras en una situación de necesidad de exterminio.

Es curiosa la antítesis y dicotomía que se establece en una parte de la sociedad joven actual. Por un convenio social de procedencia tal vez subconsciente, en una cara de la moneda se sitúan las drogas, mientras que en la otra cara parece situarse, como alternativa que obstaculiza el avance de este problema, el deporte juvenil.

De hecho, este acuerdo, que nadie entiende en toda su magnitud, parece tener una base lógica. Las drogas, por un lado, mantienen encendida la llama de la agresividad, los deportes, por otro lado, también tienen esta función. Sin saber cómo, hemos llegado a la consecución de dos soluciones equivalentes para un mismo problema: la naturaleza humana violenta.

El deporte supone una lucha violenta por el poder, por la posesión de unas pelotas y la introducción de las mismas en un agujero —si los palos rodasen lo habríamos hecho con dichas vergas, por asociación simbólica freudiana—. Todo en el deporte está enfocado hacia una lucha por llegar el primero en definitiva, por imponerse sobre el resto y hacer una demostración de las capacidades físicas y psicológicas. El deporte en sí mismo no es más que un juego absurdo, en términos de racionalidad, sustitutivo de nuestra necesidad de poder. No todos ganan, pero cada uno guarda su victoria personal, la de campeón de invierno, la de haber llegado segundo a un puerto de montaña, o la de haber metido una canasta espectacular, aunque sea su única canasta.

Pero siempre habrá fracasados, los que nunca ganan en nada, o los que ganan en casi todo pero que se lamentan profundamente de no haber conseguido todo lo que creen merecer. Los hambrientos de antes, los fracasados de ahora, empiezan a forjarse en las escuelas, representando a la prole de los que sacan "malas notas", o buenas pero insuficientes para su ego, los que no se adaptan al sistema memorizando estupideces históricas falsas e incoherentes. Cuando a alguien le llega este amargo momento, teniendo que liberar su elemento irascible puede que no lo consiga y entonces la acción exterminadora se volverá contra él mismo. Sólo le quedará una posibilidad: matar algo. Si carece de las referencias diferenciadoras habituales o clásicas sólo podrá quedarle una, la que discrimina mediante el criterio de inferioridad. Sí, ese criterio básico de los imperios exterminadores, como el nazi, que precisan de un grupo inferior para que su elemento X se active sobre ellos de forma eficaz. El "fracasado" verá en sí mismo esa raza inferior a la que hay que exterminar, y en estas circunstancias sobrevendrá el suicidio, un suicidio que puede ser retardado, como el provocado por las drogas, o más apresurado si las circunstancias idealizadas lo exigen.

El suicidio es cada vez más común en las sociedades de carácter urbano masificado, por todas las razones que hemos expuesto con anterioridad, y en menos de un decenio quizá, cuando erradiquemos gran parte de las muertes por enfermedad, se instaurará como la principal causa de muerte en el mundo industrializado. De hecho ya ocupa los puestos de honor, tras el cáncer.

El suicidio debió ser la última alternativa que nuestros fabricantes instalaron en nuestros sistemas de conducta, y suponía un modo eficaz de aniquilación sistemática y controlada que ya no precisaba de los mecanismos de enfrentamiento, lucha racial y mecanismos esclavistas habituales, porque dicho sistema, aunque se activaría en cualquier momento histórico, lo haría con mucha mayor fuerza y generalización en el seno de unas condiciones que respondiesen a las típicas de una sociedad urbana industrializada, y en consecuencia, en una sociedad que ya habría alcanzado los niveles tecnológicos admisibles para seguir progresando por inercia. (Más tarde ana-

Los delitos de Dios

lizaremos por qué nuestros fabricantes pudieron querer una sociedad que evolucionase tecnológicamente). En definitiva si en un principio la lucha racial o étnica fue el principal motivo de muerte, representado por las guerras de religión y las guerras nacionalistas, en un futuro inmediato este papel pasará a ser sustituido por los suicidios.

Después de todos estos intentos por conseguir deducciones razonadas parece que hemos dejado pasar por alto, intencionadamente, las causas que se constituyen como las principales explicaciones de las muertes masivas. No debemos dejar pasar entonces por alto las muertes producidas por accidente y, en concreto por accidentes automovilísticos, o también denominados de tráfico.

Estoy absolutamente convencido de que muchos van a sorprenderse cuando conozcan lo que dicen las estadísticas. En primer lugar aproximadamente un 20% de las muertes por accidentes de tráfico, en los países más desarrollados, podrían ser consecuencia directa de suicidios conscientes o premeditados. Probablemente serán muchos más los casos, porque siempre se tiende a ocultar estos actos, y por otro lado los accidentes debidos a causas "dudosas" pasan a englobarse dentro de los debidos a un simple "exceso de velocidad". En segundo lugar, ni que decir tiene la incidencia directa del alcohol en los accidentes automovilísticos, que podría triplicar fácilmente esta cifra.

Bien a la vista de estos aplastantes y recurrentes datos ya está todo dicho.

La presencia de nuestro elemento exterminador X es total y absoluta en la mayor parte de los accidentes de coche no debidos a condiciones atmosféricas adversas, a mal estado de las carreteras, o a imprevistos insalvables. Pero aun prescindiendo de los porcentajes, lo que no se puede negar en absoluto es que la inmensa mayoría de los siniestros de este tipo son una consecuencia directa del exceso de velocidad

281

o, lo que es igual, de la incapacidad psicológica del conductor por adaptarse a las imposiciones y limitaciones de la red viaria. Dicho de otro modo, la siniestralidad en la carretera es consecuencia directa de la conducción agresiva. El resto de los accidentes se explicarían fundamentalmente por distracciones, inutilidad del conductor, o por adormilamiento del mismo, motivo este muy frecuente también, y que no debemos disociarlo de las conductas suicidas retardadas o inconscientes.

Espero no tener que hacer alusión una vez más a la relación entre la agresividad, nuestro elemento X, y nuestros dioses fabricantes.

Una vez más la implicación de estos últimos parece evidente. Hablar de muerte en un coche es hablar de un suicidio retardado, cada vez más común por lo que hemos explicado.

Los coches son cada día más seguros pero la mortalidad relativa en estos vehículos no se reduce drásticamente como cabría esperar. Quizá los coches no sean tan seguros como tratan de hacernos creer, y entonces este estancamiento de las cifras de muertos podría denotar una falsa incidencia al alza de suicidios, lo que debilitaría nuestras importantes hipótesis.

Los automóviles han evolucionado en dos vertientes de seguridad, la activa y la pasiva. La primera comprende todos aquellos mecanismos enfocados hacia un intento por evitar el siniestro. La segunda vertiente es la que actúa una vez producido el choque. La seguridad activa ha ofrecido fundamentalmente tres aspectos positivos: en primer lugar una mayor estabilidad de los vehículos, que se traduce en unas tendencias neutras o ligeramente subviradoras a la entrada en curvas, lo que facilita la conducción y elude el peligro de que el coche se "despegue de atrás". En segundo lugar la adopción de sistemas de frenado, como el ABS, que mantienen la trayectoria en un frenado al límite sin que el coche escape por la tangente de la curva, en el caso de existir dicha curva en el momento del frenazo. En tercer lugar los controles de tracción o los sistemas antipatinamiento, que aseguran un reparto equilibrado de par o de fuerza en las ruedas, para que ninguna se desboque.

Estos sistemas descritos no ofrecen una seguridad en sí misma. Simplemente elevan el listón de los límites de adherencia del automóvil, de forma que, por ejemplo, la velocidad de paso por curva de un coche moderno es notablemente superior a la de uno antiguo. Pero esto no tiene ninguna utilidad cuando el usuario explora los límites; la única diferencia es que ahora se saldrá de la curva a mucha mayor velocidad. Es un hecho comprobable que los coches que disponen de todos estos elementos no se accidentan mucho menos que el resto, y esto considerando que los jóvenes, con mayor riesgo potencial por su consumo de alcohol, drogas y conducta reprimida y perdida, disponen a veces de peores automóviles, como consecuencia de su menor poder adquisitivo.

La confianza que infunde un coche tan seguro a priori ha demostrado no ser nada buena. Cuando se implantó por primera vez el ABS la siniestralidad de los exclusivos coches que lo montaron era más elevada que en el resto. Pero no debemos rechazar las mejoras que nos ofrece la técnica, y de las que podemos beneficiarnos.

Donde, en principio, se han hecho avances significativos, de cara a evitar las consecuencias letales, es en seguridad pasiva. Las carrocerías se deforman ahora mucho mejor, más progresivamente y por donde tienen que hacerlo. Los habitáculos son más robustos. No obstante los monocascos actuales no presentan ventajas sustanciales en caso de choque por alcance trasero, cada vez más habitual en las autopistas, y todavía es fácil ver cómo todavía algún automóvil nuevo no trae de serie unos reposacabezas traseros en condiciones, y mucho menos el trasero central, que pueden evitar muertes por "golpe de conejo". Ante choques laterales los avances no son tampoco drásticos si tenemos en cuenta que las barras de protección lateral no sirven para nada, sobre todo si el montante central no es lo suficientemente robusto, si bien es cierto que ahora son mucho más gruesos que antes y que la respuesta ante vuelcos es mucho más satisfactoria. Aunque los alcances laterales y traseros son muy frecuentes, el choque frontal lo es más, y en este sentido se han producido los mayores avances en seguridad pasiva, con la introducción del airbag. La mayoría de las muertes por choque frontal no se producen por impacto con el salpicadero sino por rotura cardiaca, o rotura de la arteria aorta, debida al tirón de cinturón de seguridad; pero también tienen gran repercusión las fracturas cervicales, que también pueden provocar la muerte. El airbag de gran tamaño, como el que utilizan muchas marcas importantes, evita la rotación relativa de la cabeza respecto a su apoyo por lo que existen menos probabilidades de muerte y de paraplejías o tetraplejías. Este airbag full-size, además de disminuir todavía más este ángulo de giro, aumenta la superficie útil, de deceleración, de contacto corporal, por lo que el pecho ya no choca contra un cinto, sino contra un colchón, lo que disminuye el riesgo de fractura cardiaca.

El cinturón de seguridad puede matar, en situaciones de golpes laterales con intromisión en el habitáculo, o en choques frontales, e incluso en vuelcos, en los que en muchas ocasiones alguno de los pasajeros ha podido salvar la vida al salir despedido por las ventanillas. No obstante se observa una clara relación directa entre las muertes en accidentes de tráfico y la inutilización del cinturón de seguridad en el momento del impacto, por lo que debemos considerar, globalmente, que es mucho mejor llevar el cinto que no hacerlo.

Fácilmente hemos llegado a la conclusión de que en líneas generales debemos considerar que los coches y carreteras son cada vez algo más seguros, y lo seguirán siendo, sobre todo cuando se fabriquen automóviles de guiado semiautomático. Pero esta seguridad, a día de hoy, sólo es teórica.

Los delitos de Dios

La sustentación de la cifra de muertos anuales en la carretera, a pesar de las mejoras en seguridad, tiene mucho que ver con el aumento progresivo de los suicidios o conductas suicidas. Estos últimos, a su vez, dependen de la activación de X, y la activación de este elemento exterminador tiene mucho que ver, como ya hemos reiterado, con el factor económico, o de subsistencia, del territorio en el que el individuo desarrolla su vida. No es extraño entonces que los países con más problemas económicos de Europa, como Portugal, España o Grecia posean los índices más altos de mortalidad relativa por accidente de tráfico. En el caso de España o de otros países de alta mortalidad viaria esta gran diferencia de muertos con respecto a la población viva no se justifica sólo por el mal estado de las carreteras, en absoluto, y tampoco exclusivamente por el consumo elevado de alcohol o de drogas, aunque todo guarde una indudable relación.

Ciertamente, en los países mencionados, se dan globalmente unas bajas tasas de suicidios si las comparamos con las correspondientes a los países europeos más desarrollados, pero también es cierto que en estos últimos el suicidio no es un fenómeno tabú. Una familia puede avergonzarse frente a la sociedad de que un allegado haya decidido quitarse la vida, por lo que tratan de ocultarlo, pero este temor se reduce en la medida que sea generado en el seno de una cultura tecnológica. En países avanzados como Japón, donde quitarse la vida es muy común, e incluso se editan libros con los métodos más eficaces para hacerlo, el suicida no se preocupa de tratar de ocultar pistas que evidencien las causas de su muerte porque sabe que otros muchos colegas han muerto de forma similar, sin embargo un suicida perteneciente a una cultura menos avanzada —en su connotación no peyorativa— tratará de hacer creer que su muerte ha sido accidental, porque pocos le comprenderían, y le tomarían por un pobre loco depresivo. No es extraño, en consecuencia, que en España o Portugal, donde subsisten gran parte de las retrógradas imposiciones culturales, se opte con prioridad por un automóvil cuando existe la pretensión se suicidarse.

Cuando aquellos dioses nos fabricaron eran conscientes de que el desarrollo técnico iba a matar, inevitablemente, a una buena parte de nuestros integrantes. Nos introdujeron sistemas de autoconservación que nos hacían miedosos ante las alturas, a modo de vértigo, porque si bien es cierto que nos apartábamos del fuego porque sabíamos que quemaba, al habernos chamuscado la mano alguna vez, no se podía asimilar un miedo a las alturas mediante aprendizaje "a palos," porque una caída desde gran altura nos llevaba irremediablemente al hoyo, y en esta situación ya no podíamos poner en práctica el nuevo conocimiento adquirido.

Por lo tanto tenemos un miedo innato a caer desde un noveno piso, sin embargo este temor no se manifiesta en absoluto cuando circulamos a 120km por hora en una carretera de doble sentido. En estas circunstancias cualquier pequeño error provocaría un impacto frontal con otro automóvil que supondría la muerte instantánea e inevitable de todos los ocupantes sin excepción. Sin embargo, aun siendo conscientes y conocedores de lo que pasa cuando un móvil impacta tan brutalmente a esa velocidad, viajamos sin el más mínimo temor.

Un coche a 125 Km. por hora, que impactase de frente con otro coche a la misma velocidad produciría un impacto equivalente al de un móvil a 250km. por hora contra una pared. No podríamos establecer ni siquiera una equivalencia o símil con una caída libre desde un edificio, porque 250km. por hora es aproximadamente la velocidad vertical límite que alcanza un paracaidista, poco después de saltar del avión, cuando su peso se equilibra con la fuerza de rozamiento y se anula la aceleración. Harían falta unos cuantos edificios superpuestos para establecer una comparación...

Los delitos de Dios

Obviamente el miedo acaba por dominarse, hasta cierto punto, con la costumbre, de forma que un encofrador de edificios dominará con el tiempo gran parte de los temores que le infunden las alturas.

Sin embargo es un hecho demostrable que tenemos más miedo psicológico a las alturas, como las de un acantilado o las de nuestro propio y habitual domicilio en altura, que a la velocidad relativa en tierra, como la que experimentamos en un automóvil. Tenemos una gradación de aprensiones innatas que alcanza su máximo exponente con las alturas, hay personas que no pueden viajar en avión por temor a volar, mientras que no ocurre lo mismo –relativamente– en la temible carretera.

El potencial comprador de un coche no se preocupa demasiado por la seguridad del mismo. Poco importan los reposacabezas traseros, o si en cinturón central trasero es ventral, o si el airbag lateral es de cortina, o si el maletero tiene avance suficiente para detener al automóvil de un borracho con ganas de empotrarse. La noción de seguridad tecnificada ha de aprenderse y no constituye un instinto innato. Nuestros fabricantes consideraron que era ventajoso, para los propósitos de un X activado por motivos exógenos, no dotarnos de un mecanismo así, porque cuando hubiésemos ideado las primeras máquinas mortales sin duda ya seríamos muchos y estaríamos aglomerados en ciudades pestilentes y masificadas. Quizá hasta diseñasen nuestro cuerpo con una velocidad límite de impacto de deceleración súbita, sin absorción energética homogénea, que podría estar cifrada –si nos atenemos a pruebas de choque efectuadas con automóviles sin cinturones de seguridad, y con salpicadero carente de zonas de absorción– en unos 7km. por hora, que fue precisamente la velocidad que alcanzaban las primeras locomotoras de vapor.

Para ir finiquitando el tema del aspecto cualitativo de las muertes que se producen en la actualidad nos queda referirnos también a los infartos de miocardio, una de las causas más importantes de mortandad en los países modernos.

Esta última afirmación merece ser tenida en cuenta y analizada, porque en el estudio de X nos interesa ver sus tendencias y evoluciones actuales o futuras, ya que lo que ocurre en los países no desarrollados es de sobra conocido, puesto que evidencia una fiel copia de lo que ha sido la historia de los países ahora más industrializados.

Con toda probabilidad el lector de este libro tratará de imaginarse, quizá con matices de parodia, lo que voy a intentar argumentar para sostener la supuesta relación existente entre los infartos y nuestros dioses creadores. Sin embargo he de decir que no me va a costar el más mínimo esfuerzo, porque esta afección no presenta diferencias con el resto de las afecciones de mortandad masiva actuales.

Las máquinas humanas están diseñadas para mantener una vida de actividad física considerable. Esto fue en origen necesario porque la vida sería muy dura desde el principio. Había que cazar, había que recolectar, había que luchar y más tarde fue necesario cultivar las tierras, todo ello de sol a sol. El organismo tenía que estar preparado para mantener y resistir notables niveles de esfuerzo continuado, y nuestros ciclistas campeones, y los no tan campeones, lo ponen de manifiesto en frecuentes ocasiones, haciendo etapas de muchos cientos de kilómetros, con tortuosos puertos de montaña. Nuestros dioses creadores eran conscientes de que con el advenimiento de las sociedades urbanas se instaurarían y se mantendrían sistemas políticos y éticos represores de la violencia, para hacer factible una sociedad en convivencia de semejante magnitud. Se perderían las referencias exterminadoras clásicas, pero sería necesario seguir aniquilando, por lo que, no jugándoselo a una carta, cayeron en la cuenta de que el hombre urbano sería mucho más sedentario, mucho menos activo físicamente y llevaría una vida psicológicamente más tensa y ajetreada. Es-

Los delitos de Dios

te cambio en las costumbres podría ser aprovechado para que activase algún dispositivo interno que provocase una muerte sistematizada y controlada. Los primeros en probar este mecanismo fueron los reyes y los nobles sedentarios de siglos pasados, que padecieron enfermedades similares a la que estamos describiendo. Los infartos de miocardio constituyen una cardiopatía isquémica, lo que quiere decir, vulgarmente, que se manifiestan como consecuencia de la formación de trombos grasos o ateromas que obstruyen las arterias o cañerías humanas. Si lo hacen en el corazón la muerte puede estar asegurada. Sin embargo no debemos divergir de lo que era nuestra hipótesis de partida, la implicación de los creadores. Por un lado es absolutamente irrebatible el hecho de que existe una relación directa primaria entre la occidentalización o urbanización industrial y los infartos de miocardio. Si bien es cierto que las muertes en otros países poco desarrollados son consecuencia de enfermedades poco importantes y erradicadas en nuestras urbes, independientemente de esto, los infartos de corazón tienen una incidencia francamente muy inferior en las muertes de individuos no occidentales de edad avanzada.

Pero lo más importante para la justificación de nuestra hipótesis es que los infartos de miocardio están directamente ligados al factor, nada más y nada menos que genético. ¡Una vez más, como en el cáncer, los mismos agentes! En efecto, se constata que el grupo sanguíneo, entre otros muchos factores, determina la predisposición a sufrir un infarto de las características descritas, dicho de otro modo, la predisposición al infarto es heredable. Pero es más importante aún la notable diferencia de incidencia del mismo entre hombres y mujeres, cifrada en una relación de entre 4/1 y 3/1. Aquí la explicación vuelve a tener las mismas bases, la genética. El agente responsable de la protección en las mujeres está constituido por las hormonas femeninas denominadas estrógenos, que por otro lado son utilizados en las mismas, cuando en éstas

289

se manifiesta un claro déficit, a modo de agentes preventivos de cardiopatías isquémicas. De hecho está demostrado que el riesgo de que las mujeres sufran un infarto de miocardio aumenta en gran magnitud tras la menopausia, que implica una notable reducción en la producción de estrógenos. Incluso se han comprobado las mismas consecuencias cardiopáticas en las mujeres a las que se las extirpado los ovarios, productores de esta hormona.

Debemos hablar nuevamente de un error de fabricación –un error intencionado– porque aquí es claro que no existen impedimentos de carácter técnico que hayan podido imposibilitar la consecución de un organismo más perfecto y más preparado ante este tipo de situaciones. Pudieron habernos hecho mejor sin lugar a dudas.

Pero sabemos que forzosamente el ejercicio físico continuado –así como los estrógenos femeninos– aumentan los niveles del HDL-colesterol. Este tipo de colesterol es "bueno" porque a medida que aumenta su nivel de concentración en la sangre, el riesgo de un infarto cardiaco disminuye. El efecto beneficioso de la actividad física es, por tanto, un claro indicativo de lo que pretendieron nuestros fabricantes.

El colesterol malo es en realidad el LDL-colesterol que es el máximo responsable de formación de tapones en nuestras tuberías. En cualquier caso la ingesta de todo tipo de grasas en general, fundamentalmente las saturadas, son el condicionante imprescindible en este tipo de cardiopatías.

No debió ser muy difícil para nuestros fabricantes prever cómo iba a estar constituida nuestra dieta en la vida urbana. Nuestros lejanos antepasados seguían una alimentación fundamentalmente natural, con gran aporte de productos del bosque, como frutos y hierbas o verduras. Pero lo más importante es que consumían carne de caza. La carne de caza se caracteriza por su extremadamente bajo contenido en grasas, puesto que los animales de los que procede esta carne son salvajes y llevan una vida activa, de continuo correteo. Los creadores debieron prever que en una sociedad industrializada los animales se encerrarían en un metro cuadrado para el resto de sus vidas con el objeto de que engordasen rápidamente, a base de echar grasa, y con la ayuda de porquerías hormonales para inflarlos todavía más.

La carne del futuro sería de mucha peor calidad y sobre todo con más contenido de nociva grasa —nociva porque ellos así lo quisieron—. También quisieron que el efecto inmediato generalizado del sedentarismo fuese engordar y producir esta sustancia. Engordar es absurdo desde el punto de vista de la utilidad biológica funcional, puesto que no está en absoluto demostrado que las grasas, como reserva energética, presenten ventajas reales; de hecho nunca una persona gorda habría resistido mejor en una tribu nómada que un individuo sin grasa, ya que, por ejemplo, el primero habría necesitado de un consumo de agua mucho mayor puesto que sus desplazamientos requerirían de más energía, y en condiciones extremas podría haber fallecido incluso antes que el escuálido. Tampoco se entiende que la capa adiposa pueda estar creada en origen para protegernos del frío porque el ser humano fue dado a luz sin un pelo para abrigo y un gordo no aguanta necesariamente mejor en el Polo Norte que un flaco; al final se congelan los dos. Nuestros creadores ya entendían que un ser inteligente se pondría algo encima o se construiría un resguardo para protegerse de las inclemencias meteorológicas. Disponer de grasas no constituye una ventaja pero sí lo es desde la óptica de una política programada y exterminadora de nuestros creadores. Estas disfunciones metabólicas, y más concretamente las del metabolismo lipídico, eran indudablemente necesarias para completar las directrices del plan secundario de exterminio sistematizado.

Para que nada quedase al azar nos instalaron los mecanismos adecuados para que las cardiopatías se viesen afectadas de otro condicionante propio de las urbes, el estrés. Se sabe que éste influye de manera clara, pero no se sabe exactamente muy bien por qué ocurre. Los numerosos sobresaltos o problemas emocionales, creados artificialmente en la urbe, aceleran claramente el ritmo cardiaco y la hipertensión, debido a las posibles modificaciones inducidas en el sistema nervioso simpático. Esto no es exactamente lo que ocurre con el ejercicio, porque en este último caso los desencadenamientos hormonales no parecen ser los mismos. No obstante eso no nos importa para aclarar aspectos en el estudio de las responsabilidades cósmicas.

En último lugar el tabaco, casualmente una droga, es otro agente que agrava las cardiopatías. El alcohol no tiene un efecto nocivo, de hecho ciertos radicales químicos alcohólicos previenen la obstrucción de las arterias. Pero este efecto positivo es sólo en apariencia porque esta sustancia ya mata bastante por otros medios, entre ellos el cáncer.

Podríamos seguir enumerando enfermedades para todos los gustos como las mentales –alzheimer, depresión, esquizofrenia, parkinson, encelopatías espongiformes–. Aquí el factor social cobra relevancia. Las más recientes investigaciones apuntan a la posibilidad de que determinados virus, proteínas o priones se activen en nuestro cerebro ante estímulos externos relacionados con el estrés propio de una sociedad avanzada, ante sustancias químicas complejas o ante moléculas que se generan en alimentos procedentes del reciclaje continuado de carnes de piensos industriales. Pero mientras la ciencia sigue haciendo su trabajo, todavía por completar, no quiero seguir aburriendo más al lector con la misma canción. Creo que usted ya está en disposición de obtener sus propias conclusiones.

...EXTERMINIO Y RELIGIÓN...

RELIGIÓN Y EXTERMINIO SON DOS CONCEPTOS QUE HAN PERMANECIDO ÍNTIMAMENTE LIGADOS A LO LARGO DE TODA LA HISTORIA DE LA HUMANIDAD. DESDE TIEMPOS DE LAS CRUZADAS, DE LA INQUISICIÓN Y DE LAS GUERRAS DE RELIGIÓN, QUE TODAVÍA SE MANIFIESTAN HOY EN DÍA, EL RELEVO DE LAS RELIGIONES LO TOMARON LOS NACIONALISMOS IMPERIALISTAS QUE TAMBIÉN SE PRESENTAN, A PEQUEÑA ESCALA, COMO TERRORISMOS LOCALES. EL PRÓXIMO RELEVO LO ESTÁN TOMANDO LAS ENFERMEDADES TECNOLÓGICAS Y LAS CONDUCTAS SUICIDAS.

XIV- El porqué de "X"

Es comprensible que todo lo que hemos sugerido hasta el momento pueda ser difícilmente aceptado por nuestro sentido común. Más que una hipótesis razonable parece que hemos estado tratando el producto de una mente imaginativa y paranoica. Ciertamente en nuestra percepción personal nos resistimos a aceptar lo que no acertamos a distinguir con nitidez. Nuestras necesidades y deseos más profundos pueden, por el contrario, hacernos creer en algo que sólo ansiamos pero que no vemos. Quizá en el intento por pretender crear a nuestros dioses particulares perdamos la poca objetividad analítica que nos queda, pero tampoco voy a pasarme al bando de los escépticos por naturaleza, puesto que la realidad demuestra que los criterios y justificaciones que argumentan para defender su actitud son tan pobres y escasos como los que pueda argumentar un creyente acérrimo, cegado por sus dogmas y por sus adorados.

Debemos situarnos en un punto neutral, y debemos pensar seriamente en la posibilidad de que seres inteligentes hayan podido crearnos. Por su condición inequívoca de inteligentes es de suponer que podrían actuar siguiendo pautas similares a las nuestras. Quizá ellos no posean un cuerpo material definido, aunque por lo que sabemos, el universo más próximo y conocido está constituido fundamentalmente por planetas que no diferirán demasiado de los que conocemos en nuestro Sistema Solar, y por otra parte, los elementos y compuestos químicos que conocemos parecen ser universales y abundan en el resto del espacio —eso es al menos lo que han determinado los más eminentes científicos a través de numerosos estudios de espectrometría de masas—. Debemos creer entonces que existiendo planetas con montes y mares es posible que los soportes físicos que sustenten vida inteligente en estos parajes no diferirán de nuestros cuerpos hasta el punto de que no podamos concebirlos mentalmente. Ya señalamos el consenso que existe en el mundo científico acerca de que las posibles "morfologías" extraterrestres no deban de diferir, en lo fundamental, de la nuestra. Estos científicos creen que no estamos solos en el universo, y lo único que objetan es la posibilidad de que hayan podido visitarnos, y argumentan las ya dos tópicas y típicas estupideces —no disponen de más— como "es que estamos muy lejos" o "¿por qué no se han puesto entonces en contacto con nosotros?"

Ningún hombre prehistórico podía plantearse un viaje a la Luna porque su ignorancia lo imposibilitaba. Sin embargo los científicos de nuestros días creen saberlo todo con sus simplezas del big-bang, y creen que la física conocida es ya inviolable.

Dicho todo esto, a lo que prestamos la necesaria atención en algún capítulo anterior, hemos partido de la hipótesis de que alguien con inteligencia, y hasta es posible que con soporte físico, a modo de cuerpo biológico, haya podido fabricarnos a nosotros, los humanos de la Tierra. Esta posibilidad no es en absoluto descabellada, y al menos podrían existir un 50% de posibilidades de que fuera así.

Parece en un principio que no pondríamos objeciones ante esta posibilidad, sin embargo nuestro entendimiento parece estrecharse cuando tenemos que sugerir o que suponer las posibles pautas o directrices que han debido seguir en nuestro proceso creativo y de desarrollo. Pero tenemos que conjeturar, porque es seguro que no nos abandonaron aquí, en este planeta, como quien llena y tira una bolsa de basura. Si se tomaron

Los delitos de Dios

la molestia de fabricarnos, y además disponían de importantes medios técnicos, es de suponer que pudieron y tuvieron que diseñar unos esquemas de conducta innatos para insertarlos en nuestro cerebro. Es posible que nos enviasen a este lugar como si fuésemos desperdicios, pero aun así, debieron programarnos para actuar de un modo determinado, y con un fin prioritario, el de perpetuarnos, al menos durante algún tiempo. No obstante, aunque nuestra civilización esté programada para una vida efímera, ese lapso de tiempo exigiría al menos una sucesión de épocas históricas diferenciadas que evitasen la uniformidad. Nada fue hecho al azar y todo está en la naturaleza por algún motivo.

Bien, llegados a este punto no deberíamos descartar la posibilidad de que hubiesen ideado un plan estratégico para conseguir ese objetivo, no podemos pretender considerar absurdos todos los hipotéticos componentes del proyecto hasta el momento enumerados. Sin duda debemos pensar razonablemente en dispositivos como un elemento "X", del que se derive un sentimiento anti-racial o anti-étnico innato para el exterminio selectivo y controlado, o en un soporte físico biológico que se muestra sensible, mediante enfermedades específicas, ante las peculiares características de cada momento histórico o en cada estadio tecnológico. Quizá produzca risa oír hablar del cáncer o de los infartos en el sentido en el que lo hemos hecho, sin embargo, de producirse semejante asombro despectivo, nunca podremos estar seguros de que es producto de la absurdez, ni mucho menos.

Debemos hacer un esfuerzo por suponer cómo son nuestros hipotéticos creadores, ¿qué mejor ejemplo que nuestra propia imagen dentro de unos años, o siglos?

Sí, debemos pensar en nuestra evolución futura porque así no seremos presas de la abstracción. Es indudable que los últimos progresos en genética nos permiten especular, sin riesgo de equivocarnos, acerca de lo que podremos hacer en poco tiempo. Hoy sólo somos capaces de mejorar especies vegetales o animales, entre ellos nosotros. Sólo podemos modificar algunas de sus características físicas o morfológicas en su aspecto cuantitativo, o de tamaño, pero también hemos conseguido inducir, a partir de algunas especies, otras más resistentes a las enfermedades, a la sequía o a la putrefacción. La técnica posibilita ya sistemas de concepción en los que es posible elegir el sexo, e incluso se han practicado operaciones quirúrgicas a fetos en desarrollo. No tardaremos muchos años en tener capacidad para desarrollar fetos en medios no intrauterinos, es decir en peceras o incubadoras líquidas. También realizaremos asombrosos transplantes de órganos artificiales o de duplicados generados mediante células madre, que hoy son inconcebibles. Sabemos además que este siglo va a ser el "siglo del cerebro", y esto significa que empezaremos a conocer a este individuo mudo e introvertido, por lo que llegaremos a poder controlar sus impulsos de base glandular. Quizá lleguemos a localizar la secuencia genética que transmite el complejo aparato del elemento X, y cabe la posibilidad de que podamos atenuarlo artificialmente, con una modificación de carácter hereditario, y algo así podríamos llevar a cabo con los impulsos sexuales.

En definitiva, dentro de poco tiempo estaremos en condiciones de poder desarrollar vida en un laboratorio, y además no tardaremos mucho más en conseguir que esta vida sea selectiva y que responda a características biológicas y etológicas muy específicas.

Pero las sociedades futuras también presentarán diferencias muy marcadas con respecto a las costumbres de las sociedades avanzadas actuales porque muchas cosas van a cambiar radicalmente. En primer lugar cabe suponer que la imparable tecnificación de las industrias va a dejarnos más tiempo libre, porque las máquinas fabricarán todo y los ordenadores organizarán todo. Es muy posible que las oficinas empiecen

Los delitos de Dios

a desaparecer y todo el mundo que trabaje lo hará desde sus casas con lo que no perderá parte de su vida atascado en un hormiguero humeante. Esto generará más tiempo libre, pero además cabe suponer que los hogares van a estar todavía más tecnificados, por lo que no tendremos ni que levantar las persianas o incluso ni hacer la comida, que por otra parte quizá se convierta en bloques de alto valor energético y bajo valor residual, que nos privarán de uno de los pocos placeres que nos quedan. Tampoco plancharemos ni lavaremos. Es posible que incluso descubramos la razón por la cual debemos dormir y perder la mitad de nuestra vida haciéndolo, y entonces podremos potenciar este proceso por medios artificiales no dañinos para que nuestro cerebro y nuestro organismo descansen en un tiempo récord. También, los niños recibirán clases desde sus casas y quizá existan aparatos que permitan que asimilemos información sin tener que recurrir a los absurdos sistemas educativos actuales, basados en la repetición para memorizar basura. El negocio de los idiomas se derrumbará y ya no tendremos que aprender inglés, salvo los que deseen hacerlo, porque una máquina de bolsillo traducirá por nosotros.

El tiempo libre o de ocio será entonces de unas proporciones abrumadoras y es posible que sólo tengamos que trabajar una hora diaria. Pero nos olvidamos de otra cuestión, y es que los humanos vivirán cada vez más años y con mayor calidad de vida. Pocas enfermedades quedarán sin curación y será cada vez más difícil morir de infartos o de cáncer. Pero además cuando descubramos y controlemos el gen o genes responsables del envejecimiento celular —o del bloqueo reproductivo celular regenerador— las vidas se alargarán hasta cifras hoy astronómicas, y no será difícil que lleguemos a los trescientos o cuatrocientos años, por imaginar algo.

A día de hoy se afirma que el reloj activador del proceso de envejecimiento celular estaría programado por algún gen —cómo no, estaríamos programados para morir—. De lo que no

299

hay duda es que la enzima telomerasa –presente por ejemplo en células cancerosas o germinales– protege las secuencias repetidas de ADN y proteínas asociadas a los extremos de los cromosomas –telómeros–, impidiendo su acortamiento en las sucesivas mitosis, es decir, impidiendo el envejecimiento celular. Conocemos cada vez mejor los procesos de oxidación celular que intervienen en este envejecimiento y todos los días oímos cómo se ha logrado aumentar sensiblemente la longevidad de un gusano, de una mosca o de un ratón mediante manipulación genética o por la intervención de una proteína nueva.

La esperanza de vida es ya de cien años para cualquier recién nacido en un país desarrollado y sería difícil establecer un límite en el futuro.

La medicina regenerativa o la biotecnología permitirán que vivamos mucho más tiempo y además la vejez no será sinónimo de invalidez porque podremos mantener nuestros tejidos celulares en forma, mediante sistemas artificiales, y sin necesidad de practicar fatigosos deportes. Nuestros placeres cotidianos también se generarán artificialmente y de esta forma conseguiremos el placer sexual o gastronómico actuando sobre centros nerviosos específicos. Ya no tendremos que buscar y luchar por una aburrida pareja sexual porque será suplida en parte por sofisticados y eficaces sistemas de realidad virtual o por robots para el sexo.

No obstante podremos tener orgasmos inducidos hasta que el organismo y la segregación hormonal lo permitan, para no dañar el equilibrio de nuestras máquinas orgánicas. Por otra parte el acceso a la sexualidad será mucho más prematuro y cuando haya transcurrido una tercera parte de la vida humana ya será algo monótono y dependiente de nuestros flujos hormonales. Aunque ¿para qué vamos a permitir el incordio de estos flujos? ¿No será más razonable atenuar por completo nuestros estúpidos impulsos y apetencias sexuales?

Los delitos de Dios

De hecho podremos reproducirnos sin necesidad de copular y sin necesidad de que la madre tenga que soportar ya un embarazo, porque el feto se desarrollará de manera más cómoda y segura en la pecera informatizada.

Todo esto parece ciencia ficción, aunque no lo es, para desgracia de los que ignoran que toda la ciencia ficción del pasado es hoy realidad, y también para los que ignoran que incluso la realidad ha superado a la ficción. Nadie imagina un futuro sin sexo, pero seguramente podremos algún día prescindir del mismo, porque podremos aplacar o incomunicar los centros cerebrales que nos incitan a sobar carne humana y a botar encima de un colchón o de cualquier otra cosa.

También podremos neutralizar nuestro elemento X y con ello nuestros impulsos agresivos.

En otras palabras en un futuro no muy lejano dispondremos de muchísimo más tiempo libre, de muchos más años de vida y además estaremos en condiciones de poder mitigar y hasta anular los instintos básicos que rigen el sentido de nuestra vida actual. Dicho de otro modo, algún día llegará el ABURRIMIENTO en su más elevada manifestación, porque además es posible que no tengamos ni problemas, una vez que se hayan resuelto los que generan la falta de recursos, y de energía, así como los problemas políticos. Es de suponer que la natalidad estará controlada, máxime cuando la gran longevidad de la especie amenazaría con la superpoblación y la desestabilización de todos los sistemas sanitarios, de pensiones y económicos en general. Quizá entonces sólo se pueda tener un hijo entre muchos individuos, cada uno de los cuales aportará las características genéticas que más le enorgullezcan, aunque al fin y al cabo siempre podrán ser mejoradas.

Pero volvamos a la cuestión de fondo que acaba de emerger a nuestra vista:

¿Cómo se resolverá el aburrimiento de las sociedades futuras? ¿Cómo se resolverá además cuando ya no diviertan las

301

mismas cosas? O dicho de otro modo: ¿Qué pasará cuando todo lo conocido aburra?

Pues habrá que optar por lo desconocido. Cuando hayamos inventado y practicado todos los deportes y juegos posibles, cuando los oídos hayan escuchado todas las combinaciones musicales posibles, cuando hayamos comido todo lo que viene en las recetas de cocina y cuando nuestros ojos no soporten más las infinitas y repetitivas películas de sexo y violencia, tras trescientos años de monotonía, el ser humano no podrá soportar vivir así. Tendrá que hacer algo nuevo, arriesgado o quizá fraudulento. Quizá una ética que a priori condene la manipulación genética y la creación artificial e incontrolada de vida, tenga que retractarse de su propio código de valores para evitar la muerte por hastío, desgana o por degeneración de la propia sociedad que sustenta. Un juego que aburre provoca a la postre una situación en la que las reglas dejan de respetarse, como cuando jugamos entre amigos; si el juego se alarga las trampas empiezan a proliferar y todo se convierte en un caos que obliga a abandonar definitivamente esa distracción.

No tenemos herramientas de ningún tipo para predecir lo que ocurriría en unas circunstancias tan tediosas, pero habría que recurrir forzosamente a novedosas alternativas. De la misma forma que un anciano, o un joven, siente la necesidad de un perrillo o de cualquier otro animal de compañía, en un futuro no muy lejano los humanos pueden precisar, más que nunca, de mascotas particulares sobre las que ejercer su poder. Es de suponer que el ansia por el poder seguirá vigente en alguna medida, a pesar de la atenuación de X —si es que no lo potenciamos para sobrevivir–, y los humanos sentirán satisfacción cuando sean conscientes de que todavía sirven para algo, aunque sólo sea para darles de comer a un perro.

La relación de dependencia que se establece da, en el fondo, un sentido a la vida, además de compañía, y eso es en esencia lo que ha de buscar cualquier ser viviente, sea o no de este

Los delitos de Dios

planeta, porque sin un fin, sin una ilusión, no hay razón para vivir, salvo la que pueda dictar el déspota instinto animal autoconservativo.

Pero una civilización muy avanzada tecnológicamente no pensará ya en miserables, anticuados y vulgares perros, sino que se divertirá mucho más con seres de mayor inteligencia, que sean más impredecibles y que, sobre todo, den más espectáculo, como nosotros ahora. Quizá entonces nosotros seamos los hijos de una civilización así, los que les mantenemos vivos, como los hijos que mantienen unida a la pareja progenitora terrestre. Los hijos son una necesidad para mantener los lazos afectivos en el tiempo y por otra parte vienen al mundo sin que ellos hayan dado su consentimiento. Alguien les dotó de estupidez y necedad en sus primeros años de vida, porque de haber pensado con lucidez no creo que ninguno estuviese dispuesto a jugarse la lotería de nacer en algún desierto de Etiopía o en otros tantos sitios. De cualquier forma hay motivos para ignorar si algún día se regulará el derecho a "hacer nacer", por lo que cabe suponer que podrán existir civilizaciones que vayan plantando vidas por doquier, como quien planta árboles para verlos crecer. Nadie piensa entonces si algún día van a quemarse, como se queman muchas vidas en este planeta, nadie piensa en el sufrimiento que puedan padecer los hijos viniendo al mundo.

Habría que explicar quiénes son los creadores de nuestros creadores, pero no tenemos el menor atisbo de pruebas para elaborar una teoría y además es posible que no entendiésemos la esencia de la creación o de los fabricantes superiores en la jerarquía. No importa, como ya he dicho en alguna parte debemos conformarnos de momento con conocer un poco más de nosotros mismos.

En fin, alguien debió crearnos por alguna razón, aunque podríamos ser los restos de una civilización que viajó hasta la Tierra —a bordo de la Luna— cuando las condiciones de vida se hicieron imposibles en nuestro hipotético planeta de origen. Éste podría ser nuestro caso particular, pero posiblemente no ha de ser el más genérico y extendido.

Incluso tengo dudas de esta particularidad, porque no parece que desembarcásemos en este lugar con todos los indispensables instrumentos y adelantos técnicos. Se especula con que hace muchos miles de años existieron civilizaciones muy evolucionadas, como la de la pretendida Atlántida. Es un hecho que civilizaciones como la maya o la azteca, y otras muchas, poseían conocimientos –astronómicos fundamentalmente– espectaculares para su época, y que tardaron mucho tiempo en ser descubiertos por la ciencia occidental, puesto que la verificación de dichos conocimientos sólo era posible mediante la utilización de potentes telescopios o de leyes matemáticas muy complejas.

Sin embargo, por alguna razón, nuestros creadores quisieron ver, por lo menos durante algún tiempo, cómo evolucionábamos "desde cero", porque es evidente que en algún momento histórico no hemos sabido ni siquiera comunicarnos y hemos vivido como animales, tratando de descubrir el fuego o la rueda. Por otra parte hemos avanzado mucho en muy poco tiempo, justo lo que debe durar una vida en un planeta más evolucionado que el nuestro; así les da tiempo a ver el capítulo completo. Si además pueden moverse a velocidades próximas a las de la luz el tiempo cronológico discurrirá para ellos de forma diferente, lo que significa que en muy poco tiempo para ellos pueden haber transcurrido muchos años para nosotros.

Si nos hubiesen lanzado a este planeta ya evolucionados quizá tendríamos grabados recuerdos escritos o visuales de estos fabricantes, y aunque no nos hubiesen dejado este legado tendríamos la evidencia absoluta de que alguien nos había creado –siempre ha existido esta creencia– y de esta forma ese "alguien" sería el responsable principal de todo lo malo que aquí ocurre. Quizá aquellas magníficas civilizaciones del remoto

Los delitos de Dios

pasado fuesen aniquiladas por alguien y por algún motivo, pero eso no cambia para nada lo que debió y debe ser la práctica universal de plantación de vida. Nos arrojaron al mundo en pelotas, sin nada, porque así debió ser más estimulante para ellos, que posiblemente nos ven hoy en directo, mediante sus sondas denominadas OVNIS. Es posible que hasta vendan exclusivas a cadenas de televisión de otras civilizaciones avanzadas. Un "gran hermano" universal a muchas pantallas en las que aparezcan personajes judíos, palestinos, terroristas, misioneros, ricos o pobres. Una gran telenovela cósmica.

Por otro lado no veo razón a priori para que esto de sembrar vida no sea ético en un código universal basado en la libertad como principio. Empezar desde el principio, sin la dependencia psicológica de unos dioses, constituía todo un símbolo y toda una muestra de libertad absoluta, y eso debió cubrir todos los vacíos que pudiesen haber surgido en el código ético de los creadores.

Independientemente de que seamos un campo de experimentación sideral, después de todo lo dicho y todo lo visto parece que nos abandonaron a nuestra suerte, en defensa de nuestra concedida y merecida libertad. En esta situación es lógico que los fabricantes no quisiesen dar la cara ni responsabilizarse de los posibles errores cometidos, que sin duda los habrá.

También es evidente que nos dotaron de mecanismos de conducta encaminados hacia una forma de comportarnos y de actuar que nos llevase irremisiblemente hacia el desarrollo creativo y tecnológico, ya que de esta forma les sorprenderíamos y les complaceríamos gratamente. Y vuelvo a insistir en una metáfora ya citada; quizá seamos como un toro en una plaza, cuya muerte y sufrimiento, que a muchos agrada, parecen estar justificados por la conservación que se hace de la especie para estos fines, lo que de no ser así provocaría su práctica extinción.

305

En cualquier caso, prescindiendo de las nuevas dudas que podrían plantearse, cabe suponer la existencia, de carácter universal, de todo un plan de creación al que hemos aludido a lo largo de todas estas páginas. Sin duda un plan similar será confeccionado por nuestras futuras generaciones y podría estar regido por una serie de leyes o directrices a seguir, siempre fundamentadas en un respeto por la libertad, a la que tiende éticamente cualquier sociedad en progresivo desarrollo humano y técnico, y en el aseguramiento de una conducta de los elementos "sembrados" que implique su propio desarrollo tecnológico a lo largo del tiempo. Todo este proceso será seguido por los fabricantes con interés, como el que observa los peces de una pecera, pero no se producirán intervenciones directas que puedan violar las libertades básicas. Además los fabricantes nunca deberán mostrarse explícitamente a los "sembrados" para evitar que estos pidan explicaciones o ayuda para solventar sus problemas, lo cual no es factible técnicamente sin arrebatarles todos los poderes políticos o militares, lo que anularía cualquier concepción de libertad y provocaría enfrentamientos que agravarían la situación. Sólo cuando los creados sean capaces, por sí mismos, de crear y de sembrar es cuando se encontrarán en condiciones de comprender su condición y de poder entablar contacto con sus propios fabricantes.

XV- Directrices a seguir en la creación de un germen de civilización humana: el elemento "X"

Con toda probabilidad "la siembra" será una de las formas de combatir el aburrimiento futuro en el que se sumirá nuestra civilización o en el que ya se encuentran civilizaciones mucho más evolucionadas que la nuestra. Por nuestra parte, como se ha puesto de manifiesto tras el análisis precedente, nos hemos percatado ya, o hemos supuesto con cierta razonabilidad, los hechos y naturalezas sospechosas de entrañar parte de este posible proyecto, que tendrá que estar sistematizado por una serie de directrices que probablemente no diferirían demasiado de éstas:

Para la dispersión de vida humana vigilada, que se oriente en el sentido que forma los cimientos de una ética avanzada, cuyo principio básico ha de estar constituido por la libertad de acción, y para la creación de un germen de civilización cuya evolución ha de estar encaminada hacia el desarrollo tecnológico, será imprescindible acatar las siguientes directrices generales:

1) Será necesario encontrar un planeta para la dispersión, y éste tendrá que estar constituido preferiblemente por continentes separados por mar, para que el desarrollo de los diferentes núcleos poblacionales no interfiera en un principio el del resto, y para que no existan riesgos iniciales de propagación de enfermedades o patologías. Cuando los habitantes de diferentes sectores sean capaces de viajar a lugares lejanos es de suponer que tendrán unos conocimientos básicos para prevenir y controlar las infecciones contagiosas más benignas.

2) Habrá que localizar o fabricar un planeta en el que se den o puedan darse las condiciones para albergar el tipo de vida que queremos generar. Quizá haya que ajustar los parámetros de rotación o inclinación del astro para adecuar las temperaturas extremas. Esto se llevará a cabo mediante la fabricación y puesta en órbita de planetas o satélites artificiales de masa y tamaño adecuados. Para acomodar también las atmósferas lanzaremos masivamente bacterias y esporas productoras de los elementos químicos apropiados para nuestro fin. Si el planeta está habitado, con anterioridad a la dispersión habrá que efectuar y negociar una limpieza del mismo para eliminar cualquier tipo de vida animal que pudiese poner en peligro la integridad de la raza humana, de modo que todos los dinosaurios de gran capacidad depredadora y destructora tendrán necesariamente que desaparecer. Los dinosaurios fundamentalmente herbívoros también suponen un grave peligro para los recursos vegetales humanos debido a las grandes áreas de bosque que destruyen, y por otro lado su gran volumen de heces aumentan considerablemente el riesgo de generación descontrolada de enfermedades contagiosas, cuyo caldo de cultivo ha de ser precisamente éste. En cualquier caso todos animales de gran tamaño pueden impedir el desarrollo técnico por la gran potencialidad destructiva que poseen. Para eliminar o trasladar estos animales se llegará a acuerdos políticos o económicos con las compañías o civilizaciones que los hayan creado y dejado en el lugar elegido para la plantación humana. Podremos inducir un gran cataclismo en el planeta —si se nos autoriza— para resetear el sistema biológico y climático establecido. Para ello utilizaremos explosiones nucleares masivas y controladas y/o la acción combinada de proyectiles celestes cuyas trayectorias serán acomodadas a tal fin.

3) Una vez llevadas a cabo todas estas operaciones se procederá a la dispersión, para lo cual será imprescindible dotar a la raza humana creada de un elemento exterminador "X" para el control autónomo poblacional y para el aseguramiento del desarrollo técnico de la misma. Mediante este elemento los humanos se aniquilarán cuando las condiciones lo exijan y esto evitará que se produzca una masificación de impredecibles consecuencias. Este elemento deberá activarse cuando el cerebro se percate de un exceso de población, que tendrá como consecuencia más directa y palpable el deterioro de las condiciones económicas de la tribu, lo que desemboca en una incertidumbre por la futura supervivencia de los integrantes del grupo. En el momento en que se produzca esta situación se activará el elemento descrito y actuará controladamente. Para ello se crearán tipos humanos con diferentes características o matices físicos que les distingan y serán dispersados en núcleos separados y alejados entre sí. El elemento exterminador se descargará precisamente sobre los tipos humanos diferenciados. Ésta será la referencia a seguir por X para evitar un exterminio desmedido y sin control. El elemento "X", basado en la agresividad exterminadora también tendrá otra vertiente puesto que será responsable de una conducta encaminada hacia el poder, que asegura la capacidad de exterminio, y que permite la esclavización de unas razas por otras, lo que constituirá una pieza clave para el desarrollo tecnológico que se contempla de forma ineludible en el proyecto. Algunas razas dispondrán de un mecanismo psicológico adicional que acelerará su evolución técnica y las diferenciará y alejará del resto de razas. Estará basado en una secreción hormonal placentera a base de endorfinas que se activará cuando éste resuelva problemas concretos y satisfaga así dispositivos innatos de "curiosidad" y "creatividad".

El elemento X se atenuará con el cruce racial puesto que cuando este mestizaje se produzca por iniciativas generalizadas no condicionadas, respectivas a cada integrante de la pareja progenitora, será muestra inequívoca de una culturización de las sociedades, lo que implica, por otra parte, un estado de desarrollo tecnológico que podría poner en peligro la vida de grandes sectores del planeta, sobre todo cuando se desarrollen armas de carácter nuclear. Cuando la culturización y el incremento comunicativo de las etnias tenga lugar, las motivaciones aniquiladoras iniciales se enmascararán y el elemento X estará diseñado de tal forma que distinguirá los elementos de referencia exterminadora mediante la discriminación de elementos religiosos o nacionalistas a los que hay que dominar para estímulo de X, lo que ha de generar un sentimiento de superioridad para poder activarse con eficacia. La búsqueda del poder será por tanto necesaria para que el individuo y la colectividad adquieran una prepotencia psicológica que les permita exterminar así sin represiones internas y con firmeza. Por otra parte cuando el cerebro humano se percate de una masiva afluencia de estímulos externos de todo tipo, y ante una hipotética situación que le impida exterminar, sólo quedará la posibilidad de que el sujeto se quite su propia vida, por el bien último del proyecto. El suicidio sobrevendrá cuando el individuo, desbordado, tenga que actuar eliminando a una raza inferior, que estará representada por él mismo, al considerarse un fracasado.

4) Para completar y equilibrar las fluctuaciones exterminadoras de X se diseñará una amplia gama de virus y bacterias que acaben con la vida humana en las situaciones en las que esto sea necesario. El caldo de cultivo de las afecciones contagiosas más primarias serán todas las sustancias químicas generadas por el deterioro de las condiciones higiénicas, así como por la aparición de una dieta empobrecida, carente de vitaminas, al ser cada vez más dependiente de cultivos basados en el rendimiento y no en la diversificación; situación que es propia de los núcleos de hacinamiento y superpoblación pre-desarrollados, alejados cada vez más de la integración en la naturaleza. La fabricación de seres vivos aéreos, como moscas y mosquitos propagadores de epidemias, conformará un soporte complementario de indudable valor. Con la creación de elementos "naturales" en forma de hongos y otros, este tipo de enfermedades serán controladas por las sociedades más incipientemente evolucionadas y tecnificadas por lo que en estos grupos de población se activarán otro tipo de enfermedades (cáncer) de más difícil erradicación y que se pondrán de manifiesto, de forma más generalizada, cuando proliferen sustancias químicas de producción inequívocamente industrial y dispositivos generadores de ondas electromagnéticas que también serán producto irrefutable de una sociedad tecnológica. También cabe suponer que la alimentación será mucho más rica en componentes grasos puesto que los animales serán engordados en recintos cerrados y controlados. Se procederá, por tanto, a la instalación de mecanismos biológicos que no permitan la degradación completa de estas sustancias, y que dicha degradación se vea también frenada en la medida en la que los sujetos sean víctimas del estrés propio de una urbe. Esto ha de permitir que se produzca la muerte de los individuos de zonas desarrolladas por obstrucción de partes funcionales del sistema cardiocirculatorio. Como añadidura será importante instalar sistemas genéticos que predispongan al individuo a sentir más atracción por los alimentos o las sustancias dañinas, con alta concentración de colesterol LDL, sales, determinados azúcares o componentes químicos nocivos.

También se crearán o autorizarán enfermedades latentes de alto poder destructivo a modo de "pestes modernas" (SIDA) que realicen los reajustes poblacionales requeridos. Asimismo, para completar la gama de aditamentos exterminadores se crearán sustancias cultivables con componentes químicos que creen adicción —drogas— y estimulen la irascibilidad atenuada de X por medios artificiales, en sustitución de las cada vez menores referencias discriminadoras.

5) La introducción de otras variedades animales en el planeta objeto del proyecto será necesaria por tres motivos fundamentales; en primer lugar supondrán una fuente de alimento, en segundo lugar serán interesantes para ayudarles en su desarrollo tecnológico gracias a las buenas aptitudes de algunos de ellos como siste-

mas de carga y transporte. En tercer lugar supondrán la trampa perfecta para hacer creer al hombre, sembrado y avanzado, que su procedencia no es más que consecuencia de la evolución de un corpúsculo primario generado espontáneamente, sin intervención de nadie. De este modo los fabricantes no tendremos que dar explicaciones y no tendremos tampoco que hacer frente, a priori, a una responsabilidad por daños y perjuicios.

6) Por último y como premisa fundamental en un proyecto de plantación biológica planetaria como éste, el concepto de "libertad de acción" de la raza humana tendrá que prevalecer sobre todas las cosas. De este modo nuestra responsabilidad ética será limitada en todo este proceso de crecimiento de las civilizaciones. Nosotros sólo crearemos las condiciones iniciales. El carácter y la gradación de este concepto de libertad serán definidos amplia y pormenorizadamente pero se articularán fundamentalmente en la NO INTERVENCIÓN física directa de la corporación creadora en el proceso de avance de la vida en el planeta objeto del proyecto. Nuestra labor será la de meros espectadores y vigilantes. Nuestros sistemas de control a modo de sondas o a modo de escaneo de mentes biológicas serán discretos y camuflados y seguirán unas pautas normalizadas. Cualquier civilización ajena a la nuestra tendrá que respetar también este último punto de manera escrupulosa hasta que el ser humano esté en condiciones de aceptar psicológicamente el modo en cómo hemos instaurado nuestro proyecto. Este momento llegará cuando la civilización terrestre se encuentre en necesidad vital, situación técnica, mental y cultural de crear y dispersar vida autónoma en otros lugares. También puede contemplarse el contacto limitado —en situaciones muy específicas— con representantes muy concretos de la defensa, la ciencia o la cultura; Siempre pertenecientes a algún país avanzado, y que cumplan a título individual con las premisas anteriores. Tendrán, por tanto, que compartir, comprender y ayudarnos en la consecución de nuestros fines.

XVI- Los delitos de Dios

Sólo nos queda la certeza de que existen bastantes probabilidades de que alguien nos creara, y no de cualquier manera. Partiendo de esta sensata suposición nadie podrá calificar de absurdas las hipótesis, que aquí se han enumerado, por el mero hecho de ser progresistas y de romper con las tradiciones que nos han infundido los poderes históricos.

Todo el mundo parece conformarse con el hecho de que alguien nos creó, pero todo no queda ahí, porque debió existir algún motivo y algún objetivo. Si un dios nos creó también tuvo que fabricar todo lo inherente a nuestra realidad: la enfermedad, la conducta violenta, el sufrimiento... No podemos pretender apoyar la teoría creacionista sólo para lo bueno y aplicar la evolucionista para lo malo. Si no creemos en la generación espontánea de la vida ni en su evolución no podemos pretender creer en la generación espontánea y en la evolución de las bacterias o virus que producen las enfermedades, para así anular interesadamente las responsabilidades de nuestro dios. Con la triste realidad en la mano no puede haber muchas hipótesis más refrendadas que las tenidas en cuenta, puesto que tenemos indicios tan razonables como los del asesino que deja un trozo de hilo como prueba.

Cabe preguntarse si la generación de vida aquí en la Tierra fue algo éticamente correcto por parte de nuestros fabricantes. ¿Tenían derecho a condenar a tantos humanos al sufrimiento de las guerras y las enfermedades?

¿Tenemos o tendremos derecho a crear vida, en los términos expuestos?

No podemos evitar preguntarnos si debemos colaborar para el cumplimiento de estas directrices, que fueron diseñadas para el bien último de la humanidad. ¿Debemos seguir exterminando? ¿Debemos dejar que el hambre y la enfermedad continúen aniquilando a los sobrantes?

No obstante debemos suponer, a partir de las hipótesis tenidas en cuenta, que el doloroso enfrentamiento violento será progresivamente sustituido por otros fenómenos de exterminio menos "traumáticos". Quizá, como consecuencia de todo esto, los niveles de sufrimiento humano podrían disminuir en el futuro.

¿Pero hasta qué punto nos beneficiaría este cambio?

Quizá el sufrimiento fuera algo necesario que debieron de insertarnos para que nos quedase un resquicio de piedad hacia los que más sufren. El sufrimiento, desde el punto de vista de la conservación de la especie, no tiene ninguna utilidad aparente. Nuestro instinto protector trata de eludir la muerte, pero cuando ésta sobreviene no hay ya razones para llorar. Sin embargo los humanos sufrimos, y podemos llegar a sufrir hasta límites inimaginables. ¿Quién pudo desear algo así? El único consuelo que nos queda es creernos que estas situaciones de tormento y dolor son las únicas que pueden hacernos comprender la diferencia entre lo bueno y lo malo, y las únicas que pueden incitarnos a ayudar a unos pocos necesitados, en un intento, quizá ilusorio, por sentirnos mejor cuando nos acostamos, a pesar del exterminio masivo que permitimos a diario, y por eludir el miedo y la amenaza de que eso pueda recaer sobre nosotros. Ésta es posiblemente la forzosa paradoja para el mantenimiento de la balanza de nuestro limitado entendimiento.

Probablemente Dios, nuestro dios, no tenga ganas de aparecer por aquí porque si lo hiciese tendría que ser denunciado en los juzgados por las presuntas tropelías cometidas, y él lo sabe. Nuestro sistema judicial tendría que abrir un encausamiento y citarle a declarar, aunque puede que sus presuntos delitos hayan prescrito ya tras varios miles de años. Puede incluso que sea un fugitivo o que ya se le haya juzgado por un tribunal estelar y por eso no ha vuelto a aparecer por aquí, al haberse dictado una orden de alejamiento o al estar durmiendo bajo el techo de una cárcel sideral.

Las conductas o hechos más significativos que podrían dar lugar a los presuntos delitos imputables a nuestro dios particular serían a grandes rasgos, y sin entrar en matices técnicos:

1. Creación del elemento "X", el elemento exterminador. Dispositivo psicológico que predispone al ser humano a cometer asesinatos masivos.
2. Creación de las enfermedades más penosas y mortíferas.
3. Creación de las razas con fines destructivos basados en conductas innatas racistas y xenófobas.
4. Creación de vida mediante manipulación genética indiscriminada.
5. Omisión masiva del deber de socorro. (Él podría salvarnos a todos nosotros del sufrimiento, la enfermedad y la muerte y obviamente no lo hace).
6. Creación de drogas, que generan alta dependencia, con fines autodestructivos para el ser humano.
7. Creación de seres animales con fines alimenticios y de explotación.
8. Presunta connivencia con determinados individuos particulares, servicios de inteligencia, o gobiernos a modo de incitación o negociación para la articulación y consecución de los fines del proyecto de creación, mediante la generación y el mantenimiento de guerras, enfermedades y demás mecanismos de muerte sistemática.

No cabe la menor duda de que nuestro dios y sus cómplices podrían ser citados a declarar algún día como presuntos delincuentes, siempre y cuando se pueda demostrar que sus hipotéticos actos delictivos siguen teniendo lugar y que, por tanto, no han prescrito. No obstante, para que eso pueda llevarse a cabo... ¿Presentará alguien una denuncia inmediata en el juzgado de guardia cuando nuestro señor vuelva a aparecer por aquí?

¿Se entregará él a la policía? De lo contrario será difícil arrestarle tratándose de un dios —si ya es complicado detener a un caco de poca monta— y mucho más difícil conseguir que se encuentre incomunicado preventivamente en su celda, teniendo en cuenta que nos oye y nos escucha a todos por su condición de omnipresente y omnipotente.

Al menos, como soplo paliativo, me queda la convicción de que ese día —si llega— nos lo tomaremos todos, y él, con un poco de sentido del humor; siempre cauteloso por las terribles circunstancias...

FIN

ÍNDICE

Prólogo	7
I- El exceso	13
II- El elemento "X" y las guerras	31
III- "X" y los creadores	39
IV- Los dioses	49
V- Los dioses tienen casa	75
VI- La "casualidad"	97
VII- Los jugadores, y el juego de "X"	125
VIII- "X" y las religiones	135
IX- "X" y los nacionalismos	145
X- "X" y el nacionalismo vasco	171
XI- "X" y el cruce racial	199
XII- "X" y las razas; racismo y xenofobia	227
XIII- "X" y la muerte	253

XIV- El porqué de "X"   295

XV- Directrices a seguir en la creación de un germen
de civilización humana: el elemento "X"   307

XVI- Los delitos de Dios   313

Editorial LibrosEnRed

LibrosEnRed es la Editorial Digital más completa en idioma español. Desde junio de 2000 trabajamos en la edición y venta de libros digitales e impresos bajo demanda.

Nuestra misión es facilitar a todos los autores la **edición** de sus obras y ofrecer a los lectores acceso rápido y económico a libros de todo tipo.

Editamos novelas, cuentos, poesías, tesis, investigaciones, manuales, monografías y toda variedad de contenidos. Brindamos la posibilidad de **comercializar** las obras desde Internet para millones de potenciales lectores. De este modo, intentamos fortalecer la difusión de los autores que escriben en español.

Nuestro sistema de atribución de regalías permite que los autores **obtengan una ganancia 300% o 400% mayor** a la que reciben en el circuito tradicional.

Ingrese a www.librosenred.com y conozca nuestro catálogo, compuesto por cientos de títulos clásicos y de autores contemporáneos.

CPSIA information can be obtained at www.ICGtesting.com
Printed in the USA
LVOW121931030212

266922LV00001B/114/A